KB034299

식당으로
대박 내는 법

평생 월급이 나오는
식당으로 대박 내는 법

지은이 | 권세윤
펴낸곳 | 북포스
펴낸이 | 방현철

편집자 | 공순례
디자인 | 엔드디자인

1판 1쇄 찍은날 | 2016년 3월 4일
1판 1쇄 펴낸날 | 2016년 3월 11일

출판등록 | 2004년 02월 03일 제313-00026호
주소 | 서울시 영등포구 양평동5가 18 우림라이온스밸리 B동 512호
전화 | (02)337-9888
팩스 | (02)337-6665
전자우편 | bhcbang@hanmail.net

이 도서의 국립중앙도서관 출판시도서목록(CIP)은 e-CIP 홈페이지(http://www.nl.go.kr/ecip)와
국가자료공동목록시스템(http://www.nl.go.kr/kolisnet)에서 이용하실 수 있습니다.
(CIP제어번호: 2016003880)

ISBN 978-89-91120-98-3 03320
값 15,000원

평생 월급이 나오는

식당으로
대박 내는 법

| 권세윤 지음 |

북포스

식당 사장님들은 어떤 고민을 할까?

　대한민국은 자영업 천국이다. 여기서의 '천국'은 아름답다는 뜻이 아니다. 현실만 보자면 오히려 지옥에 가깝다. 그런데도 얼마나 힘든 업종인지를 실감하지 못한 채 이 분야에 뛰어드는 이들이 늘고 있다. 지나가다가 발걸음을 멈추고 둘러보면 음식점들이 얼마나 많은지 새삼스레 놀라곤 한다. 자영업자들이 그토록 힘겨운 건 어찌 보면 당연한 일일 것이다. 수요는 그대로인데 공급만 늘어나니 말이다. 글을 쓰고 있는 지금 내가 운영하는 음식점 주차장에 다른 음식점이 들어오면서 주차장 부지를 사용할 수 없게 되었다. 설상가상으로 갑자기 들이닥친 강추위로 '마의 1~2월'을 겪고 있다. 음식점 운영이 10년 가까이 되어가는데, 외부요인을 무조건 이겨낼 수는 없다는 걸 새삼 실감하게 된다.

20년 전쯤만 하더라도 자영업은 수많은 직업 중 하나였을 뿐이다. 적어도 누구나 하려고 덤비는 일은 아니었다. 돈을 벌려는 목적으로 운영되는 일이기보다는 음식 만드는 일을 좋아하는 사람들이 선택하는 업종이었다. 세월이 조금 더 지나니 "음식 장사 하면 망하지는 않는다더라", "장사나 해볼까?"라는 말이 심심찮게 들려왔다. 아마도 추정컨대 카드와 현금영수증이 활성화된 시절이 아니라서 편법으로 매출을 속여 세금을 덜 냈던 것도 이유 중 하나일 것이다. 어떤 기관에서 통계로 내놓은 건 아니지만, 지금 자영업의 매출에서 카드가 차지하는 비율이 80%를 넘는다. 비싼 음식점인 경우에는 95%를 넘는다. 편법은 통하지 않는 시대가 왔다. 그 말인즉슨 두루뭉술하게 음식점을 운영하다가는 많은 것을 잃을 수 있다는 얘기다.

이렇게 자영업의 세상은 완전히 바뀌었다. 큰돈을 버는 것보다 살아남는 걸 목표로 삼아야 하는 형편이다. 10~20년 경력의 전문 요리사가 나와서 음식점을 차려도 성공하기 힘들다. 종사하시는 분들에게는 불쾌하게 들릴지 모르겠지만, 예를 들어 건축기사가 건축사무소를 차리는 것과 비교해보면 될 것이다. 사무소를 만들 자금이 준비되어야 하고, 직원을 둬야 한다. 일감을 만들어와야 하는 건 기본이다. 고로, 책임지고 사업을 운영해본 경험이 없으면 음식점 역시 어렵다는 말이다.

물론 정신력과 노력으로 이겨낼 수도 있다. 하지만 대부분은 식재료의 상승, 다가오는 직원 월급날, 매출의 하락과 대출금 증가를 어떤 사이클이나 되는 것처럼 경험하게 된다. 이런 일이 반복되다 보면 상실감과 공포감에 휩싸이게 된다. 가슴은 답답하고, 아무리 마음을 다잡아도 현실은 그대로다. 어디서부터 잘못되었는지를 살피고, '모든 원인은 나에게 있다'고 선언하지 않는다면 제자리걸음을 벗어나지 못할 것이다.

요즘 기준으로, 우리나라에서 가장 인기 있는 만화가를 꼽는다면 윤태호 작가일 것이다. 〈이끼〉, 〈미생〉, 〈내부자들〉 등 그야말로 내놓기만 하면 대박이다. 많은 이들이 그를 부러워한다. 하지만 이는 관점이 '현재'에만 맞춰져 있기 때문이다. 이 작품들은 스무 살의 나이에 허영만 작가의 문하생으로 들어간 시점부터 20년이 더 지나서 나온 작품들이다. 생각을 바꾸어보자. 나라면, 어떻게 될지도 모를 미래에 20년을 투자할 수 있겠는지를 말이다.

식당으로 대박 내는 법

자영업도 단기적으로 볼 것이 아니라 중장기적인 관점으로 바라봐야 한다. 몇 달 해보고 '잘되면 내 탓, 안되면 네 탓'을 할 게 아니라 '안되면 내 탓'이라 생각해야 한다. 새로운 기회를 발견하고 도전하다 보면 꽤 괜찮은 결과가 나오기도 한다. 내가 바로 그 산 증인이다. '길거리 찹쌀떡 판매에서 억대 매출까지'라는 거창한 제목을 내밀고 싶은 것은 아니지만, '전문적인 요리 경력이 없는 3수 공대생'도 자영업에서 통할 수 있다는 사실을 알려드리며 응원하고 싶다.

밤하늘에 반짝이는 별을 보면서 눈물이 핑 돌 정도로 열심히 했었는지 스스로에게 질문도 던져보자. 너무 열심히 하는 나머지, 하늘에서 도저히 안쓰러워 못 보겠다 싶어 성공하게 해줄 정도로 집중해보자. 자영업, 음식점에 관한 이야기와 동떨어진 이야기로 들릴지도 모르겠지만 절대 그렇지 않다. 소위 말하는 '대박집'을 운영하는 사람들을 한 번 보라. 그들 역시 비슷한 상황들을 겪었으나 거기서 주저앉지 않고 인내하고 고뇌하면서 오늘의 결과물을 만들어낸 것이다. 단지 그분들이 자신들의 사정을 일일이 알려주지 않을 뿐이다. 나 역시 밤 6시만 넘으면 컴컴해지는 B급 위치의 40평대 초반 단일 가게에서 1년 부가세를 중형 승용차 한 대 값에 육박할 정도로 납부했다. 그렇게 하기까지 쓰라린 날들을 얼마나 많이 보냈는지 모른다.

보쌈과 청국장 음식점의 가맹계약, 전수창업, 외식업 컨설팅을 하면서 느낀 점은 열정의 투입량에 비해 결과를 훨씬 크게 바라는 분들이 많다는 것이었다. 이야기를 해보다가 도저히 안 되겠다고 생각되는 분들은 정중하게 돌려보내기도 했다. 극단적으로 이야기하자면 스킬, 방법, 노하우만 찾는 분들은 음식점을 시작해선 안 된다. 그런 것만 배우면 나중에 부닥치기 마련인 난관을 극복해나갈 힘이 없기 때문이다. 아예 처음부터 시작하지 마시라 하는 것이 오히려 그분들에게 도움이 될 것으로 믿는다.

이제 자영업에 대한 환상은 없애고 행동과 생각을 전환해야 할 때가 되었다. 그래야만 살아남는다. 아니, 어쩌면 원래부터 그랬을 것이다. 자영업을 택한 이유를 냉정하게 분석하고, 이겨낼 방법과 무기가 무엇인지 정확하게 알고 있어야 한다. 세상 모든 업종에는 그 업종만의 기회가 있다. 다만, 그 기회를 잡는 것은 노력하는 소수다. 자본주의 사회에서는 '변화와 도전'이 필수조건이다. 변화의 길로 계속 따라가다 보면 이른 새벽 안개가 걷히듯 뿌연 길이 보인다. 그 길을 따라가다 보면 정상 언저리가 보이면서 비소로 앞이 환해진다. 거창하게 말해서 변화와 도전이지, 사실 대부분은 '아주 작은 실천'으로부터 시작된다. 자영업은 더더욱 그렇다.

다른 업종도 마찬가지겠지만 의식주와 관련된 업은 더더욱 정성을 쏟아야 한다. '맵고 짭짤하면서 달달한 맛이 도는 음식을 만들면 누구나 좋아한다고 한다. 게다가 음식점을 돈으로만 보고 '히트' 한 번 쳐보려는 것에만 초점을 맞추다 보니 자극적이고 현란한 음식이 무한 경쟁으로 쏟아져 나오고 있다. 전통, 맛의 깊이, 좋은 식재료 등은 자취를 감추었다. 당연히 지켜야 할 기본이 천덕꾸러기 취급을 받고 있다. 외식업을 대하는 관점은 제각기 다르겠지만, '전통음식의 대중화'가 나의 목표이기 때문에 그런 자극적인 맛은 될 수 있으면 피하고자 노력한다. '좀 더 당기는 맛으로 만들까?'라는 유혹이 생길 때도 있지만, 지팡이 짚은 어르신을 모시고 찾아온 3대 가족, 휠체어를 타고 들어와서 드시는 손님, 허리가 안 좋아서 목욕탕 의자를 들고 와서 식사하시는 손님을 떠올리면 그럴 수 없다.

큰 회사나 큰 음식점 대표님들이 이 책을 볼 때는 별것 아닌 이야기일지도 모른다. 외식업이 이러니저러니 이야기하기에는 한없이 모자란다는 걸 잘 알고 있으며, 그래서 내심 부끄럽다. 하지만 내가 만든 음식을 드시고 외국으로 진출하자고 고견을 주시는 회사 대표님들의 이야기를 듣고 나서, 그동안 헛된 시간을 보낸 것은 아니라는 자신감을 갖고 글을 썼다. 그리고 몇 년 전부터 세워둔 계획도 있다. 그동안 혼자 연구해오던 소스를 국내 굴지의 모 식품회사 대표님께도 보내볼 생각이다. 무언가 엄청난 결과를 바라고 하는 것은 아니지만 분명히 피드백은 받을 수 있을 것이며, 그로 해서 또 다른 목표와 용기가 생길 것이다.

가만히 있는데 소매 걷고 도와주는 사람은 없다. 나 역시 자영업 초창기에 현역 음식점 운영자가 쓴 책으로 힌트를 얻으려고 해봤지만 찾기가 어려웠다. 그래서 수년 동안 자영업 관련 출판물을 지켜보면서 '현역 음식점 운영자가 자영업에 관해 알려주는 책'을 써야겠다고 생각해왔다. 내가 현장에서 겪었던 어려움을 알려주어 미리 대비하게 하고, 직접 해보면서 성과가 있었던 일들은 자그마한 팁으로나마 알려드리고 싶어서였다. 이 책으로 단 한 명의 독자라도 마음가짐이나 삶이 바뀐다면 그보다 더 큰 보람은 없을 것이다.

이 책이 초보 창업자들에게 새로운 기회에 눈떠 방향을 잡게 하고, 현업 종사자분들에게는 더 나은 생각과 실천을 위한 전환점을 마련해준다면 더 바랄 것이 없을 듯하다. 문제점들을 시시콜콜 늘어놓았지만, 분명 찬찬히 읽다 보면 해결책 역시 곳곳에서 발견될 것임을 약속드린다.

항상 변함없는 삶의 태도를 보여주시는 부모님, 사랑하는 아내 태순, 아들 준서, 딸 민서의 격려와 이해가 이 책을 쓰는 데 큰 힘이 되었다. 마음 깊이 감사드린다. 앞으로도 기회가 된다면 예비 창업자 및 현업 종사자에게 도움이 될 수 있도록 또 다른 책을 준비할 것을 약속드린다.

차 례

프롤로그 식당 사장님들은 어떤 고민을 할까? • 4

1장 대한민국에서 자영업으로 성공한다는 것

왜 모두들 음식점 하는 걸 말릴까? • 18

창업하고 싶은 걸까, 사장이 되고 싶은 걸까 • 25

자영업의 세계를 읽는 눈부터 떠라 • 32

입지 분석 없이 시작하면 반드시 후회한다 • 39

경험 없이 성공을 바라는 건 망상이다 • 46

누구한테, 왜, 무엇을 판매할 것인지 결정하라 • 53

가성비가 뛰어난 음식을 만들어라 • 59

종류 불문하고 상품성을 갖추어라 • 66

2장 어떻게 손님들이 찾아오게 할 것인가

손님이 많은 집에 가서 그 이유부터 찾아라 • 74

두 번 다시 가기 싫은 음식점의 반대로 하라 • 81

다단계 시스템을 적극 활용하라 • 87

주변 반찬은 메인 음식과 궁합이 맞게 준비하라 • 94

오픈 1주일이 음식점의 운명을 좌우한다 • 100

때론 촉이 살아 있는 연기력도 필요하다 • 107

일곱 번의 기회에서 두 번은 만족시켜라 • 114

손님들이 찾아오는 신호 "정말 잘 먹고 갑니다" • 121

3장 창업 6개월 전부터 준비해야 하는 것

12시간을 버틸 수 있는 체력을 키워라 • 130

초보 창업자라면 먼저 음식점에 취직해서 배워라 • 137

꿈과 목표를 분명히 정해라 • 144

자기계발서를 최소 열 권은 읽어라 • 150

음식점 고수를 찾아가 배워라 • 157

대박집 세 곳, 쪽박집 세 곳을 분석하라 • 164

전지 한 장에 사업 계획을 모두 적어라 • 171

한 달 동안은 창업하려는 지역에 가서 식사하라 • 178

4장 창업으로 나만의 평생직장을 만들어라

지피지기면 백전불태 • 186

세밀하게 준비하되, 내놓을 때는 단순하게 • 193

자부심을 느낄 만큼 당당한 음식으로 만들어라 • 199

영업력을 제대로 갖춰야 평생직장이 만들어진다 • 206

형태는 음식점이지만 출퇴근은 회사원처럼 하라 • 212

손님 한 명이 열 명을 데리고 온다 • 248

반복으로 패턴을 만들어라 • 225

진상 손님에게서 손님 대처법을 배워라 • 232

5장 창업 고수가 알려주는
식당으로 대박 내는 법

월급쟁이 마인드를 버려라 • 240

늦게 시작해도 역전 가능한 것이 창업이다 • 247

3배의 월급을 받으려면 9배 더 일하라 • 253

첫 창업, 호랑이 굴로 찾아가라 • 260

넘버원이 아닌 온리원으로 창업하라 • 268

음식점 관리노트를 반드시 작성하라 • 275

가슴 속 거인을 깨워 함께 일하라 • 282

창업으로 추월차선에 올라타라 • 289

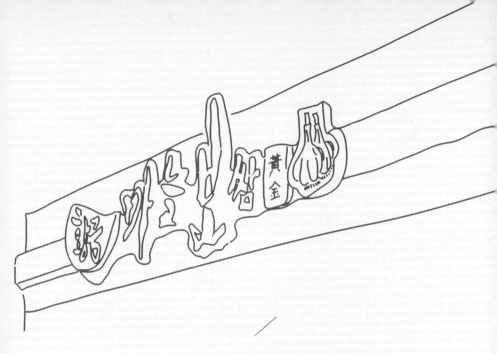

왜 모두들 음식점 하는 걸 말릴까?

창업하고 싶은 걸까, 사장이 되고 싶은 걸까

자영업의 세계를 읽는 눈부터 떠라

입지 분석 없이 시작하면 반드시 후회한다

경험 없이 성공을 바라는 건 망상이다

누구한테, 왜, 무엇을 판매할 것인지 결정하라

가성비가 뛰어난 음식을 만들어라

종류 불문하고 상품성을 갖추어라

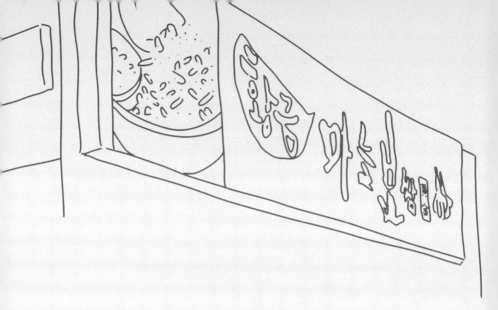

1장

대한민국에서
자영업으로
성공한다는 것

왜 모두들
음식점 하는 걸 말릴까?

"드르륵, 드르륵, 드르륵."

"탕, 타탕, 탕."

얼굴을 찌푸리게 할 정도로 둔탁한 드릴 소리와 해머 소리가 들린다. 하루가 멀다고 들려오는, 멀쩡한 가게를 뜯어내는 소리다. 분명 1년도 안 된 음식점인데…. 대한민국에 사는 사람치고 이런 말 한 번 안 해본 사람이 과연 몇이나 될까?

"에고, 저 집. 또 바뀌네, 또 바뀌어. 이번에는 뭐가 들어오려나?"

자영업과 전혀 상관없는 사람들도, 짧은 기간에 새로운 가게로 바뀌는 모습을 보면서 음식점이 어렵다는 상상은 한다.

식당으로 대박 내는 법

"저 집 사장은 얼마를 날렸을꼬? 인테리어업자하고 간판집만 돈 벌겠네."

그 말이 맞다. 자영업의 라이프사이클에서 '생존기간'은 상상보다 훨씬 짧다. 3년 이내에 폐업하는 음식점이 50%가 넘는다. 적게는 수천만 원에서 많게는 수억 원이 눈앞에서 허무하게 사라진다. 언제부터, 어떤 아이템이, 무엇 때문에 장사가 안되었던 건지도 모른 채 말이다.

대한민국의 자영업자 수는 약 660만 명이다. 그중에서 상위 두 부류만 보면 부동산중개소가 약 130만 명, 음식점이 70만 명 정도를 차지한다. 전체 자영업자의 30% 정도가 부동산중개소와 음식점을 한다는 얘기가 된다. 이 둘은 그 자체만으로도 상당히 밀접도가 높다. 음식점을 하려면 부동산중개소를 거치지 않을 수가 없다. 점포를 알아봐야 하니 말이다. 그런데 대부분은 집을 담보로 대출을 받아서, 그 대출금으로 음식점을 운영한다. 시작부터 굉장히 위험한 게임이다. 그나마 경력자들이라면 모르지만, 자기 사업의 첫 출발을 이렇게 한다는 건 도시락 싸들고 다니며 말려야 할 일이다. 대출을 받는다는 것은 현재 수중에 돈이 없다는 것이다. 쉽게 말해, 자기자본금 없이 무리해서 시작한다는 뜻이다.

인생에는 4대 자금이 있다. 주택자금, 교육자금, 결혼자금, 노후자금이다. 우리네 부모님들은 이 4대 자금이 어디서부터 시작해서 어디에서 끝나는지도 모르는 채 주야장천 빌리고 메우는 생활을 반복해 왔다. 하지만 당시는 경제가 성장하던 시절이라 그나마 가능했지, 요즘 시대로 투영해보면 언감생심이다. 남자들 중에는 고등학교 졸업 후 경험 삼아 막노동을 해본 사람이 많을 것이다. 그런데 요즘에는 휴학생들이 휴학기간이 끝났는데도 복학하지 않고 막노동을 계속하는 경우가 많다고 한다. 어느 모로나, 옛날같지 않은 세상이다.

주택담보대출로 음식점을 시작하면 인생의 4대 자금에 추가 펀치가 날아온다. 그러니 그건 바로 눈물의 도박일지도 모른다. 도박이라는 강한 문구를 사용한 이유는 간단하다. 경험 없이는, 백전백패가 예약되어 있는 뻔한 게임이기 때문이다. 프로 도박사는 엄청난 횟수의 데이터와 추진력, 마인드를 가지고 게임에 임한다. 반면에 도박꾼은 한 방의 역전을 꿈꾸는 경우가 많고 이성적 판단이 되지 않는다. 그래서 판판이 지는 것이다.

경험 없이 음식점에 뛰어드는 것은 도박과 같다. 간혹 보면, 실패한 사람들 중에 좋은 경험이었다고 이야기하면서 위안을 삼는 이들이 있다. 성공했다면 더 좋은 경험이 되었겠지만, 그래도 나름대로 얻은 게 있다는 듯이 말이다. 이처럼 일부러 실패한 듯이 이야기하는 것은 긍정이 아니다. 스스로를 갉아먹는, '이유 같지 않은 이유'다.

주변을 살펴보면, 가족부터 지인까지 음식점을 운영하고 계신 분들을 쉽게 볼 수 있다. 이 세상 모든 현상에는 파레토 법칙이 존재한다고 하는데, 음식점을 운영하고 계신 분들 중에서도 단 20%의 인원만 그럭저럭 운영하고 있다고 보면 된다. 그 20%에도 다시 파레토 법칙을 적용하면, 정말 소수의 인원만 음식점 운영으로 수익을 올린다고 볼 수 있다. 즉, 100개의 음식점 중에서 4개만 제대로 운영되고 있다고 보면 된다. 내가 하는 음식점 주변에도 실제로 약 50개의 음식점이 있지만, 정말 문제없이 운영되고 있는 곳은 5개가 채 되지 않는다. 통계상으로 봐도 음식점 평균 월수익이 110만 원이라고 알려져 있다. 그 많은 시간과 에너지를 투자한 걸 생각할 때 적자도 이런 적자가 없다.

돈이 문제가 아니라 깨지고 부서지는 동안 마인드가 걷잡을 수 없이 흔들린다는 게 더 큰 문제다. 보통 보면, 장사 잘되는 음식점에서 음식을 먹고 나오면서 '이 정도면 나도 할 수 있겠는데?'라는 생각으로 음식점을 시작하시는 분들이 많다. 그 음식점의 역사를 모르고 하는 말이다. 더 중요한 건 그 장사 잘되는 음식점이 얼마의 매출을 올리고, 얼마의 수익을 가져가는지는 한 달 내내 옆에서 지켜보지 않는 한 누구도 알 수 없다는 것이다.

음식점 창업자의 형태 중에서 특히 '은퇴·명퇴한 직장인'이 가장 큰 어려움을 겪는다. 장사하는 동안 누군가가 옆에서 지켜봐 주면서 이건 이렇고, 저건 저렇고 하면서 도와주지 않기 때문이다 설령 도와주는 것처럼 보이는 사람이 있다 해도 그저 그런 주변인의 지나가는 조언일 뿐이다. 음식점을 운영해보지 않은 분의 이야기를 듣는다고 해서 얼마나 큰 도움이 되겠는가? 또 그렇게 조언을 해놓고도 장사가 안될 때는 책임을 지는 사람이 없다는 것도 문제다.

곰곰이 생각해보자. 음식점을 운영해보지도 않은 사람들인데도 왜 지인이 음식점 한다고 하면 '감 놔라 대추 놔라' 하고 말을 보탤까? 이유는 간단하다. 사람들이 하루를 살아가다 보면 가장 익숙하게 접하는 것이 바로 음식이기 때문이다. 그래서 다들 무의식중에 음식에 대해서 모르는 것이 별로 없다고 생각하고, 음식에 대한 자신의 관점이 상당히 폭넓을 것이라고 착각하는 것이다.

이런저런 상황들을 배제하고 나서라도, 음식점 하는 것을 말리는 경우는 음식점으로 성공한 사람을 주변에서 보기가 어려울 때다. 알고 보면 돈을 쓰는 손님들한테는 다 이유가 있다. 싸고 푸짐해야 하며, 가격 대비 모양새가 뛰어나야 한다. 또 반대로, 어떤 음식점에서는 굉장히 비싸더라도 가치가 뛰어나야 한다. 즉, 어떤 효용에 큰 가치를 두는지는 순전히 손님 마음이다. 손님이 어떤 장소에서 어떤 음식을 원하는지도 모르는 채 오로지 내가 만들고 싶은 음식으로 승부를 보려는 자체부터 단추를 잘못 끼우기 시작하는 것이다. 물론 첫 창업이라도 한 음식에 대한 연구와 경험의 시간이 꽤 된다면 성공 확률이 높아질 것은 당연지사다.

사람들은 살을 빼기 위해서 헬스클럽에 다닌다. 제빵을 배우기 위해 제과학원에 등록하고, 바리스타가 되기 위해 커피 아카데미에 다닌다. 뭔가를 배우려 하면 시간과 돈이 필요하다. 시간, 돈, 노력이 있어야 취미로 삼든지 특기로 만들든지 할 것 아닌가. 이렇게 개인의 만족도를 높이기 위한 배움조차도 시간, 돈, 노력을 필요로 한다. 그러니 하물며 음식점을 하는 데는 어떻겠는가. 적게는 수천만 원에서 많게는 수억 원이 들어간다. 배우지 않고 시간도 투자하지 않는다면, 이미 첫 단추부터 잘못 꿰어지고 있는 것이다. 이렇게 단순한 논리를 무시하고 음식점 운영을 감행한다면, 안타깝지만, 결과는 이미 정해져 있다고 하겠다. 요즘 유행한다는 "답은 정해져 있고 넌 말하기만 하면 돼"에서 '말'을 '망'으로 바꾸면, '답정너'의 음식점 버전이 된다.

대한민국에서 가장 비싼 밥은 '음식점 사장님이 먹는 가게 밥'이다. 밥 한 그릇을 감가상각 및 유지비용 등 나름의 기준대로 계산해보니, 약 '10만 원'의 금액에 해당했다. 이 말을 들으면 "무슨 밥 한 그릇에 10만 원이야"라고 반신반의하시는 분들도 계실 것이다. 하지만 잘 돌아가지 않는 음식점을 힘들게 운영해본 사장님들은 오히려 이렇게 말할 것이다. "10만 원이면 걱정도 안 하겠다."

음식점 운영을 해보셨던 분들에게 다시 해볼 거냐고 물어보면 전부 손사래를 친다.

"어렵고 힘들다. 재기하기도 쉽지 않다. 두 번 다시는 음식점 안 한다."

시간은 시간대로, 손님은 손님대로, 수익은 수익대로 어느 하나 완벽하게 만족스러운 부분이 없다. 인건비는 하늘 높은 줄 모르고 치솟고, 요즘의 식재료비로는 마진을 남기기가 지극히 어렵다. 장사가 안 되는 만큼을 지출되는 비용을 줄임으로써 메울 수 있다면 견뎌볼 만도 할 것이다. 하지만 음식점 세계에서 그런 만화 같은 일은 일어나지 않는다. 관점 자체를 바꾸는 것이 훨씬 더 낫다.

부채 공화국인 대한민국에서 자금 문제, 진로 문제, 노후 문제로 고민해보지 않은 사람은 없을 것이다. 부정적 성향의 이야기와 마인드는 더 부정적인 일을 만들어낸다. 대한민국에서 음식점을 운영한다는 것은 '도를 닦는 일'이라고 생각하는 것이 맘 편하다. 그렇게 지내면서 하나하나씩 해결하다 보면, 음식점 운영에도 보이지 않는 간단한 규칙들이 성패를 좌우한다는 것을 발견할 수 있을 것이다.

창업하고 싶은 걸까,
사장이 되고 싶은 걸까

　국내 유명 건설회사에 근무하던 P 차장은 나의 고교 동창으로, 요즘 담배가 부쩍 늘었다. 담배 연기를 내뿜는 건지 한숨을 쉬는 건지 구분도 가지 않는다. 앞이 보이지 않는 미래에 좌절하던 그는 '더 진급하긴 힘들다'고 최종 판단을 하고, 얼마 전에 회사에서 안내한 명퇴를 신청했다.

　회사를 나와 무엇을 할까 살펴보다 음식점에 관심을 두게 됐고, 비슷한 나잇대의 음식점 사장들을 보니 40명 이상의 음식점들이 없어 보였다.

　'그래…, 마지막이라 생각하고 제대로 해보자. 나도 끈기 하면 누구

한테도 안 질 자신 있다고!'

그렇게 마음먹고 보니, 자금이 부족하다. 점포를 구하려면 보증금과 권리금이 들어간다. 상권은 잘 몰라도 어디가 좋은지쯤은 알 것 같기도 하다. 20~30평 점포도 알아봤지만 양에 차지 않는다. 이 정도 크기의 음식점 사장을 한다고 하면 지인들도 속으로는 비웃을 것 같고, 더 중요게는 자존심이 허락지 않는다.

직장만 다녔던 직장인, 은퇴자, 명퇴자분들은 항상 직급으로 불렸을 것이다. 그러다 보니, '사장님'이라는 호칭에 약간의 로망이 있는 듯하다. 자동차라도 한 대 뽑고 나면 하루에 수십 번씩 들여다보면서 닦고 쓰다듬고 애정을 장난 아니게 쏟는다. 하지만 딱 두 달만 흐르면 그것도 시들해진다. 원래 있던 자동차라는 생각이 들면서 더는 새롭게 보이지도 않는다. 음식점도 마찬가지다. '사장님'이라는 호칭도 계속 듣다 보면 아무런 감각이 없을뿐더러, 오히려 '내가 사장이라고 불려도 되나?'라는 생각이 들 수도 있다. 장사가 잘되면 문제없지만, 파리 날릴 때 그 호칭을 들으면 굉장히 거북하고 괴리감이 느껴지기 때문이다. 이처럼 겨우 '사장' 소리 들으려고 음식점 하는 거면 안 하는 것이 낫다.

음식점을 창업하려는 이유에 대해서 곰곰이 생각해보자. 주위에서 음식점으로 떼돈을 벌었다는 전설(?)적인 이야기를 듣고, '그래, 나도 한번 해보자'는 간단한 생각에 시작하는 사람이 많다. 이는 프로 장사꾼들이 전국에 얼마나 포진해 있는지 모르고 하는 생각이다. 가족 중에 조리사 자격증이 있다든지, 요리 솜씨가 좋다는 주변의 이야기를 듣는 편이라든지 할 때는 더 자신감이 넘친다. 그걸 너무 과신하는 바람에 '음식점 창업에서는 준비가 되어 있다'고 착각하는 경우가 많다.

하지만 흔히 말하는 대박집은 10년 이상 갈고닦아 만들어낸 결과다. 그 사실을 간과하고 익숙한 방법으로 만드니 좋지 않은 결과가 나오는 것이다. 제대로 창업하고 싶다면 열심히는 당연한 것이고, '스마트하게' 집중해야 한다. 단순히는 라면 열 개를 끓여보면서 한 개를 끓일 때와 비교해봐야 한다. 열 개를 끓이더라도 한 개를 끓였을 때와 같은 질감과 맛이 나야 한다. 안 나면 온갖 방법을 통해서라도 나도록 해야 한다. 이것이 쉬운 일이라 생각하는 사람이 많겠지만 직접 해보라, 정말 어렵다.

음식점의 엄청난 비밀 하나를 알려드리려 한다. 음식점에서 일하는 직원은 주방 직원과 홀 직원으로 나눌 수 있다. 홀 직원의 휴무일에는 한 명이 빠진 채로 운영되기도 하지만, 주방 직원이 쉬는 날에는 파출부 이모라는 분을 부른다. 우리 사회 특성상 중년의 여성이 일할 수 있는 곳은 그리 많지 않다. 음식점 말고는 아무리 떠올려봐도 없다. 이분들은 여기저기 음식점에서 일해본 경험이 많기 때문에 사장님의 행동, 대화, 운영 방법만 봐도 초보인지 베테랑인지 바로 파악한다. 여기서 음식점의 성패가 결정된다고 해도 과언이 아니다. 적어도 음식을 만드는 데 자신보다 더 나은 사람이 아니라는 생각이 드는 순간, 사장은 허수아비로 전락한다. 그것도 모르고 처음에는 사장이 주방에 가서 음식이 이렇다느니 저렇다느니 하면서 아는 체를 한다. 하지만 사장이 주방을 나가자마자 직원들이 서로 한심하다는 눈빛을 주고받는다는 걸 알까?

그러다가 점차, 경험 많은 주방 직원이 '이건 사장님과 가게에 도움되는 것'이라고 몇 번 이야기를 하다 보면 사장은 자신도 모르게 귀를 기울이게 된다. 그리고 직원의 이야기대로 수정한다. 이제 본격적인 사냥이 시작된다. 처음에 정했던 모든 조리법이 '편한 방법'으로 서서히 변해가는 것이다. 음식점 경력이 있는 사장님들은 이 이야기를 듣고 아마 대부분이 고개를 끄덕일 것이다. 왜 그런지는 간단하다. 손님이 지속적으로 안 오면 조급해지면서 원인을 주방이나 홀 직원에게서 찾기 때문에, 지푸라기라도 잡는 심정으로 직원들의 이야기에 매달리는 것이다. 이런 일이 지속된 이후에는 어떤 방식으로 바꿔봐도 달라질 것은 없다. 손님들이 '이야, 저 음식점이 더 맛있게 만들려고 노력하는구나. 얼른 가서 먹어보고, 격려해줘야겠는데?' 이런 생각으로 음식점을 지켜보지는 않으니 말이다.

주방 직원이 가정주부보다 음식을 못할 확률은 거의 없다. 정말 음식 잘하는 가정주부도 있긴 하겠지만 소수의 경우이니 그냥 넘어가자. 그러니 주방 직원보다 음식 잘하는 사장이 얼마나 되겠는가. 음

식당으로 대박 내는 법

식을 할 줄 모르는 사람이 사장직을 갖는 것부터가 잘못된 시작이다. 순리대로라면 가게를 열기 전부터 음식 만들기를 마스터하고 시작하는 것이 맞다. 하지만 그런 순서대로 진행하는 음식점 사장이 과연 몇이나 되겠는가. 초보 창업자들도 욕심을 버려야 한다. 목표를 향해 준비해놓은 것은 없으면서 대박이 나길 바라는 건 억지다. 그리고 프랜차이즈 가맹점주가 된다면, 유행성이 있는 아이템은 속도전을 벌이는 경우가 대부분이기 때문에 앞날을 보장해주지는 못한다는 사실도 인지해야 한다.

이런 사실에 근거해서 보면 '무늬만 사장'인 경우가 허다하다. 직원처럼 일은 하기 싫고, 사장 소리는 듣고 싶고, 돈은 대박집처럼 벌고 싶은데 손님이 없다. 손님이 없으니 매출이 없을 것이고, 매출이 없으니 운영자금이 부족하다. 운영자금이 부족하다 보니 월급이나 공과금, 납품받는 식재료비를 제때 주지 못한다. 그러다 보니 매출 하락의 모든 책임을 직원에게 직간접적으로 묻고, 험한 소리만 해댄다.

이런 사이클이라면 회생 가능성은 없다. 이 순간부터는 손님이 와서 매출을 올린다 해도 메우기 바쁘다. 그러니 손님이 와도 신명 날 일이 없다. '오면 뭐해. 어차피 마이너스인데'라는 생각이 지배적이니 어떤 것도 손에 잡히질 않는다 부정적 에너지가 서서히 자리 잡기 시작한다. 그렇게 되면 긍정적인 마인드로 아무리 무장하려 해도 예상치 못한 곳에서부터 에너지를 뺏기기 쉽다. 하물며 부정적인 마인드에 지배당했다면 말할 필요조차 없다.

이런 일이 지속되면, 불행과 채무의 굴레에서 벗어나기 어렵다. 빚을 져본 분들은 아시겠지만, 3배의 돈이 있어야 생활과 채무 문제가 해결된다. '겨우 사장 하고 싶다는 욕망' 하나로 이런 무시무시한 영향을 일으키는 창업을 하게 된다면, 답은 불 보듯 뻔하다. 창업을 하고 싶다는 마음은 안다. 열심히 일하고 열심히 돈 모아서 내 가족 잘 먹고 잘사는 길을 만들고 싶다는 그 올바른 욕심도 안다. 그런 순수한 욕심이 있다면 제대로 된 준비를 하라. 책을 읽으면서 공부하고, 만들어보고, 평가도 받아보라는 말이다.

기준점은 없지만, 효과를 얻기 위해서는 최소한의 준비는 해야 한다. 적어도 열 권의 자기계발서, 열 권의 창업 관련 책을 읽고 동종 음식점 열 곳을 방문하여 철저한 창업계획서를 준비해야 한다. 음식점 사장이 되려 한다면 이게 기본 자질이라고 말씀드리고 싶다. 단순히 직장생활이 싫어서 개인 창업을 하고 싶다는 분이 많다. 이런 성향을 가진 예비 사장의 가족분들은 가정의 평화를 위해서라도 도시락을 싸서 따라다니며 뜯어말려야 한다.

아주 간단한 계산 한 가지를 해보자. 월 400만 원을 벌려고 한다면, 수익률이 30%라 쳐도 약 1,300만 원의 매출을 올려야 한다. 1,300만 원이면 장사가 꽤 잘되는 10평 떡볶이집이다. 자기 인건비는? 당연히 빼야 한다. 그러면 월 200만 원이 된다. 경력이 어느 정도 있는 직장인이라면 출근만 제대로 해도 그 월급이 나온다. 수천만 원을 투자해서 월 200만 원 버는 떡볶이집을 할 것인지, 아니면 회사에 다니는 것이 나은지 냉정하게 판단해야 한다.

2014년 12월 겨울, 경주 한화리조트에서 모 대학교 호텔 외식학과를 중심으로 한 여러 학과 학생 80명에게 강연을 한 적이 있다. 학생이지만 창업에 관심이 굉장히 많았다. 관심이 많은 것과 돈을 빨리 버는 것은 다르다. 학생 몇 명이 강연이 끝나고 나서도 따라와서 질문을 했는데, 나는 이런 이야기를 해주었다.

"유명 요리사가 되고 싶은지, 음식점 사장이 되고 싶은지, 외식 체인 사업을 하고 싶은지, 장인정신으로 수십 년을 이어갈 음식을 만들 건지 그 방향을 잘 잡아라. 그리고 어떤 방향을 잡으면 시간이 걸리더라도 기본을 충실히 준비해봐라"라고 말이다.

'이 음식만큼은 내가 정말 잘 만드는데' 정도의 생각으로는 롱런할 수 없기 때문이다. 윤태호 원작 인기 웹툰 〈미생〉에는 이런 명대사가 나온다. "회사가 전쟁터라고? 밖은 지옥이다."

그 말이 사실인지 아닌지 직접 겪어보려면, 자영업의 세계로 오시라. 얼마든지 환영한다. 단, 누구도 시간과 돈은 되돌려받지 못한다는 점을 명심하고 오시길 바란다.

자영업의 세계를 읽는
눈부터 떠라

우리나라에서 돈벌이를 하는 사람 열 명 중 세 명은 자영업자다. 굳이 계산까지 해보지 않아도 주변에서 흔하게 볼 수 있다. 비정규직 증가, 청년 실업난 등의 사회현상이 만들어낸 결과다. 남녀노소 구분 없이 전부 자영업으로 뛰어드는 형국이다. '창업은 도전'이라는 말을 많이 한다. '실패는 성공의 어머니'라는 말도 있는데, 다른 분야에서는 맞겠지만 자영업에서 실패는 그냥 실패다. 그럴싸한 말로 포장하지 마라. "창업자에게 정부는 지원을 하라. 그래야 많은 이들이 도전할 것 아닌가"라는 이야기에 동의하는 분이라면 자영업의 세계에 들어오지 않는 것이 좋다. 그렇게 나약한 정신으로는 이 세계에서 살아남을 수 없다. 수천만 원이 몇 개월 사이에 이유도 모른 채 사라지는 신비의 세계이기 때문이다.

하지만 완벽한 구상, 스마트한 판단, 해내겠다는 뚝심이 있다면 성공할 수 있다. 폐업을 하더라도 정신적, 육체적, 경제적 올가미를 견딜 수 있다면 언제든지 자영업을 하라.

자영업이라는 단어를 한 자씩 뜯어보면 스스로 자, 꾸려나갈 영, 직업 업으로 되어 있다. 즉, '스스로 꾸려나가는 직업'이 자영업이다. 역으로, '스스로 꾸려나가지 못한다'면 자영업을 할 자격을 갖추지 못한 것이다. 전부는 아니더라도 인테리어, 간판을 포함한 익스테리어(외부작업), 주방기기, 주방기물, 부착물, 음식 만들기, 손님 응대, 세무, 마케팅, 영업전략 등의 계획을 직접 세워야 한다. 그런데 오픈 전에 하는 이런 모든 준비를 음식점 운영의 '끝'이라고 잘못 생각하는 분들이 굉장히 많다. 오픈 전까지의 준비는 겨우 '워밍업' 정도밖에 되지 않으며, 음식점을 계속 끌고 나간다는 관점으로 볼 때는 20% 정도의 비중을 차지할 뿐이다.

그중에서 핵심 단어를 하나 선택하자면 '영업'이다. 영업이 무엇인가? 백과사전에서는 영업을 '상인이 계속해서 같은 종류의 영리 행위를 반복하는 일'이라고 정의한다. 영리 행위, 즉 이익을 끌어내지 못하면 자영업은 답이 없다는 뜻이나. 밑은 의미로, 음식점을 운영하는 데 영업은 필수조건 중의 필수조건이다. 음식점과 영업과의 연관성을 쉽게 떠올리기는 어렵겠지만, 손님에게 메뉴를 강제로 파는 것을 말하는 것이 아니다. 판매하고자 하는 뜻을 손님에게 보여주는 것으로 충분하다. '빵이 나오는 시간을 정해놓고 그 시간에 따끈따끈한 빵을 판매하는 것', 예컨대 이것이 바로 영업이다. 제시간에 맞춰서 맛있게 구워냈으니, 그 행위를 보고 사 가라는 무언의 전략이다. 쉬운 건 아니다. 쉬운 거면 주변의 모든 빵집에서 따라 하겠지만, 냉정하게 살펴보면 몇 집 없다.

대학 졸업 후 교수님들의 추천을 마다하고 회사에 들어가지 않았다. 부모님의 엄청난 반대가 있었지만 '영업을 배워야 인생에 도움이 될 것'이라는 믿음하에 영업을 해보기로 했다. 자동차·보험·대출영업 경력자들조차 첫 달 이직률이 80%에 육박한다는 영업인의 무덤, '개척영업'을 했다. 영업 중에서는 가장 난이도가 높은 '돌발 방문 영업'을 하면서 온몸으로 체험했다.

보통 옷을 사러 가면 직원이 바짝 붙어서 입어보라고 권한다. 사람들은 대부분 거기에 부담을 느껴 다음에 온다는 말을 하고 사라진다. 오래 있는 경우라 해봤자 몇 개의 옷을 입어보고 갈 뿐이다. 그런 손님이 몇 번 왔다 가면 직원들도 짜증이 증폭된다. 직원들의 그런 표정이나 말투, 행동만 보고 그냥 가는 손님들도 얼마나 많은지 모른다. 손님은 매장을 방문하면 일단 경계를 한다. '개인의 의사결정을 침범하는 행위'에 신경이 곤두선다는 말이다. 그렇다고 관심을 두지 않으면 손님은 멀어진다.

식당으로 대박 내는 법

이때 침범하지 않으면서도 관심을 나타내는 좋은 방법이 있다. "손님, 어서 오세요. 저는 옆에서 정리하면서 봐 드릴 테니 얼마든지 편하게 입어보세요. 스웨터는 이 두 종류가 잘나가니까 참고하세요"라고 말하면서 거리는 2미터 정도를 유지하는 것이다. 지속적으로 해보면 매출 상승에 큰 도움이 될 것이다.

다시 음식점으로 돌아오면, 판매할 수 있는 능력을 음식에 투영하는 것이 영업이다. 이를테면, '이렇게 만들었는데도 안 사 먹어?'라고 할 정도의 노력과 배짱이 있어야 한다. 자기가 만든 음식에 스스로도 자신이 없다면 누가 사 먹겠는가. 음식에도 주인의 기운이 그대로 배는 법이다.

인천 간석동에 가면 '부암갈비'라는 고깃집이 있다. 전국의 고기 마니아들이 찾는 '성지 중의 성지'다. 음식의 형태는 굉장히 간단하고 특별한 구석이 없다. 다만 몇 가지 특징이 이 집을 전국구 스타로 만들었다. 일명 '뼈삼'이라 불리는 뼈 있는 삼겹살을 갈비처럼 포를 뜬 것, 유명 양꼬치집에서만 사용하는 일명 '칭기즈 칸 불판', 고기와의 어울림이 환상인 삭힌 고추, 돼지기름이 섞인 계란말이, 갈치속젓 비빔밥이 그것이다.

영업은 어렵다. 아무리 말 잘하는 사람, 낯가림 없는 사람이라 해도 영업은 어렵다. 앞서 이야기했듯이 '스스로 꾸려나가는' 영업이 되지 못하면 자영업의 미래는 밝을 수 없다. 그런데 더욱이 말도 잘 못하고 낯가림도 심하다고? 걱정할 건 없다. 영업 상위권을 보면 오히려 말 적고 내성적인 사람이 훨씬 많다. 그건 곧 일희일비하지 않는 굉장한 무기를 가졌다는 뜻이기 때문이다. 그렇다면 조건은 누구에게나 똑같다고 볼 수 있다. '타고난 사람은 없다'는 얘기다. '음식이라는 영업 사원'을 만드는 데 주력하면 된다. 그걸 만들지 못하면 어려움을 겪게 되는 것은 당연하다.

얼마 전 '대졸 초임 290만 원'이라는 기사가 떴다. 그렇지만 얼마 안 가서, 말도 안 되는 오보였음이 밝혀졌다. 6,000여 기업 중에 414곳만 조사했고, 그나마도 월급이 높은 대기업 위주로 선정되었으며, 세전 금액인 데다가 상여금까지 포함된 설문조사로 만들어진 기사였다. 차이는 있겠지만 기사를 토대로 실수령액 기준, 초임이 월 170만 원이라고 해보자. 초보 창업자는 회사로 치면 인턴 또는 신입사원이다. 그러니 연차 많은 직장인보다 더 큰 수익을 가져간다는 생각 자체를 버려야 한다. 전체 자영업자의 평균 월수입이 110만 원 정도임을 명심하라. 창업자가 직장인보다 돈을 더 벌 수 있는 이유는 하나도 없다.

베이비붐 세대들은 은퇴, 명퇴가 시작되면서 설 자리를 잃었다. 그러다 보니 자영업에 눈을 돌리게 된다. 특히 접근이 쉬워 보이는 음식 관련 업종에 관심이 쏠린다. 하지만 평생 음식과 음식점에 관심도 없던 사람이 갑자기 관심을 가진다고 해결될 일이 아니다. 그런데 주

식당으로 대박 내는 법

변에서 말려도 이미 점포를 보고 다닌다면, 시작하게 되어 있다. 속으로는 이미 스스로를 합리화하는 작업을 하고 있을 테니까. 하지만 수많은 음식점 속에 내 음식점을 오픈한다는 건, 군대로 치면 상병들의 진지구축 작업에 이등병이 끼어드는 셈이다. 이등병의 군기가 아무리 좋아도 상병들의 노하우는 따라갈 수 없는 게 일반적이다. 무슨 말이냐면, '평범한 음식과 평범한 실력'으로는 시장성 자체가 없다는 뜻이다.

어려운 점만 이야기해서 주눅이 들었다면 죄송하다. 대신에, 음식점이 가진 최고의 장점을 알려드릴 테니 목표로 삼는 데 도움이 되었으면 한다. 바로, '한 번만 제대로 만들어내면 된다'는 것이다. 물론 유지를 잘 해야겠지만, 제대로 만든 이후부터는 손님이 알아서 손님을 데리고 온다. 그리고 그 손님이 또 다른 손님을 데리고 온다. 먹는 방법까지 알아서 설명해준다. 결국, 손님이 알아서 모든 매출을 올려준다. 내 적금도 들어주신다. 부모님께 드릴 용돈도 손님이 주신다. 각종 공과금을 내도록 해주신다. 자동차도 한 대 선물해주신다. 직원들에게 생색낼 회식비도 주신다. 존경까지는 아니더라도 존중의 눈빛까지 보내주신다. 맛있게 먹고 간다고 인사를 하신다. 이 정도면 엄청난 거의 아닌가?

누군가에게 감사의 인사를 받을 수 있는 횟수로 볼 때 음식점보다 더 조건이 좋은 업종도 없다. 평생 받을 인사를 몇 달 안에 다 받다. 단, 조건이 있다. '처음 손님들이 만족했을 때의 그것들을 계속 유지해야 한다'는 것이다. 더 맛있게 만들라고 하지도 않는다. 손님이 요구하는 것은 이것밖에 없다. '복잡하게 이것저것 다 필요 없고, 원래대로만 만들어서 내달라'는 것. 음식점은 결국, 사람이 연관되는 일이다. '음식의 이해'가 핵심이 아니라, '손님에 대한 이해'가 우선이다. 손님을 이해하다 보면 거기에 맞는 음식은 저절로 만들어진다.

식당으로 대박 내는 법

입지 분석 없이 시작하면
반드시 후회한다

'○○구 ○○동 대로변 상가 식당 밀집 지역. 권리금 2,500만 원. 보증금 4,000만 원/월세 220만 원.'

'○○구 ○○동 학교 인근. 단골 확보. 권리금 없음. 보증금 1억 5,000만 원/월세 700만 원.'

'○○구 ○○동 유동인구 많음. 권리금 5,000만 원. 보증금 5,000만 원/월세 300만 원.'

생활정보지에서 ~~는 볼 수 있는 광고다. 일반적으로~~ 음식점을 차리려는 사람들은 생활정보지를 보면서 몇 달째 뒤적거린다. 마음에 드는 곳에 동그라미 치고, 권리금이 없는 곳에는 별 표를 그린다. 별 표 그린 몇 군데에 전화해서 확인을 해보니 정말 권리금이 없단다. 거기다가 보증금과 권리금, 인테리어, 각종 기물비용 등을 합쳐보니 준비자금과 비슷하다. 이건 분명 행운의 여신이 강림한 거다. 이렇게 딱 맞아떨어질 수가 없다. 차를 타고 가보니 약 40분 정도 걸린다.

'하늘이(?) 점지해준 점포'에서 상상의 날개를 펼친다. 홍합을 듬뿍 넣은 짬뽕을 뜨끈뜨끈하게 내고, 손님들이 몰려올 생각을 하니 벌써부터 설렌다. 주변을 살펴보니 아파트 단지도 몇 개 보이고, 도로 옆이라 가시성도 좋다. 가만히 서서 핸드폰 계산기로 객단가에 판매 금액을 곱하고 손님 수를 곱해본다. 심호흡을 한 번 하고, 거기에 천천히 마진 40%를 곱해본다. 공양미 삼백 석에 심 봉사 눈뜨듯 눈이 뜨이면서 마음속에선 환성이 절로 나온다. '이야, 이건 대박이다. 된다, 무조건 된다!'

어느 업종에나 프로들은 존재한다. 정말 날고 긴다는 음식점 프로들은 업종을 정하고 상권을 찾지 않는다. 상권을 정하고 나서 그 상권에 어울리는 음식을 만들어낸다. 음식을 만들어내는 수준이 높은 사람들은 실제로 그렇게 한다. 일반 창업자들은 꿈도 못 꿀 일이다. 이 방법은 9년 차인 나도 엄두가 안 나는 방법이다. 보통의 창업자들은 자신이 할 음식을 상권에 맞추어 오픈하려고 한다. 상권을 고르는 것이 문제다. 보증금, 권리금만 보고 억지로 들어가는 경우가 많다는 것이다. 골프와 음식점은 비슷한 요소가 많다. 그중에서도 가장 비슷한 것은 '실패 확률을 줄이는 게임'이라는 사실이다. 성공확률을 높이는 것이 더 중요하게 보일 수도 있다. 하지만 제대로 만들어진 음식이라면 기본적인 성공은 할 것이므로 더 높이는 데 중점을 둘 게 아니라, 실패하지 않을 요소들에 집중하는 것이 성공의 길에 가까워지는 방법이라 믿는다.

음식명을 입력하고 엔터키를 탁 누르면 '어느 곳이 적합 상권이고, 유동인구는 어느 정도이며, 효율적인 자금은 얼마입니다'라고 나오는 데이터는 없다. 과학적으로 접근해야 하지만, 아이러니하게도 과학적으로 접근하면 안 된다. 이론만으로 되는 일도 없고 실기만으로 되는 일도 없다. 그런 일은 이 세상에 존재하지 않는다. 명성 있는 야구감독들이 현역 시절에는 이름도 모를 선수였던 경우도 많고, 현역 시절에는 특급 선수였지만 감독을 하면서 그 명성까지 다 잃어버리는 경우도 많다. 경영을 가장 잘 아는 사람들은 경영학 박사들이고, 장사를 가장 잘하는 사람은 시장 사람들이다. 그렇다면 여기서 최고의 방법을 찾아보자. 박사들이 시장에서 시장 사람들에게 판매기술을 익혀서 지금까지 쌓아온 경영의 노하우로 물건을 팔든지, 시장 사람이 학교에 가서 경영을 배워와 그것을 접목하면 될 것이다. 자, 둘 중에서 누가 더 잘 팔까?

그건 알 수 없다. 내가 이 얘길 한 건 둘 중의 승자를 찾기 위함이 아니라, 한쪽에 치우쳐서는 안 된다는 우회적 표현을 하고 싶어서다. 이론이 강한 분들은 '실기의 부정확성'을 강조할 것이고, 실기가 강한 분들은 '이론의 비현실성'을 이야기할 것이다. 그러나 서로의 장점을 찾아서 보완한다면 가장 효율적인 답을 얻을 수 있을 것이다. 부동산도 활용하고, 주변 음식점 사장님들의 조언도 들어보자. 계속 듣다 보면 자신의 음식점을 이 부근에 차려도 될지 안 될지 정도의 감은 잡힌다. 자신의 점포를 누군가에게 대신 구해달라고 하는 것은 자기 결혼식에 대신 가달라는 것과 별반 다를 게 없다. 가장 중요한 부분을 남에게 맡기는 것은 돌이킬 수 없는 결과를 가져온다. 더군다나 거기에 대한 책임을 져줄 사람은 아무도 없다. 음식점을 해본 적이 없다고 점포 선택을 다른 사람에게 떠미는 것은 '나는 아직 음식점을 오픈할 준비가 되어 있지 않다'라는 뜻으로 봐도 무방하다.

　입지 분석은 '어느 점포가 더 좋은가'를 고르는 게임이 아니다. 세 곳의 점포를 눈여겨봐 두었는데 그 지역 자체가 음식점과 어울리지 않는다면 세 곳 모두 잘못 고른 점포다. 그중에서 아무리 잘 골라봤자 '첫 단추를 잘못 끼운' 상황이 발생하게 된다. '점포'보다는 '지역'이다. 자신이 하려고 하는 음식이 밥 종류인지, 술안주 종류인지에 따라서도 상권은 크게 차이가 난다. 밥집골목으로 몰려 있는 곳은 사실 그렇게 많지 않다. 관공서가 있는 상권이 그런대로 밥집이 많은 편인데, 저녁 장사가 현저히 떨어진다. 매일 같은 밥만 먹을 수는 없으니, 주변 밥집과 나눠 먹기를 하게 된다. 그중에서 좀더 매력 있는 음식점이 대박집이 되는 것이다. 같은 업종을 주변에 차리면 "상도의에 어긋난다"는 말을 많이 하는데, 상도의에 어긋나는 게 문제가 아니라 실제로 잘 되지도 않는다. '제 살 뜯어먹기'라는 표현은 이럴 때 쓰는 듯하다.

예를 들어 이런 상황이 있을 수도 있다. 하기로 마음먹은 음식은 있는데, 점포가 너무 마음에 들어서 다른 점포가 눈에 들어오지 않는 경우가 있다. 이런 경우는 잘못 판단된 것은 아니니까 최선책을 찾아내야 한다. 하려고 하는 음식의 양을 좀 줄이고 금액을 낮춘다든지, 가격은 구상했던 그대로 하고 양을 더 담는다든지 하는 방법이다. 실제로 나의 매장과 가맹점들은 점심특선 메뉴의 구성과 금액을 약간씩 다르게 해서 점주들에게 선택할 수 있게 해준다.

A안은 마늘보쌈에 청국장을 더한 9,000원, B안은 마늘보쌈에 우거지 된장국을 더한 7,000원이다. 좌식이냐 입식이냐에 따라서, 평수에 따라서, 상권에 따라서 다르게 하는 것이다. 초보 창업자라면 9,000원보다는 7,000원짜리를 파는 게 낫다. 메뉴에 청국장을 넣게 되면 나물도 세 가지를 더 해야 하고, 비빔장도 만들어야 하고, 비빔야채도 준비해야 한다. 그뿐이 아니다. 1인당 그릇 3개가 더 늘어난다. 네 명이 오면 12개가 늘어나는 것이다. 홀에서의 일도 그만큼 많아지고 주방에서도 일이 늘어난다. 당연히 인건비 및 각종 식재료비, 관리비가 더 들어간다. 한 곳에서 통했다고 해서 다른 곳에서도 똑같이 통하는 것은 아니다. 나는 이런 것에서는 괜히 자존심 부리지 않는다. 내 자존심을 세우는 일이 점주들에게 '실'이 된다면 '굳이 그렇게 할 필

요 없다'고 생각한다. 요점은 상권에 따라서 그만큼 변수로 고려해야 하는 요소들이 많다는 것이고, 그 사실을 인지하면 더 나은 선택을 할 수 있다는 것이다.

실제로 찾아보면, 입맛에 맞는 점포가 그리 많지 않다. 4:4 미팅을 했는데 마음에 안 들어도 파트너를 정해야 하는 느낌이랄까. 정하지 않으면 음식점을 시작할 수 없으니까 약간은 '울며 겨자 먹기'로 골라야 할 때도 있다. 시간이 어마어마하게 빠른 속도로 지나가기 때문이다. 첫 음식점을 오픈할 때 5개월을 준비했다. 부산에서 상권 분석 안 해본 지역이 없다. 그 때문에 준비하는 동안 생활비, 활동비 등이 어마어마하게 지출됐다. 점포를 고르는 일이 그만큼 힘들다. 하지만 힘들다고 해서 쉽게 골라버리면 평생 후회할 일이 생길지도 모른다. 부동산 사무실에서 이런저런 말로 현혹하려 하겠지만, 아니다 싶으면 그냥 못 본 척해라.

사실, 부동산 사무실에서도 1억이 안 되는 창업을 하려 한다면 눈길 한 번 주지 않는다. 모든 부동산 소장이 그런 것은 아니지만 "내가 구해주는 점포 아니면 음식점 안 돼"라는 뉘앙스로 이야기하시는 분들도 많다. 하지만 그분들에게는 어떤 음식으로 어떤 상권을 구하는가 하는 것은 관심사가 아니다. 알고 있는 매물 중에서 끼워 맞추기 식으로 권하는 경우가 훨씬 많다.

그래서 나는 역으로, 상권을 고른 다음 마음에 드는 매장을 두세

개 고른다. 그리고 부동산을 찾아가서 그 점포를 알아봐 달라고 이야기한다. 그러면 부동산 사무실에서는 보통 "권리금하고 보증금 얼마 정도 생각하세요?"라고 묻는다. 나는 "금액 신경 쓰지 말고 거래할 수 있는 금액만 알려달라고 해주세요"라고 답한다. 돈이 있고 없고는 둘째 치고 의외의 성과를 거둘 때도 있다. 일단 시도를 해보는 것이 가만히 있는 것보다는 더 낫다. 지금 현재 하고 있는 'B급 상권의 음식점'도 그렇게 구했다.

상권을 분석하다 보면 스트레스를 많이 받는다. 당연한 일이다. 초보 기준에서 가장 조심해야 할 것은 '무권리' 점포다. 굉장한 메리트로 보이지만 문제점들이 많이 생긴다. 왜 아무 이유 없이 권리금을 받지 않고 내주겠는가? 상권 분석을 제대로 못 하면 반드시 후회한다. 나중에 장사가 안되면 지나가는 사람 끌고 오는 식으로라도 영업을 해야겠지만, 그런 일이 일어나지 않게끔 미리 준비하자. 이 세상에 공짜 점심은 없다.

경험 없이 성공을 바라는 건 망상이다

학창 시절 시험 점수가 나왔을 때 가장 부러움을 사는 친구는 누굴까? 원래부터 전교 1, 2등을 놓치지 않는 준형이나 민성이가 아니다. 아마도 보통은, 시험 전날까지 같이 놀았는데 반에서 5~7등을 너끈히 유지하는 창수를 부러워한다. 이처럼 노력에 비해 좋은 성적을 받는 친구를 보면 대단하다 싶으면서도 괜히 시기심이 들기 마련이다. 부러워할 것 없다. 그랬던 친구들이 사회에 나가면 '어중간한 위치'에 놓이는 경우를 더 많이 보게 될 테니 말이다.

음식점도 비슷하다. 초보 창업자가 경력 많은 자영업자를 이기면 안 된다는 법칙은 없다. 충분히 역전할 수도 있다. 하지만 목숨 걸고 운영해서 대박이 난 게 아니라면 분명 독이 된다. 경마에 빠져서 탕진한 사람의 과정은 이렇다. 경마 잡지를 보고 사법고시 준비하듯 쥐죽은 듯이 공부한다. 그리고 베팅한다. 분석한 결과가 맞았다. 그러면 계속해서, 자신이 분석한 '자신만의 방식'으로 돈을 건다. 그러다가 잃는다. 잃으면서도 오기가 생긴다. 그런데 시간이 지날수록 계속해서 잃기만 한다. 결국엔 가진 돈을 몽땅 탕진한다. 경마 입문 때 돈을 땄던 가장 큰 이유가 '초심자의 행운'과 '우연'이었다는 사실을 몰랐던 것이다.

파울로 코엘료는 소설 《연금술사》에서 이렇게 표현했다. "그걸 은혜의 섭리라고 부르지. 바로 초심자의 행운이라는 거야. 그런 행운이 따르는 건 자네의 삶이 자네가 자아의 신화를 이루며 살아가길 원하기 때문일세"라고 말이다. '초심자의 행운'이 긍정적인 부분으로 존재하는 것도 분명하다. 하지만 잘못된 분석과 판단으로 악영향을 미치는 요소가 있음을 절대 간과해서는 안 될 것이다.

오래되고 유명한 음식점을 보면 보이지 않는 장치가 많이 숨어 있다. 쉽게 만들어낸 것 같지만, 주방 안에서는 한숨이 푹푹 나올 정도로 어려운 작업이 많다. 현재 눈앞에 보이는 대박집의 음식 형태만을 보고, 비슷하게 만들어서 판매하면 잘될 것이라는 생각이 결국은 음식점 성공을 가로막는 최대 장벽으로 작용한다.

음식점의 성공은 곧 매출로 가늠된다. 매출을 올리려면 괜찮은 상품으로 구성된 음식이 나와야 하고, 그 음식을 먹는 손님의 숫자가 증가하고 반복되어야 매출 상승으로 이어진다. 여기서 한 가지 중요한 것이 속도다.

예를 들어 오피스 상권에 6,000원짜리 순대국밥을 판매하는, 테이블 15개의 가게가 있다고 치자. 평균 2.5명이 한 테이블에 앉는다. 그러면 약 38명이 앉아서 식사를 하는 셈이다. 점심심시간인 12시가 되어 직장인들이 연이어서 들어온다. 1분 차이로 손님이 들어왔다고 치자. 뚝배기의 국물이 끓으려면 약 4분이 걸리고, 펄펄 끓으려면 6분이 소요된다. 카트에 실어 손님상에 나가는 시간 1분까지 포함하면 주문 후 총 7분이 지나면 첫 테이블에 순대국밥이 놓인다. 순서대로 나가면 12시 21분이 되어야 마지막 15번째 테이블에 음식이 놓이게 된다. 첫 테이블 손님은 이 시점에 식사를 마치고 일어선다. 오피스 상권의 점심시간은 보통 오후 1시까지다. 그러므로 속도가 늦으면 그만큼 다른 음식점에 손님을 뺏긴다. 차이는 있지만, 적어도 오피스 상권이라면 초스피드를 갖추는 것이 가장 큰 핵심이다. 12시 정각부터 손님이 온다고 가정하면, 뚝배기를 11시 55분에 가스 약불로 데우는 작업을 하고 있어야 한다. 1회전 손님이 식사까지 다 마치고 나가는 시간이 총 30분을 넘기게 해선 안 된다. 믿길지 모르겠지만, 청국장 음식점을 할 때 '주문부터 계산까지 평균 17분'이었다는 사실을 알려드리고 싶다. 그 시간으로 가능할 것 같지 않겠지만, 손님이 많은 음식점에서는 그 처리 방법을 알고 있다.

음식점에 가서 주문을 했는데, 기다려도 음식이 안 나오면 손님들은 두리번거리게 된다. 누가 가르쳐준 것은 아니지만 실제 가게에서 동작 분석을 해보니 주문 후 약 7분이 지나면 두리번거리고, 8분이 지나면 두리번거리는 횟수가 늘고, 9~10분이 지나면 음식이 왜 안 나오는지 지나가는 직원에게 물어본다는 사실을 알게 되었다. 이런 흐름을 알아야 미리 대비하게 된다. 아무리 괜찮은 음식을 내놓더라도 소비자의 심리상태를 모르면 불만거리를 만들어내게 된다. 손님이 괜한 심술을 부린다고 생각하면 안 된다. 세 테이블 이상의 주문이 밀리면 "10분 정도 뒤에 음식이 나옵니다"라고 미리 이야기해주어야 한다. 그럴 때 화를 내는 손님은 단 한 명도 없다. 설령 그렇게 오래 기다려야 하느냐고 물어보는 손님이 있다면 "최대한 빨리 내드리겠습니다"라고 응답하면 된다. 이런 사정을 모르니, 재촉하는 손님을 이해할 수가 없는 것이다. 그러다 보면 중얼중얼 짜증을 내게 된다.

홀에서 정말 고쳐지지 않는 습관이 있다. 손님이 불렀을 때, "잠시만요"라고 말하는 것이다. 다른 일이 있거나 바쁠 때는 "잠시만요~" 하면서 말끝을 길게 끈다. 이 말투가 손님에게는 "바쁜 거 안 보입니까~"라는 말로 들린다. 그 말 한마디에 기분 나빠하는 손님이 많다. "곧 가겠습니다" 또는 "바로 가겠습니다"로 바꾸어야 무난하다. 음식점 직원들은 정말 자주 바뀐다. 교육할 틈도 없고, 음식점에서까지 교육을 받아야 하느냐고 생각하는 직원들이 훨씬 더 많다. '집에서 노는 것보다는 일을 하는 편이 낫겠다'라고 생각하고 취직한 직원들이 대부분이다. 그런 직원에게 사장 마음을 그대로 투영시켜 교육하기는 쉽지가 않은 일이다. "내 가게라고 생각하고 일을 해달라"라는 말도 내 욕심일 뿐이다. 그럴 때는 자신이 바라는 것을 정확하고 부드럽게 전달하여 알려주고 도움을 요청해야 직원들도 움직인다. 이 부분이 해결되지 않으면 음식점 운영이 잘될 수가 없다.

음식점에서 일한 경험이 없다면, 음식점에서 일어나는 일들에 대한 경험을 어떻게든 쌓고 쌓아야 한다. 손님 입장에 서서 이해가 가는 부분, 고마운 부분, 대수롭지 않은 부분들에 대해 정리하고 이를 역으로 적용해보는 방법도 꽤 괜찮다. 굉장히 유별난 사람을 제외하면, 손님 입장이나 음식점 사장 입장이나 크게 다르지 않다. 그러므로 내가 손님 입장이었을 때 좋았던 것은 필수적으로 채택해야 한다. 또한, 손님이었을 때 '싫었던 것'과 '불쾌했던 것'은 음식점에서 '절대 금지' 요소로 분류해두는 것이 좋을 것이다. 음식점을 운영하다가 모호한 상황이 생길 때는 간단하게 손님 입장에서 생각해보면 의외로 쉽게 풀린다.

내가 하는 음식점에서 가맹을 받아 현재 보쌈집을 운영하는 점주들도 음식점을 처음 해보시는 분들이다. 하지만 지금 어느 정도 궤도에 올라서 운영을 잘 하고 있다. 아무 경험도 없는 분들을 지금처럼 일할 수 있게 한 것은 4주간의 교육이었다. 그 교육이 없었다면 이런 성공은 어려웠을 것이다. 직원들 중에 누가 보더라도 '예전에 음식점 하셨던 사장님'으로 인식시키는 것을 중요한 사항으로 삼았다. 왜냐하면 홀 직원, 주방 직원들은 척 보면 안다. 경험이 있는 사장인지 아닌지를. 사장이 직원에게 휘둘리는 음식점은 엉망진창이 된다. 그것을 알기에 수많은 롤 플레이를 통해 역할을 몸에 익히게 한 다음 실전에 투입한다. 처음에는 누구나 쭈뼛쭈뼛하면서 제대로 하지 못한다.

음식점 운영은 '살아 있는 현장 영업'이기 때문에 점차 잘해지기가 어려운 직종이다. 초반에 잘할 방법을 잡아내지 못하면, 시간이 흐르면 흐를수록 그 마인드는 떨어지게 되어 있다. 사람 몸은 익숙한 쪽으로 흐르게 되어 있다. 3~4일 교육하고 내보낸 뒤, 시간이 지나면 "장사는 알아서 하셔야지요"라고 하는 가맹본부가 많은 것으로 알고 있다. 나도 체인사업을 하지만, 그렇게 해서는 안 된다. 있는 돈 없는 돈 다 모아서 음식점을 마지막 업으로 택한 사람들이 얼마나 많은가. 회사가 문제 있는 경우보다는 점주의 마인드가 안 되어 있는 경우가 다반사다. 설령 그렇더라도 초반에 음식점의 방향을 잡아주려면 '영업력'을 반드시 실행시켜야 한다. 손님한테 주문받는 법 하나 제대로 못 가르쳐주면서, 우리 제품은 납품받아서 사용하라고 하면 결국 점주들은 배신할 수밖에 없을 것이다. 상생, 말로만 하지 말고 살길을 좀 만들어주자. 슈퍼바이저 한 명이 며칠 상주하며 봐 준다고 해서 그 가게의 생명이 계속 유지되는 것도 아니며 매출이 올라가는 것도 아니다.

　이름만 대면 알 만한 유명 프랜차이즈 고깃집이 집에서 1분 거리에 생겨서 매일 보게 되었는데, 3주 지나니까 손님이 없다. 2개월 정도 지나니 파리가 날린다. 사활을 걸고 운영하지 않은 점주의 마음가짐과 자세도 문제지만, 고깃집의 경쟁력이 문제다. 더 큰 문제는 그 경쟁력을 사전에 알아보지 못한 예비 점주에게 있다. 음식점 관련 경험을 통해서 음식과 관련된 모든 것을 끌어올릴 수 있도록 해야 한다. 취미로 하는 게 아니라면 말이다.

　'목숨'이라는 단어를 써서 너무 극적으로 보일지도 모르지만, 그렇게 운영하지 않으면 음식점으로 성공하기는 어렵다. 주변에서 흔히 하는 '누구든 할 수 있다. 하면 된다'라는 추상적인 응원을 너무 믿지는 말길 부탁드린다. 취미활동으로 음식점 해보려는 분들이 아니라면 '영혼 없는 멘트'에 취하지 말고, '해낼 방법'을 찾는 것에 집중하자.

누구한테, 왜, 무엇을
판매할 것인지 결정하라

판매를 촉진하는 용어는 많다. 마케팅, 홍보, 영업이다. 정의에 차이는 있겠지만 큰 뿌리는 같다. 구매할 의사가 없는 사람에게 사게끔 하는 것은 굉장한 실력으로 보일 수 있다. 하지만 그건 중장기적으로 보면 잘못된 판단인 경우가 많다. 예를 들어 트럭에 싱싱한 계란을 가득 싣고, 유동인구가 많다는 이유로 코엑스 주변에서 파는 것과 비슷하다. 대상을 제대로 정하지 않으면 우연의 일치로 판매될 수는 있으나, 결과적으로는 보통 참패를 당한다.

2년 전쯤, 사람이 바글바글한 먹자골목에 일본 현지에서 몇 년 수련한 느낌의 일식 요리사가 꼬치구잇집을 오픈했다. 석 달 뒤에 그 점포는 사라졌다. 몇 달간의 일상을 유추해보니 이랬다. 오후 3시쯤 싱싱한 재료들을 나무 꼬챙이에 수십 개씩 꿰면서 장사 준비를 한다. 언제나 올까? 목을 빼고 기다렸더니 8시가 넘어서 두 명의 손님이 들어왔다. 첫 손님의 입장 시간이 왠지 신경이 쓰인다. 30만 원의 매상을 올릴 수 있을까? 조마조마하다. 마음의 준비를 단단히 하고 연신 부채질하며 꼬치를 노릇노릇하게 굽는다. 그러면서도 출입문에만 자꾸 신경이 쓰인다. 먹음직스럽게 구워진 꼬치를 보니, 손님 것을 한 점 먹고 싶을 정도로 잘 만든 것 같다. 그런데 그렇게 맛있게 구워내도 시간이 갈수록 돈은 남지 않는다. 한숨을 쉬면서 중얼거린다. '이상하다, 뭐가 잘못된 거지?' 먹자골목 귀퉁이의 꼬치구잇집과 시장 손님과는 아무런 연결성이 없었던 것이다. 이런 사례는 무궁무진할 것이다.

이전에 운영한 청국장 음식점에서 함께 일했던 주방 찬모가 한 달 전에 고깃집을 오픈했다. 장사가 잘 안된다고 컨설팅을 요청해왔다. 대로변에 있는 소고깃집이었다. 그런데 가서 보니 뒤쪽에는 공장이 많은 지역이어서 소고기와 전혀 어울리지 않았다. 아무리 좋은 소고기를 쓴다고 한들 공장일을 하시는 분들이 주 고객이 될까? 믿지 않는 이들도 있겠지만, 정말 평범한 서민들은 1년에 소고기를 한 번도 사 먹지 않는 경우도 많다. 그러니 공장 앞에 생긴 소고깃집을 쌍수를 들고 환영할 공장 직원들이 몇이나 되겠는가.

보증금과 월세를 물어보니 보증금은 적절했지만, 월세가 비쌌다. 이유를 물어보니 이전 주인이 권리금을 받지 않고 넘겨줬다고 한다. 다시 말해서, 권리금 없는 소고깃집을 그대로 인수했다는 것이다. 즉, 망한 이전 사장이 인심 쓰듯이 넘긴 가게다. 이 형태로 계속 유지하는 것은 '망함의 연속'을 뜻한다. 권리금이 없다는 건 선물이 아니라 재앙으로 다가오는 일이 훨씬 더 많다.

먼저, 점심 매출이 받쳐주지 않으면 굉장히 위험하다고 판단했다. 월세와 직원 인건비는 만들어져야 가게 운영을 할 것 아닌가. 점심특선을 하는 음식점에 대해서도 뒤에서 자세히 이야기하겠지만, 특선에서 마진을 다 남기려 하면 절대 장사가 되지 않는다. 월세와 인건비, 공과금만 점심특선으로 해결한다는 생각으로 접근해야 손님도 온다. 이 소고깃집은 직원이 두 명, 월세는 250만 원이다. 전기·가스·수도·전화요금 등 각종 공과금은 대략 50만 원이다. 전부 합치면 약 700만 원이 된다. 30일로 나누면 하루 25만 원은 무슨 수를 쓰더라도 점심때 벌어야 한다. 점심특선은 평균 6,000원이었기에 40명의 손님은 있어야 한다. 날씨 등 각종 요인까지 고려하면 매일 점심에 45명은 와야 손해가 나지 않는 가게가 된다고 판단했다.

45명이라고 하니 '애개, 겨우?'라고 생각하는 분이 많을 텐데, 테이블 9개 있는 작은 분식집을 가득 채워서 2회전을 해야 하는 손님 수다. 음식점에 대해 평균 데이터를 낼 때는 4인 테이블을 4인으로 계산하면 안 된다. 2.5명으로 계산해야 전체 평균과 얼추 맞다. 점심때

35만 원을 팔면 한 달 평균 순이익이 70∼100만 원은 늘어난다. 일매출 10만 원을 더 올리는 것이 얼마나 어려운 일인지 음식점 사장님들은 알 것이다. 일매출 10만 원을 올리려면 목표를 일매출 30만 원으로 잡고 실천해야 가능하다.

적어도 부산, 경남에서 청국장 누적 판매량으로는 아마 내가 운영했던 청국장 음식점보다 많이 판매한 곳은 없을 것이다. 단일 음식점으로 5년 동안 80만 그릇 이상을 팔았는데 가늠하기 좋게 계산을 해보면, 잠실운동장 약 30개를 가득 채운 관중 수와 비슷하다 하겠다. 그 청국장 전문점에서 청국장을 끓였던 바로 그 찬모였으니 점심특선에는 청국장을 넣으면 꽤 잘될 것이라고 생각했나 보다. 하긴, 누군들 그런 생각을 안 하겠나. 살펴보니 청국장, 소고기된장, 육개장 세 가지를 팔고 있었다. 기회가 되면 이야기하겠지만 똑같은 청국장이라도 전문점이 아닌 곳에서 팔면 손님은 절대 사 먹지 않는다. 실제로 하루 평균 350그릇을 팔았던 그 청국장이 하루에 1그릇도 팔리지 않았다고 한다. 소고깃집에서 점심특선으로 청국장을 파니 도대체 누가 사 먹겠나. 똑같은 음식이라도 입지조건이나 소비층을 분석해놓지 않으면 손님은 지갑을 열지 않는다. 왜 음식점이 맛만으로는 성공할 수 없는지를 증명해주는 사례다.

10만 원의 일매출을 더 올리기 위해서 청국장을 점심특선에서 빼라고 했다. 먹어볼 필요도 없는 것이었다. 그리고 소고기된장과 육개장을 끓여달라고 했다. 맛을 보면서 검토해보니, 손님이 많던 가게 찬모 출신이라 그런지 음식은 아무 문제가 없었다. 이렇게 경험 많은 찬모도 음식으로 손님을 못 끄는데, 일반인이 음식으로 손님을 끈다는 것은 정말 쉬운 일이 아니다. 어쨌든, 육개장을 새롭게 만들기로 했다. 새로운 형태의 음식이라 진행 방법은 노출하지 못하는데, 이 점은 독자들도 이해해주시리라 믿는다. 정해진 방법만 집중해서 진행한다면 점심 매출 50만 원은 분명히 나올 것이다. '만약 육개장 전문점을 한다면 이렇게 할 것이다'라고 평소에 구상해둔 게 있었기에 그 방법을 전해주었다.

별의별 삼겹살을 다 먹어본 소비자에게 상태 좋은 고기, 좋은 숯불을 내민다 한들 그 정도로는 구미를 불러일으키지 못한다. 그 점을 알았기에 습식숙성이라고 불리는 '웨트 에이징'에 모든 노력을 쏟아부은 삼겹살집 대표가 있다. 그 음식으로 그는 대한민국 삼겹살 시장을 한바탕 흔들어놓았다. 바로 대구 서변동에서 시작한 3.5센티미터 삼겹살로 유명한 '맛찬들'의 이동관 대표다. 누구에게, 왜, 그것을 팔려고 하는가에 대한 고민을 일반 음식점 사장보다 수십 배는 더 해왔기 때문에 얻게 된 열매일 것이다.

그는 '웨트 에이징' 방식으로 고기 작업을 해서 손님에게 제공하겠다는 계획으로 시스템을 먼저 만들고, 아이템에 집중했을 것이다. 자기 일에 더 자부심을 가지려면 위의 순서로 정하는 것이 맞다. 아이템만 있으면 인생역전을 할 수 있다고 이야기를 많이 한다. 천만의 말

쑴! 아이템은 두 번째다. 첫 번째는 누가 뭐래도 시스템이다. 시스템 없는 아이템은 진행되지 않고, 발전되지 않으며, 성장하지 않는다.

천천히 떠올려보라. 왜 음식점을 창업하려고 하는지, 누구에게 판매하고 싶은지, 어떤 것을 내보이고 싶은지 말이다. 적어도 여기에 관련된 답만큼은 스스로 찾아야 할 것이다.

대한민국 1등 브랜드 컨설턴트 김우선 대표는《어떻게 나를 차별화할 것인가》에서 이렇게 이야기한다.

"자신의 브랜드를 가지려면 먼저 자신이 무엇을 좋아하는지 알고 이를 발견해 그 영역에서 자신을 꾸준히 포지셔닝하라. 내 땅임을 인식시키려면 안 파이는 땅에 수도 없이 곡괭이질을 해야만 하고, 깃대 끝이 들어갈 때까지 밀어 넣는 노력이 필요하다."

소비자가 아무 이유 없이 내 상품을 선택해줄 것이라고 착각하면 안 된다. 그리고 선택하지 않은 소비자에게 괜한 짐을 떠넘기지도 말아야 한다. 이 생각에 대한 결론이 나지 않았다면 더 고민하고, 그래도 결론이 나지 않는다면 음식점 할 생각은 접는 것이 나을지도 모른다. 누구한테, 왜, 그것을 팔 것인지에 대한 분석부터 해보자.

가성비가 뛰어난 음식을 만들어라

　가성비는 원래 외식업계에서 쓰던 용어는 아니었다. 약 5년 전부터 자동차와 오디오 관련 기사, 블로그에서 가성비라는 단어를 쓰기 시작했다. '가격 대비 성능'을 줄인 말이다. 음식과 성능과는 관련이 없지만 맥락은 비슷하기에 간단히 가성비라고들 이야기한다. 양 많은 저가 음식은 왠지 꺼려지고, 질 좋은 고가 음식은 접하기에 부담스럽다. 소비자들이 이전에는 단일 점수만 보았지만, 이제는 음식 전체를 살펴보는 눈썰미가 상당하다. 무슨 말이냐면 소비자들이 '이런 형태 맛, 분위기에서 나오는 음식은 얼마 정도'라는 사실을 무의식적으로 안다는 말이다.

그런데 그것도 모르고 음식점 사장은 계산기를 두드리면서 원가 분석을 한다. 창업 입문서를 몇 권 읽고, 원가 35~40%를 잡고 계산하면 될 줄 알았을 것이다. 하지만 그게 아니다. 예를 들어 '심리적 저항선'이라는 게 존재한다는 것도 알아야 한다. 무슨 말인고 하니, 대한민국에서 판매하는 김치찌개는 아직 7,000원을 넘어선 안 된다. 아무리 좋은 재료를 넣고 만들어도 사람들이 7,000원 이상을 내면서까지 사 먹지는 않는다는 뜻이다. 만약 8,000원으로 팔고 싶다면 손님이 오든지 말든지 귀 막고, 입 막고 5년만 고생해라. 그러면, 그분이 오실 수도 있다. 바로 손님 말이다.

부산 문현동에 가면 곱창골목이 있다. 그 곱창골목을 가로질러 우암동으로 넘어가는 고갯길에 '하림'이라는 메기탕집이 있다. 사람도 별로 살 것 같지 않은 고갯길을 지나갈 때부터 허름한 동네가 나오고, 가게에 다다라서도 입구에서 쳐다보면 별로 만족스럽게 꾸민 곳이 아니기에 지인은 실망한 눈치가 보인다. 반신반의하면서 계속 묻는다. "어디 가는데? 유명하냐?" 미소만 살짝 짓고 그곳으로 데리고 들어간다.

지하철에서 칸을 이동할 때 칸과 칸을 연결하는 곳을 지나다 보면 갑자기 시끄러워지는 느낌과 비슷하다. 조용한 동네와 조용한 복도를 지나서 문을 열면, 빽빽하게 몰려 있는 손님들이 시끌시끌하게 음식을 먹고 있다. 자리를 잡은 다음 주문을 하고 주위를 살펴보면

식당으로 대박 내는 법

손님들의 감탄사가 자주 들린다. 그때 지인에게 이야기해준다. "이 곳은 '세 번 놀라는 집'이다. 위치에 놀라고, 양에 놀라고, 맛에 놀란다." 지인은 음식을 한입 먹어보고서는 정말 그렇다면서 전적으로 동의한다.

가성비를 이해하기 전에 먼저 알아야 할 것이 있다. 바로 '가격이 싸야 한다'라는 것과 혼동하면 안 된다는 것이다. 다른 곳과 가격은 같은데 맛이 뛰어난 것도 가성비가 높은 거다. 순간 생각해보면 '같은 가격에 양이 많은 것'이 떠오르겠지만 전혀 아니다.

'더 괜찮다'라는 말을 넣어 따져보면 간단하게 해결된다. "가격은 같지만 ○○가 더 괜찮다", "가격은 비싸지만 ○○가 더 괜찮다", "가격이 싼데도 ○○는 더 괜찮다"라는 형태의 문장이 되면 가성비가 높은 것이다.

대구 삼덕동에서 시작한 '서가 앤 쿡'이 전국을 휩쓸었던 것은 바로 '푸짐한 플레이팅'이라는 성능으로, 가성비에서 탁월한 효과를 거두었기 때문이다. 정통 스테이크집에서 아무리 깎아내렸어도 대중은 '서가 앤 쿡'을 택했다.

"소비자는 똑똑하다"는 이야기가 있다. 맞는 말이다. 다만, 판매자는 여기서 더 중요한 핵심을 찾아야 한다. '가치'에 의미가 더 두라는 것이다. 주 소비층인 30~40대는 시장 좌판에서 파는 어묵보다 더 비싸더라도, 즉석에서 반죽하여 고소하게 튀겨내는 어묵을 보고 지갑을 연다. '우리는 저 집보다 저렴한데 왜 손님이 없을까?'를 생각했던 분들은 어서 빨리 가치, 즉 성능을 올리는 쪽으로 관점을 전환해야 할 것이다. 성능을 올리는 요소는 다양하다. 양, 식재료, 질, 조리 방법 중에서 적어도 손님한테 감탄 한 번 정도는 나오게끔 만들어야 한다. 그게 판매자와 음식점 운영자의 소명이다. 비슷한 가격인데도 자주 사 먹는 음식을 떠올려보면 다른 곳의 음식보다 분명 더 나은 점이 있기 때문임을 확인할 수 있다. 간단히 말해, 그게 바로 가성비가 높은 음식이다. 이런 음식을 내놓아야 손님은 반응을 보인다.

항상 그랬지만, 2015년에 들어서서부터는 복합적인 경기침체, 소비심리 위축, 과당경쟁, 메르스 사태 등으로 외식업 경기가 최악이었다. 이는 단지 시작일 뿐 앞으로 장기화할 가능성이 크다고 봐야 한다. 그로 인해서 새롭게 생긴 트렌드가 '발품을 팔거나 서비스가 없어도 가격만 싸다면 OK'라는 것이다. 이마트에서 2014년 상반기 이용객을 조사해보니 반값 상품, 간편 상품, 함께 먹을 수 있는 제품, 지역 식품 순으로 나타났다. 가격이 우선임이 증명된 셈이다. 이제는 '양도 많고 질도 좋고 가격도 싸야' 소비자들이 움직인다. 일본 세븐일레븐의 셀프 커피가 성공한 것이나 국내 커피 브랜드 중에서 이디야 커피가 만족도 1위를 차지했다는 사실도 이를 뒷받침한다. KFC에서는 '5,000원으로 즐기는 푸짐한 코스를 들고 할아버지가 돌아오셨다'라는 강력한 슬로건으로 다섯 가지 메뉴가 합쳐진 '커넬 샌더스 코스'를 출시했다. 실제로 먹어봤는데 '가성비 최강'이라는 느낌이 들었다.

소비자 중에서도 외식 소비자는 똑똑해져도 너무 똑똑해졌다. 무작정 싸기만 한 것은 또 외면한다. 저렴하지만 '가치'가 있어야 선택하겠다는 의지다. 국내 외식산업의 최고 대가라 할 수 있는 한국외식정보 박형희 대표는 얼마 전에 참석한 프랜차이즈산업협회 컨벤션에서 "양이 많은 것을 낮은 가격에 제공하는 방법을 끊임없이 연구하라"고 했다. GE의 잭 웰치 회장도 이렇게 말한 바 있다. "가치의 시대가 도래했다. 최고의 상품을 세계 최저의 가격으로 팔지 못하면 당신은 게임에서 도태될 것이다. 고객을 잃지 않는 최선의 방법은 고객에게 더 많은 것을 더 낮은 가격에 제공하는 방법을 끊임없이 강구하는 것이다."

이렇듯, 손님들은 불황이라도 먹는 것을 중지할 수는 없고 "나 돈 없어"를 외치기에는 자존심 상하는 일이니, 여러모로 가성비가 좋은 것들을 조용히 선택하게 될 뿐이다. 소비자의 잘못도 아니요, 판매자의 잘못도 아니다. 요즘은 조금 시들해졌지만, 2년 전부터 우주까지 뻗어 나갈 듯한 기세로 전국을 뒤흔들었던 아이템이 있다. 9,900원에 주꾸미볶음, 고르곤 졸라 피자, 도토리 묵사발 등 3개를 세트로 구성한 음식이다. 고르곤 졸라 피자와 도토리 묵사발은 사람 수의 증가에 따라 더 주는 것은 아니었다. 그래도 눈에 보이는 푸짐함이 손님들의 이목을 끌기에 충분했다. 고르곤 졸라 피자도 실제로는 냉동 '또띠아' 위에 치즈를 넣고 오븐에 구워서 만든다. 피자이긴 한데 정통 피자와는 전혀 다른 제품이다. 매콤한 음식에 기름지면서도 고소한 맛, 새콤달콤한 맛, 이 세 가지가 어우러져서 카피 음식점이 굉장히 많이 생겨났다. 바로 '저렴하다는 느낌'을 제공한 것으로, 가성비 하나만큼은 확실하게 인정받았다.

가성비가 뛰어나 보이게 하는 방법이 있다. 일반적인 토마토 스파게티가 보통 6,000원에 팔린다고 하고, 미트볼 스파게티를 만들어보자. 1,500원어치의 돼지고기로 미트볼을 큼직하게 만들어서 7,500원에 팔면 된다. 7,500원을 내고 먹을 만한 가치를 만드는 것으로, 반응이 괜찮을 것이다. 1,500원어치의 수입냉동 고기면 약 220g이 된다. 삼겹살 2인분을 뭉친 엄청난 양이다. 그렇다면 절반인 750원어치의 돼지고기만 써도 충분하다. 판매금액을 낮추어서 조절하는 것이 아니라, '가치'를 더해서 손님에게 안겨드리는 것이다.

그러면 분명히 반응이 온다. 손님들은 이런 재밌는 말도 한다. "이래 가지고 남는 게 있어요?" 그렇게 말하는 손님이 점차 늘어나면, 손님은 더 오게 되고 선순환이 일어난다. 선순환이 일어나면 재료도 더 좋아지고 마진도 높아진다. 가성비는 사실 별것 없다. 원래 계획했던 식재료의 값에서 식재료 비중을 좀더 높이는 것에 애를 쓰면 자동적으로 해결된다. 순두부찌개를 막 먹으려 하는데 보글보글 끓는 비지찌개 한 뚝배기가 서비스로 더 나온다든지, 밥 한 그릇을 먹고 나오는데 시원한 수정과가 서비스로 나온다면 어떨까? 복잡하게 이런저런 전략을 짜지 않으려면 메인 음식을 더 괜찮게 연구하면 된다. 둘 중 어떤 방법을 택해도 가성비는 올라간다. 넋 놓고 있지만 않으면, 충분히 해결할 수 있는 문제다. 그만큼 가성비는 음식점 운영에서는 가장 중요한 요소이므로 좋은 방법들을 강구해보길 바란다.

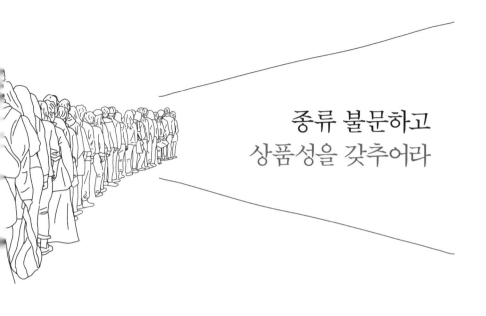

종류 불문하고
상품성을 갖추어라

2013년도부터 스몰비어의 전국 침공이 벌어졌다. 상표권도 등록되어 있다. 그런 관점으로 보면, 아쉽게도 '원조 스몰비어'라는 타이틀을 놓친 가게가 있다. 바로 박병훈 대표가 만든 경상남도 김해에 있는 '개집비어'다. 5년 전인 2010년부터 알고 있던 맥줏집이다. 굳이 분류를 하자면 1세대 스몰비어 가게다. 간단하게 맥주를 마실 수 있는 펍으로 볼 수 있는데, 매장 내의 문구가 압권이다.

"여기는 서비스가 없어도 자유가 있다. 우리 집 안주는 별 볼 일 없으니 통닭 시켜 드세요."

웃자고 그런 건지 정말인지 헷갈리는 말이지만, 실제로 그렇게 운

식당으로 대박 내는 법

영했다는 것이 중요하다. 다른 음식점에서 시켜 먹어도 아무 말 안 했다. 그렇지만 사실 그 집 안주는 맛있었고 맥주도 맛이 좋았다. 그런데 안주, 맥주 때문에 이 집이 유명해진 것은 아니다. 독특하고 진실한 인사말부터 시작된 '개집비어'는 이제 다른 브랜드까지 만들어내는 탄탄한 회사가 되었다. 상품성을 제대로 갖추었기에 성공한 사례다.

사람에게 호감이 생기는 요소로 무엇이 있는지 살펴보자. 키, 외모, 말투, 행동, 매너, 억양, 패션, 식성, 지식, 학벌 등 너무도 많다. 어느 특정한 부분을 갖추어야 호감이 발생하는 것은 아니다. 어느 것 하나라도 독특함과 매력만 있다면 속도의 차이가 있더라도 결국 선택되게 되어 있다. 거창하게 말하면, 이건 세상의 진리다. 음식점도 마찬가지다. 인테리어, 익스테리어, 아이템, 분위기, 서비스, 친절, 인사, 안내, 서빙 등에서 만족도가 있어야 입소문이 난다. 당연히, 기본적인 것들을 모두 장착해야 한다. 특징을 한 문장으로 표현할 수 없는 음식점은 결국 서서히 무너지게 되어 있다. 역시 자영업의 진리다. 모든 손님이 내 가게만 오려고 눈에 불을 켜고 있는 것은 아니다. 오지 않을 권리도 당연히 손님들의 몫이다.

음식점이 잘 돌아가지 않는 상황을 피부로 직접 느끼면 사장님들은 대개 어떤 선택을 할까? 아니, 냉정하게 말하면 그런 상황이 왔는지도 모르는 경우가 대부분일 것이다. 그래서 상품성을 갖추는 것은 창업 전에 미리 준비해야 하는 요소다. 음식에 상품성이 없으면, 사장 개인의 상품성이라도 만들어야 한다.

  나는 2008년 첫 음식점을 운영할 때 저녁 시간에 하루도 빠지지 않고 구두를 닦았다. 음식점에서 구두를 닦아주는 것을 태어나서 단 한 번도 본 적이 없었기 때문에 선택한 방법이었다. 그랬기에 '남의 구두까지 닦아줘야 하나?'라는 생각은 단 1%도 없었다. 손님의 만족도를 지켜보는 것이 엄청난 쾌감이었기에 가장 효과적인 방법을 찾은 것뿐이다. 헝겊에 구두약을 묻혀서 닦는 정도는 아니었고, 비싸지만 액체 구두약으로 '슥슥' 닦아서 반짝거리게 해두었다. 한 달 구두약값만 15만 원 정도 썼다. 손님이 들어오면 인사를 하고 자리로 안내하면서 다 드시고 나갈 시간을 계산해서 구두를 닦아두었다. 그러면, 손님이 계산하고 나오면서 자기 구두를 한참 동안 찾지를 못한다. 그러다가 깨끗하게 닦인 구두를 발견하고, 나를 한 번 쳐다본다. 여기서 굳이 티를 낼 필요는 없다.

  가볍게 묵례를 하든지 웃음으로 답을 한다. 그러면 이 손님은 한 달 이내에 무조건 2테이블 이상의 모임을 만들어낸다. 인근 중소기업 대표님들의 얼굴은 모르지만, 그분들의 구두도 닦여진 경우가 많았을 것이다. 자영업을 포함하여 영업을 하시는 모든 분에게 팁을 드리자면, '연세 지긋하신 남자 어르신께서 감사를 표하는 것'은 굉장한 표현이고 좋은 신호다. 당시 나도 한 어르신께 "이제 구두 닦을 일 있으면 여기 와야겠네"라는 이야기를 들었다. 여자 손님 하이힐은 세

가지 구두약 색을 비치해두고 비슷한 색깔로 닦았다. 그런데 계속하다 보니 순수한 의도를 역이용하는 손님들이 생겨났는데, 그 때문에 그만두었다. 흙이 잔뜩 묻은 구두를 신고 들어오면서, "구두 좀 잘 닦아주이소"라고 하는 경우가 많아졌다. 그만해야겠다는 결단을 내렸다. 그 이후로는 구두를 닦지 않지만, 손님의 만족을 끌어오는 요소는 음식뿐만이 아니라는 것을 몸소 느끼게 된 아주 좋은 기회였다.

약 15년 전쯤 부산 남포동에 '이승학 돈가스'라는 가게가 생겼다. 지나가다가 발견했는데 기다리는 사람이 전부 커플이었다. 당시는 인터넷 초창기였기 때문에 인터넷을 통해 알고 온 사람들은 아니고 오로지 입소문만으로 몰려든 것이었다. 10대 중반부터 혼자 음식을 사먹으며 다녔던 나로서는 커플이 대부분이든, 여자 손님만 있는 가게든 개의치 않았다. 나도 얼른 줄을 섰고, 어느새 내 차례가 됐다. 눈치를 살피니 손님들은 '치돈'을 주문했다. 자연스럽게 옆 손님하고 같은 걸로 주문을 하고 기다렸다. 연기가 모락모락 올라오면서 파삭파삭하게 튀겨진 돈가스는 침을 꿀꺽 삼키게 했다. 가운데를 가르니 치즈가 와르르 쏟아졌다. 요즘은 치즈가 대중화돼서 치즈돈가스도 흔해졌지만, 그때의 치즈돈가스는 그야말로 신세계였다. 당시의 기준으로 보면 상품성을 완벽하게 갖춘 경우라 하겠다.

상품성은 유형의 상품성과 무형의 상품성으로 나눌 수 있다. 유형의 상품성은 방금 얘기한 치즈돈가스처럼 눈으로 보면서 판단할 수 있는 상품성이고, 무형의 상품성으로는 보통은 만드는 방식, 모르는 식재료, 비법 등이 있다. 유형의 상품성인 경우에는 좋은 효과를 가져오지만, 지나치게 돋보이게 한다면 오히려 외면당하기 쉽다. 대중은 어려운 것을 싫어하고, 나보다 나은 것은 더 싫어한다. 그리고 손님을 가르치려고 하는 어떤 장치를 발견하는 순간 발길을 끊는다. 예를 들자면 "원래 우리 집은 다른 곳하고 달라서 4인분이 기본인데, 모르셨어요? 처음 왔나 보네요" 같은 유형의 설명이다. 무형의 상품성으로 승부하려면 심지가 굳어야 한다. 단기간에 승부가 나지도 않고, 알려지기까지 시간도 오래 걸린다. 그러니 유형의 상품성과 무형의 상품성을 골고루 마련하는 것이 가장 효과적일 것이다.

상품성에 정말 자신이 있으면 손님한테 당당하게 이야기하고 표현하라. 이야기한다는 것은 '실제의 대화'와 '음식으로 보여주는 것'을 포함한다. 그리고 그 상품성의 가치를 직접 가늠하고 평가받아라. 그 자체를 부끄러워하지 마라. 알량한 자존심 때문에 장사가 잘 안되는 것이다. 손님의 반응만 보면 된다. 맛없고, 불만 있는 음식점을 최고라고 해줄 손님은 아무도 없다. 최근의 화두 중 하나가 바로 '소통'이다. 서로 마음이 통하는 것인데, 대표적인 것이 바로 PR이다. 음식점에서는 상품성 자체가 바로 PR이다. 앞에 나가서 큰 소리로 외쳐야만 PR이 아니다. 시장이 치열해졌기 때문에 어떤 조직이든지 우위를 선점하려고 노력한다. 상품을 제대로 만들어놓지 못하면 위기가 닥쳤을 때 고전을 면치 못하게 된다. '신문의 전면 광고가 1단 기사에는 미치지 못한다'는 신문사의 명언이 그냥 나온 것이 아니다.

손님은 창업 전 과정, 창업 후 과정까지 유추해가면서 음식점의 음식을 먹지는 않는다. '이 음식을 만드는 데 참 대단한 노력이 들어갔구나. 이런 조리기법을 사용한 것으로 봐서는 상당한 실력이다. 상품성이 굉장하다'라는 식으로 생각하지 않는다는 말이다. 오감만족이라는 이야기를 많이 한다. 딱 그 순간의 느낌으로 음식을 판단하는 것, 그 이상도 그 이하도 아니다. 손님은 현명하다. 대부분 순간에 대중적인 결정을 내린다. 전부는 아니지만, 전문 요리사 출신이 직접 운영하는 매장인 경우 장사가 잘 안되는 경우가 사실 더 많다. 이유는 간단하다. 만들어내라는 음식을 늘 그대로 만들어내서 그렇다. 시대는 변하고, 소비자는 새로운 것을 찾는다. 폴더폰에서 스마트폰으로 바뀐 속도만큼이나 같은 음식이라도 소비자가 요구하는 트렌드는 다르다. 더 중요한 것은 트렌드만 쫓아가다 보면 다른 유행에 밀리게 된다는 것이다. 자신을 믿고, 손님의 의견을 믿고, 시장의 흐름을 믿은 다음 음식에 생명을 불어넣는다면 어느 가게와 경쟁해도 상품성이 있다는 이야기를 듣게 될 것이다. 그렇게 해야 음식점 성공의 방향이 어렴풋이 보이기 시작한다.

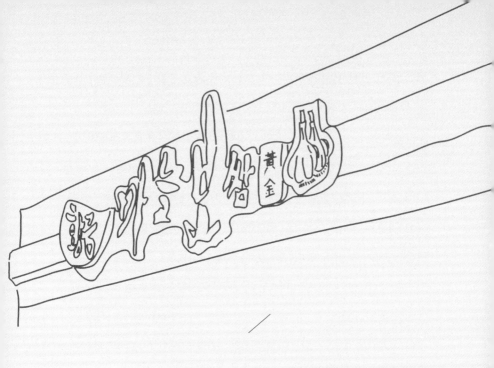

손님이 많은 집에 가서 그 이유부터 찾아라

두 번 다시 가기 싫은 음식점의 반대로 하라

다단계 시스템을 적극 활용하라

주변 반찬은 메인 음식과 궁합이 맞게 준비하라

오픈 1주일이 음식점의 운명을 좌우한다

때론 촉이 살아 있는 연기력도 필요하다

일곱 번의 기회에서 두 번은 만족시켜라

손님들이 찾아오는 신호 "정말 잘 먹고 갑니다"

2장

어떻게
손님들이
찾아오게 할 것인가

손님이 많은 집에 가서
그 이유부터 찾아라

아무래도 손님 많은 집에서 이유를 찾아야 할 것이니, 실존 음식점을 소개하는 것으로 풀어가려 한다. 글 속에서 손님이 많은 이유를 찾아보면 자연스럽게 도움이 될 것이다.

우선 김광섭 시인의 '성북동 비둘기'라는 시가 반사적으로 떠오르는 서울 성북동에 가면 '성북동 돼지갈비'라는 이름의 음식점이 있다. 100평 이하 대한민국 음식점에서 일일 손님이 가장 많은 음식점 중 한 곳일 것이다. 하루 방문객이 1,500명에서 주말에는 2,000명 정도라 하니 입이 쩍 벌어진다. '식당계의 서울역'쯤 되겠다. 15년 전쯤, 홀로 방문하여 그 광경을 실제로 보고 할 말을 잃었다. 사실, '엄청난 대박집'에는 곳곳에 힌트가 널려 있다. 음식 이외에 숨어 있는 가치가 한 몫을 차지하는 부분도 많기에, 하나씩 찾아가면서 손님이 많은 이유를 생각해보면 될 것이다.

상호는 돼지갈비라 되어 있지만 주 메뉴는 옅은 간장 맛의 '돼지불고기 백반'이다. 간장을 베이스로 한 기본 양념으로, 하루를 재우고 주방에서 세 번 초벌구이를 해서 낸다. 기사식당으로 시작한 곳이라 택시기사들이 많은데 일반 손님들도 굉장히 많다. 돼지고기 특유의 냄새는 세 번의 초벌 작업에서 이미 다 날려 보냈다. 손님 입장에서는 금방 구운 따끈따끈한 고기가 접시에 담겨 나오고, 음식점 입장에서는 회전율을 올릴 수 있다는 엄청난 장점이 있다. 마늘무침은 전남 고흥의 것을 사용하고 조개젓은 충남 강경의 것을 사용하는데, 이 궁합이 엄청나게 절묘하다. '메인 음식과 곁찬의 어울림'이라는 측면으로 볼 때 타의 추종을 불허한다. 고기는 손이 많이 가면 맛이 좋아지는 경우가 많다. 간단하게 말하면, 귀찮은 작업이 숨어 있다는 말이다. '초벌 세 번'이라는 사실에 주목해야 한다. '정성껏 하면 되겠네'라는 간단한 생각을 할 수도 있겠지만, 거기에만 직원이 최소 두 명 이상 필요하다는 말이다. 연탄으로 구워내기에 고기의 연기와 냄새 때문에 굽는 사람은 고역일 것이다. 하지만 수십 년이 흘러도 만들어내는 방식을 그대로 고수한다. 가장 맛있게 하는 방법임을 알기에 그렇다.

'대한민국 소스의 아버지'로 불리는 경희대학교 최수근 교수가 대한민국 유명 음식점 소스 중 넘버원이라고 이야기한 국숫집이 있다. 바로 부산 남포동에 있는 '할매집 회국수'다. 6·25전쟁 때, 영도에서 개점하여 가오리를 넣은 회국수를 선보이다가 중구 남포동으로 넘어온 것으로 알고 있다. 부산에서는 원조 회국수로 통한다. 매장 가운데는 타원형으로, 손님들이 빙 둘러앉아 먹는 구조로 되어 있다. 정말 갖고 싶을 정도로 매력적인 형태의 가게다. 제대로 하는 국숫집이 되려면 '중면'을 써야 한다는 것을 알린 가게다. 국수 제조로 유명한 부산 구포국수가 소면인 것을 고려하면, 이전부터 색다름을 찾았던 것이다.

미역, 상추, 양배추 등의 채소에다가 초고추장을 올리고 그 위에 잘게 찢어 물기를 짜낸 가오리회를 올린다. 주전자에 담아주는 멸치 육수와 '마성의 초고추장'의 조합은 가히 압권이다. 자리에 앉으면 먼저 큰 주전자에 멸치 육수를 담아 내놓는다. 아직도 할머니는 흰머리를 한 올도 안 빠지게 곱게 빗어넘기고 주방에서 일하신다. 무서울 정도의 책임감이다. 나는 비빔국수만큼은 절대 다른 곳에서 사 먹지 않는다. 할매집 회국수의 단골손님으로서 의리다. 이 집 초장 맛의 70%만 만들어내면 돈방석에 앉을 수 있음을 알려드리며, 도전해보시길 바란다.

전라남도 영암 독천은 세발낙지의 최고 산지였다. 발이 세 개라서 세발낙지가 아니고, 발이 가늘어 '가늘 세(細)'를 써서 그렇게 불린다. 영암을 대표하는 작은 음식점이 있다. '독천낙지'라는 음식점이다. 홀로 방문해서 낙지육회 탕탕이와 낙지비빔밥을 먹으면서 말도 안 되는 상상을 했다. '전국 유명 음식점 중에 단 한 품목의 조리법을 받을 수 있다'는 행운이 주어진다면 독천식당의 낙지비빔밥 조리법을 받고 싶다는 것이었다. '갈낙탕'이라는 메뉴 이름을 들어본 적이 있을 것이다. 갈비와 낙지 연포탕의 만남이다. 그 갈낙탕을 최초로 개발한 곳이 바로 이곳이다.

원래 영암은 원래부터 '매실 먹은 한우'로 유명한 곳이었기에 고기를 접목해볼 기회가 있었던 것 같다. 영암에 살던 군대 후임이 제대 후 놀러 오라고 해서 간 적이 있다. 후임의 아버지께서 나가시더니 두 종류의 음식을 가지고 오셨다. 낙지와 육회였다. 상상도 못 했던 조합이었는데 너무 맛있어서 원 없이 먹었다. 장인정신으로 운영하는 음식점 중에서는 보통 이런 유형이 많다. 내세우지 않지만 강력한 곳. 식재료를 지역의 것으로, 그것도 최상급으로 준비하는 곳이 많다는 것을 알게 된 좋은 기회였다.

전라북도 군산에 가면 '복성루'라는 짬뽕집이 있다. 전국 유명 음식점 중에서는 안티가 꽤 많은 곳이다. 그럴 수밖에 없는 이유도 있다. '전국 5대 짬뽕'이라는 내용으로 블로그에서 생산된 포스팅이 기사로 계속 이어지다 갑작스레 뜬 짬뽕집이라서 그렇다. 불친절과 너무 강한 국물 탓에 호불호가 명확하게 갈린다. 그런데 손님이 줄어들지를 않는다. 노이즈 마케팅이 가장 효과적으로 나타나고 있는 음식점이라고 보면 된다. 하지만 정말 아무 이유 없이 손님이 그렇게 몰릴까? 복성루를 알려지게 한 건 그릇이 넘칠 만큼 담긴 해물과 고기였다.

음식점 창업을 하려면 장점, 단점만 정확하게 뽑아라. 모호한 '맛'을 찾아내려 하지 않는 것이 좋다. 맛을 찾는 것은 자기 자신이 연구를 하든지 배우든지 해야 할 숙제이며, 지금은 그 단계가 아니다. 먼저 '습득'에 목표를 두는 것이 좋다.

서울에는 유명한 평양냉면집이 많으니 아무 곳이나 한번 가보길 바란다. 나는 을지로의 '을지면옥'이 음식점 자체로 참고하기에는 좋았다. 서울에는 우래옥, 을지면옥, 필동면옥, 을밀대 등 대단한 냉면집이 많다. 식재료의 순수함으로 음식을 만드는 것에 관심이 많다면 평양냉면을 꼭 먹어보라. 그리고 만들 음식의 밑그림을 그리길 권유한다. 서울보다 평양냉면을 잘하는 곳은 없다. 실향민이나 피난민분들이 많이 살고 있는 곳이기에 그러하다.

평양냉면은 정말 엷은 맛이다. 가수 존박은 "노래보다 평양냉면이 좋다"고 했고, 뮤지션 돈 스파이크는 "3박 4일 동안 16끼를 평양냉면으로 먹었다"고 했을 정도로 중독성이 엄청나다. 나는 평양냉면에 빠졌을 때 서울 갈 이유를 막 만들기도 했다. 서울에 갈 때는, 아예 내비

식당으로 대박 내는 법

게이션에 냉면집을 찍고 간 적도 많다. 하지만 충청도 이남에서는 먹히지 않는 품목 중 하나다. 부산의 밀면과 돼지국밥이 수도권까지 진출 못 하는 이유와 같다.

손님이 많은 집에 가보라는 이유는 세 가지다.

첫 번째, '맛은 절대적인 기준이 아니라는 점을 눈으로 확인하라는 것이다. 여러 가지를 보고, 듣고, 느끼면서 구상을 하다 보면 현재 자신의 수준도 가늠해볼 수 있다. 앞으로의 계획은 어떻게 세워야 할지도 떠오를 것이다. 수십 년을 이어온 장인의 음식을 몇 달 만에 익혀서 덤비라는 것이 아니다. 그렇게 지내온 핵심적 조리 방법은 무엇인지, 어떤 마음가짐으로 수십 년을 이어왔는지를 마음껏 상상하는 게 중요하다.

두 번째, '이 집의 가치'는 무엇인지 찾으라는 것이다. 여러 가지가 있겠지만, 두 가지 정도만 찾아내도 엄청난 수확이 된다. 그대로 벤치마킹할 수도 있고, 좀더 다듬어서 더 좋은 방법으로 벤치마킹할 수도 있다.

세 번째가 가장 중요하다. 손님 많은 음식점의 사장이라고 가정하고, '무슨 이유로, 많은 음식 중에서 하필이면 이 음식이 수십 년 동안 사랑받을까?'를 끝없이 상상하라. 정답은 없다. 하지만 당신이 찾아낸 답이 무엇이든지 분명히 도움이 될 것이다.

내가 지금까지 이렇게 계획을 잡고 음식점을 방문해서 먹어보고 확인한 곳이 1,000군데가 넘는다. 돈과 몸무게를 '음식점 운영의 무경험'과 맞바꾼 것이다. 음식을 전문적으로 배우지 않았다는 위험을 줄이려면, 나로서는 이 방법밖에 없었다. 쉬운 길을 돌아온 것일지도 모른다. 지금 생각해보면, 잘되는 음식점에 부탁해서 몇 개월 일해보는 것이 빨랐을 것 같기도 하다. 하지만 이 과정은 내게 분명히 도움이 됐고, 앞으로 더 많은 도움이 될 것이다. 지금은 음식 사진 찍는 일이 일상화되다시피 했지만, 10년 전에는 스파이 취급을 당한 적도 한두 번이 아니다. 말도 안 되는 이야기지만 "화장실 가는 길인 줄 알았다"고 하면서 주방까지 들어간 적도 많다.

이런 시행착오를 직접 겪은 사람으로서, 다시금 돌아봐도 음식점 운영은 정말 쉽지 않다. 외부요인도 무시할 수 없다. 이 글을 쓰고 있는 지금, 우리 가게에서 사용해오던 가게 옆 주차장이 팔렸단다. 주차장이 없어지면 매출이 줄 것이다. 생각지도 않은 위험요소들이 이렇게 다양하게 다가온다. 그럴 때마다 한숨 쉴 것이 아니라, 손님을 많이 오게 할 방법들을 평소에 주변 유명 음식점에서 찾아야 한다.

두 번 다시 가기 싫은 음식점의
반대로 하라

2년 전에 상권을 보러 다닐 일이 있어 다니다가 굉장히 마음에 드는 점포를 발견했다. 감자탕집이었는데, 자리도 좋고 외관도 좋았다. 들어가니 손님이 많아서 나름 안심을 하고 뼈해장국을 하나 시켰다. 감자탕 음식점도 1년 정도 운영해봤기에 먹어보면 공이 많이 들어갔는지 정도는 알 수 있었다. 바글바글 끓여져 나오는 뼈해장국이 굉장히 맛있게 보였다. 뼈해장국은 위에서부터 쌓여 있는 대로 먹는 것이 일반적인지라 그렇게 절반 정도 먹어갔다. 그런데 젓가락질을 하는데, 전혀 생각지도 않았던 라면이 두 가닥 정도 딸려 나오는 게 아닌가. 순간 멍한 생각이 들었다. 설마 뼈해장국 먹으면서 맛보라고 라면을 좀 넣어준 걸까? 지나가는 홀 직원에게 라면을 건져 올리며 물어봤다.

"이거 뭐예요?"

그 직원은 홀 매니저로 보이는 사람한테 달려갔다. 둘이 수군수군하더니 매니저가 다가왔다.

"에고, 잘못 들어갔나 보네요. 새로 해드릴게요."

그는 그렇게 말함과 동시에 뚝배기를 들고 가려 했다. 황당했던 나는 큰 소리로 제지했다.

"잠깐!"

절대 실수가 아니다. 이건 완벽한 재탕이다. 재탕 중에서도 감자탕을 재탕한 것이다. 손님이 감자탕을 먹고, 라면 사리를 넣어 1시간 동안 끓여가며 먹고 남은 감자탕을 뚝배기에 담아 뼈해장국이라고 내온 것이다. 살이 떨렸다. 정말 다 엎어버리고 경찰, 기자들을 불러서 이런 음식점은 공개 망신을 시켜야 한다는 생각이 들었다. 손님들도 자리에서 일어나 내 테이블로 와서 구경을 했다. 그 손님들도 서로 이야기를 나누고 자리로 돌아갔다. 그 손님들이 알아서 이 사건을 주변 사람들에게 알릴 것이다.

대가는 톡톡하게 치를 것이라 생각하고 나왔다. 사장으로 보이는 사람이 따라 나와 주변을 두리번거리면서 죄송하다고 애걸복걸했다.

"실수였다면서 뭘 그리 죄송하다고 합니까?"

"…"

"마음 단단히 먹으세요. 절대 그냥 안 넘어갑니다."

식당으로 대박 내는 법

"뭐를 어떻게 해드릴까요?"

"뭘 해줘요? 아직도 감을 못 잡으셨네. 나한테 해줄 것 없고, 며칠 내로 신문사에서 전화 올지 경찰서에서 전화 올지 모릅니다. 알아서 하세요."

나는 그렇게 말하고 돌아왔다. 1주일 정도는 피가 말랐을 것이다. 두 번 다시는 그러지 않을 것이라 믿지만, 주변 지인에게는 이야기 다 했다. 이런 소문은 굉장히 빨리 나기 때문에 음식으로 장난친 만큼 손해는 봤을 것이다.

이런 쓰레기 같은 음식점 운영자들 때문에 잘 하는 음식점까지도 의심받는 것이다. "개구쟁이라도 좋다. 건강하게만 자라다오"라는 예전 광고문구처럼, 음식점에서는 무슨 일이 있어도 지켜야 하는 게 있다. 절대 재활용하지 말라는 것이다. 손님 모르게 한다 해서 소문이 안 날까? 참, 순진한 생각이다. 주방 직원들은 굉장히 자주 바뀐다. 인근 동네에서 월 5만 원을 더 준다든지, 일이 힘들다든지 하면 금세 이직을 한다.

그리고 주방 직원이 휴무일 때는 보통 파출부를 부른다. 흔히 말하는 일당 받고 일하는 이모다. 매일 이곳저곳을 이동하면서 다닌다. 생판 모르는 사람들과 하루 동안 일하고, 끼니때 되면 같이 밥을 먹어야 하기 때문에 구미가 당길 이야기로 관계 형성을 하는 경우가 대부분이다. '어느 음식점은 어떻게 하더라. 저기 음식점은 뭐를 하더라'라는 이야기를 아무런 망설임 없이 다 한다. 즉, 자신의 음식점과 가장 밀접하게 관련이 있었던 사람들이 소문을 내는 것이다. 그래서 결국 재활용하는 음식점은 수면 위로 드러나게 되어 있다. 사장만 그 사실을 모를 뿐이다. 어리석다는 말은 이를 두고 하는 것이다. 그런 이야기를 듣고도 '음식점에 충성고객'이 될 손님은 단 한 명도 없다.

또 한 가지, 의외로 음식점에서 굉장히 많이 놓치는 일이 주문 순서가 뒤바뀌어서 음식이 나가는 경우다. 굉장히 불쾌한 일이다. 이것을 지적하는 것은 손님의 오버액션이 아니다. 100% 음식점의 잘못이다. 주문표가 올라오면 순서를 정확하게 해서 나가야 한다. 나도 가게에서 가장 신경 쓰는 부분 중 하나다. 순서가 뒤바뀌고 난 후에 "죄송합니다" 해봤자 안 먹힌다.

음식점은 유일하게 A/S(After Service)가 적용되지 않는 업종이다. B/S(Before Service)만 존재한다. 일이 일어나고 난 후에 아무리 실수를 인정한다 해도 통하지 않는다. 물론 그것조차도 하지 않는 것보다는 낫겠지만 말이다. 그리고 실수를 했을 때는 회유책보다는 '정공법'이 낫다는 점을 알려드린다.

그 외에도 주문 방법의 이해 부족, 종업원의 태도, 내키지 않는다는 표정, 톡 쏘는 말투 등은 손님의 심기를 굉장히 불편하게 만든다. 불편해진 손님은 무조건 '안티'가 된다. 손님을 10명 늘리기는 굉장히 어려워도, 50명을 떠나게 하기는 쉽다. 쉬워도 너무 쉽다. 손님들이 음식점에 재방문하는 기본 조건은 '이전 상태의 유지'지, '항상 향상되는 음식'이 아니다. 그리고 손님은, 직원의 아무 감정 없는 표정만 봐도 '불친절'이라고 인식한다. 이런 일이 자주 일어나면, 음식점 사장은 아무 이유도 모른 채 침몰하는 배를 지켜보는 선장이 되는 것이다.

그리고 중요한 게 화장실이다. 여성분들이 음식점을 볼 때 가장 중요시하는 부분 중 하나다. 화장실 더러운 곳이 얼마나 많으면, 평균 정도로 청소되어 있을 뿐인데도 깨끗하다고 칭찬하겠는가. 각종 용품은 아침에 미리미리 챙겨두어야 한다. 영업 도중에 손님은 달라고 하고 직원은 일 하다 말고 보충하러 가고 하면 일이 꼬인다.

'맛도 없고, 비싸고, 양도 적은' 3종 세트에 걸려버리면 누구든지 다시 방문하지 않는다. 나중에 다 개선되었다 해도 이미 뇌리에 박힌 기억 때문에 절대 가지 않는다. 한 번 "이 돈 내고 이걸 먹어?"라는 말이 나오면 그 음식점은 폐업 수준까지 흘러간다. 그런 이야기 안 나오게끔 미리미리 준비하는 것이 중요하다.

비싼 곳은 비싼 만큼의 이유가 있어야 한다. 인테리어가 좋든지, 조망이 좋든지, 다른 곳에서 만나기 힘든 맛이든지 하나라도 우위에 있어야 그 가치를 돈으로 환산해서 다음에도 방문하지 그게 아닌 다음에야 손님은 다시 오지 않는다. 음식의 양도 굉장히 중요하다. '푸짐한 양'을 워낙 좋아하다 보니, '적은 양'은 싫어한다. 적정한 양을 찾기가 쉬운 일은 아니지만, 절대 모자라게 해서는 안 된다. 음식물 쓰레기가 늘어나는 것을 보면 음식산업 자체에 대한 손님들의 인식도 바뀌어야 하는데, 아직 그렇지 못하다. "야박하다"는 말을 면전에서 들으면서도 그대로 밀고 나가라고 하는데, 음식점 하는 분들에겐 너무 가혹한 말이다.

딱 정해진 것은 아니지만 손님들이 바라보는 음식점에 대한 관점은 음식 맛, 재료의 상태, 음식물 재활용 여부, 청결, 친절, 원산지 표기 등의 순서라고 생각한다. 이 순서를 그대로 문장으로 만들어보자.

"음식 맛을 괜찮게 만들고, 신선한 재료를 이용하고, 절대 재활용하지 않으며, 청결에 특히 신경 쓰고, 친절하게 손님을 모시며, 어디서 온 식재료인지 정확하게 밝히자."

이 정도면 좋은 음식점의 자격으로 충분하지 않은가? 충분한 정도가 아니고 이런 가게를 누가 싫어한단 말인가. 멀리서 찾으려 할 필요 없다. 가장 가까운 곳, 바로 내 가게에서부터 실천해나가면 된다. 이 정도면 '오픈 북 시험'만큼이나 쉬운 것 아닐까.

식당으로 대박 내는 법

다단계 시스템을
적극 활용하라

　다단계회사는 말 그대로 여러 단계에 거쳐 판매하는 회사를 말한다. 최초의 판매자가 소비자에게 물품을 판매하기까지 단계적으로 판매원을 동원하는 것이다. 대한민국에서는 본질이 바뀌어 퇴색된 부분이 없지 않지만, 선진국에서는 널리 알려져 있는 시스템이다. 음식점도 구전을 통해 알려지는 유사한 형태다. 그래서 내가 주변 사람들에게 종종 하는 말이 있다.

　"음식점은 입 밥씩 나빈세나"

　처음부터 엄청난 숫자의 손님을 모아놓고 판매하는 것이 아니다. 오픈 때부터 방문한 손님부터 시작하여, 시간이 지날수록 점점 늘어나게 하면 된다. 물론 초반에 방문한 손님에게 맛이나 가치가 전달되지 않으면 해당사항은 없다. 의도적으로 일어나게 할 수도 없다. 소비자가 느낀 그대로 판매가 이루어진다. 소비자가 현명하다는 것은 결국 대중성이 있는 곳으로 흐르게 되어 있다는 말이다. 서로서로 영향을 끼치면서 성장한다.

2015년 대한민국을 '핫'하게 만든 아이콘 중 한 명이 더본코리아 백종원 대표다. 그가 내놓은 양념이 얇게 발린 우삼겹은 지금까지 없었던 맛을 구현해냈다. 차돌된장찌개의 인기도 대단했다. 정통 요리사도 당시까지는 만들어내지 못했던 맛이다. 어려워서 그렇다기보다는 레시피의 통념에 갇혀 있어서 그랬을 것이다.

유명한 음식점에 대한 의견을 분석해보는 나만의 방식이 있다. 주위 사람 중에서 평소에 입이 짧거나, 불만을 자주 표현하는 사람, 먹는 것에 별로 관심이 없는 사람을 데리고 세 번 정도 방문해본다. 있는 사실, 없는 사실, 이유를 만들어내서라도 음식 맛에 불만을 쏟아내던 사람들이 '우삼겹과 차돌된장찌개의 조합'에는 딱히 별말을 하지 않았다. 그냥 맛있다고만 했다. 이런 상황이 지나고 나면, 그 사람들은 자체적으로 홍보맨이 된다. 다단계 시스템을 활용하라는 게 말 그대로의 의미가 아니다. 음식을 제대로 만들어놓으면 손님들이 알아서 소문을 퍼뜨려준다는 걸로 이해하면 쉬울 것이다.

대학 졸업 후 카드영업을 시작했는데, 6개월쯤 되었을 때였다. 오라고 한 사람은 아무도 없지만 평소에 봐두었던 해금광고를 찾아갔다. 부산 덕포에 있는, 한강 이남에서 제일 크다는 광고회사다. 건물을 몇 초간 바라보고, 당당하게 걸어 들어갔다. 2층까지는 무사통과였다. 거울을 보고, 양복 단추를 풀어버렸다. '기'에서 밀리면 무조건 진다고 생각했기 때문이다. 두 걸음 들어가자마자 간부로 보이는 직원이 제지했다. 가벼운 묵례와 눈인사로 '금방 볼일 보고 가겠습니다'라는 신호를 보내면서 발걸음을 옮겼더니 곧바로 나를 불렀다. 그래서 선수를 쳐버렸다.

"사장님 뵙고 금방 가겠습니다."

"약속하셨습니까?"

"약속은 안 했습니다. 그래도 사장님 만나야 할 일이 있습니다."

"약속 잡고 오셔야죠. 무턱대고 들어오시면 어떻게 합니까?"

"그러면 지금 약속 잡아주시고 알려주세요. 기다리겠습니다."

"네? 아니, 지금 남의 회사에 들어오셔서 뭐하는 겁니까? 업무 중입니다. 나가세요."

"죄송하지만, 제가 회사에 방해한 것은 없으니 나가라고 해서 나가지는 못합니다. 대신에 사장님께서 직접 저에게 나가라고 하시면 1초도 지체하지 않고 바로 나가겠습니다."

옥신각신하다 보니 서로 언성이 높아졌다. 방해를 하려고 한 것은 아닌데 회사 직원들도 전부 쳐다보고 있었다. 그러자 안쪽 방에서 사장님께서 나오셨다.

"무슨 일입니까?"

"네, 사장님 약속 없이 와서 죄송합니다. 괜찮으시다면 커피 한 잔 주시면 감사하겠습니다."

"들어오세요."

꼿꼿한 자세로 흔들림 없이 상품 설명을 했다.

"지금까지 본 사람 중에서는 가장 열정이 있네요. 우리 회사 영업부도 그래야 하는데…"

이야기를 듣던 사장님이 그렇게 말씀하셨다. 갑자기 뇌리를 스치는 것이 있어 내가 곧바로 말씀드렸다.

"그러면, 시간 되실 때 저희 팀장과 영업 교육을 해드리러 오겠습니다. 도움 드릴 게 있을 것 같습니다."

"그래요? 그러면 내일 아침 7시까지 회사 마당으로 오세요. 그리고 영업할 것 있으면 지금 직원들한테 하고 가서도 됩니다."

시간도 애매했고, 실랑이가 있었던 후라 분위기가 신경 쓰였다.

"사장님, 영업을 내일 아침 행사를 마치고 해도 되겠습니까?"

"그렇게 하셔도 됩니다."

지금 생각해보면 우습기도 한데, 다음 날 아침 빙 둘러서서 회의도 하고 같이 체조도 했다. 해산하기 전 사장님께서는 직원들에게 괜찮은 상품이라고 말씀해주고 가셨다.

"일부러 시간 내서 와주신 분이니까, 필요한 상품이면 하세요."

결론부터 말씀드리면 2시간 동안 편안하게 영업을 마쳤다. 그날 2

식당으로 대박 내는 법

시간 동안 번 수당이 300만 원 가까이 됐다. 사장님으로 알고 있었는데, 나중에 알고 보니 서울역 광장의 대형 LED 광고판을 작업한 해금광고의 이영철 회장님이셨다.

영향력은 그만큼 중요하다. 특히 영업 계통에서는 이런 사람을 '키맨'이라고 하는데, 문제를 해결해주는 '만능키를 가진 사람'이라는 뜻이다. 한 명의 영향력이 어떤 결과를 가져올지는 누구도 모른다. 그 한 명으로 인해서 한 명이 계약되고, 다른 사람이 계약되고, 또 다른 사람이 계약된다. 음식점도 마찬가지다. 아니, 영업보다 훨씬 속도가 빠르다.

"처음부터 잘하는 사람이 어디 있어? 점점 잘해나가야지"라고 말하는 경우가 많다. 격려 측면에서 보면 맞지만, 현실적인 부분에서는 틀렸다. 합법적 다단계인 음식점을 운영하기 위해서는 재방문이 필수이며, 만족도가 높은 손님이 필요하다. 그런데 그런 손님을 어디서 구할 것인가? 흙을 빚어서 만들 수도 없다는 게 문제다. 음식을 당당하게 만들었다면 손님에게도 당당하게 이야기하라. 자연스럽게 "손님, 오늘은 세 명 오셨으니 다음번 오실 때는 네 명 오셔야 합니다"라고도 해보는 것이 좋다. 농담으로 이야기하든지, 진심으로 이야기하든지 그 모밀은 밀집 해피아 린다. 끈끈히 있어야 끄더저쎴가 비기는 손님은 안 오고 파리만 들어올 뿐이다.

"아이고, 맛있게 드셨습니까? 감사합니다. 또 오세요."

이런 말이 친절하게 들릴 것 같지만, 실상은 그렇지 않다. 겉도는 말, 딱 그 정도다. 그것을 사장의 도리라 생각하고 몇 달, 몇 년 동안 인사하면 뭐하나. 손님이 원하는 건 그런 게 아니다. 단골손님의 자녀 이름까지는 못 외워도, 아이가 심하게 칭얼거릴 때 손에 쥐어줄 사탕 한 개는 준비해두라는 말이다. 종일 가게를 지키는 역할도 중요하지만, 사장의 진짜 역할이 뭔가? 손님을 끌고서라도 데려오는 것이다. 장사가 안되는데도 경기만 탓하고 앉아서, 직원들은 잘 해주길 바란다면 그 자체가 착각이다.

혼자 식사하러 온 손님이 키맨이 되는 경우는 굉장히 많다. 성격이 활발한 사람도 음식점에 혼자 들어와서 먹을 때는 약간 의기소침해지기 마련이다. 이럴 때, 자연스럽게 응대해주면 반드시 지인을 데리고 와서 보답한다. 대여섯 명은 흔한 일이고, 20명 정도의 단체예약을 잡는 손님도 많다. 마음을 받은 사람은 어떤 형태로든지 보답하게 되어 있다. 혼자 온 손님이 대접받고 갔을 때는 음식점에 대한 호감이 상승한다. 미래에 매출의 증가를 일으킬 요소가 굉장히 많다.

뉴욕 맨해튼 메디슨스퀘어 공원에는 2001년에 핫도그 리어카로 시작한 웰빙버거 전문점 '쉐이크쉑'이 있다. '쉑쉑'이라는 애칭으로도 알려져 있다. 일반 햄버거 가게와 달리 항생제와 호르몬제를 쓰지 않은 천연 쇠고기 패티를 사용하며, 전 세계 9개국에서 63개의 매장을 운

식당으로 대박 내는 법

영하고 있다. 이렇게 유명해진 것은 웰빙버거를 만들어서 그렇기도 하지만, 그보다 문화를 만드는 것에 집중했기 때문이다.

쉐이크쉑의 CEO 대니 마이어는 "사람들이 신선하고 맛있는 음식을 함께 먹고 즐길 수 있는 장소를 제공하는 것이 우리의 계획이다"라고 말했다. '사람을 기쁘게 할 것, 식음료에 몰입할 것, 경쟁을 즐길 것' 등의 원칙을 바탕으로 새로운 전시·문화 공간을 만들었다. 그랬더니 고객 입장에서는 먹거리와 문화가 한 번에 해결된 것이다. 맥도날드 인스타그램 팔로워 수의 2배를 뛰어넘는 17만 명의 팔로워가 활동하여 만들어낸 결과이니 합법적 다단계라 불러도 되지 않을까.

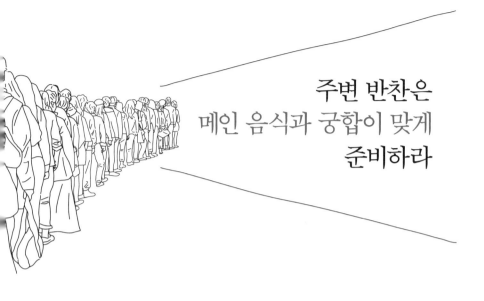

주변 반찬은
메인 음식과 궁합이 맞게
준비하라

　요즘 '케미'라는 말이 유행이다. 드라마나 영화 속 남녀 주인공이 실제로도 잘 어울릴 때 사용하는 신조어로, 화학 반응을 의미하는 'chemistry'의 줄임말이다. 우리말로 하자면 '궁합' 정도가 되겠다.

　집 근처에 있는 고깃집에 갔다고 상상해보자. 숯불이 뻘건 불을 품은 채로 들어온다. 구이용 석쇠 중에서 최상급으로 불리는 구리석쇠를 그 위에 올려놓는다. 1분 30초가량 달군다. 두툼한 삼겹살을 손아귀가 아플 정도로 집게를 활짝 벌려 집은 다음, 조심스럽게 석쇠에 올린다. 닿자마자 '취이익' 하는 소리를 내면서 연기가 피어난다. 올려놓고 종업원에게 산지를 물어보니 제주산 흑돼지란다. 능숙한 솜씨로 육즙을 최대한 가두면서 돌려 굽기를 한 다음 커다란 가위로 설 겅설겅 자른다. 펼쳐서 구운 다음 일행 앞에 한 점씩 놓아준다. 노릇 노릇하면서도 그 통통한 삼겹살 한 점을 어디에 찍어 먹으면 좋을까? 소금도 많이 찾겠지만, 요즘 트렌드는 '멜젓'이다.

전국을 강타한 '제주산 흑돼지와 멜젓의 조합'은 어디서부터 시작 되었을까? 제주도의 유명 고깃집 '돈사돈'을 만든 양정기 대표로부터 시작되었다. 전국 고기업계를 발칵 뒤집은 주인공이다. 이 집을 보고 벤치마킹한 고깃집만 해도 엄청날 것이다. 멜젓과 제주도 흑돼지의 만남, 특급 궁합이다. 물론 고기가 일등공신이다. 전국 돼지고기 장인 이 출연한 KBS2 〈스펀지〉 '한 점 승부'에서 우승했을 정도로 고기와 굽는 방법까지 모자라는 것이 하나도 없다. 그 고기에 날개를 달아 준 것이 바로 '멜젓'이다.

모든 사람이 알고 있는 개그콘서트에 비유해보자. 지독하리만큼 지 루하면서도 비슷한 무술 개그를 보이며 미미하게 활동했던 김병만은 최장수 코너 '달인'을 통해 누구도 넘볼 수 없는 절대적 아이콘이 되 었다. 그 옆에서 조연으로서 드라마에 지속적으로 출연할 정도의 연 기력을 보여준 류담은 서울예대 연극과 출신이다. 능청맞으면서도 김 병만의 활약을 돋보이게 해준 일등공신이다. 뻔뻔하게 안내하면서 포 인트를 짚어주던 류담이 없었어도 김병만이 그렇게 되었을까? '구수 불가'의 이수근을 탄생시킨 것도 바로 류담이다. 깜빡 홈쇼핑에서 '안 어벙' 역할을 했던 안상태는 '김깜빡' 역할의 김진철이 아니었으면 빛을 못 봤을 것이다. 골목대장 '마빡이' 정종철을 살린 건 박준형, 김대범, 김시덕이다. 그만큼 조연의 역할은 중요하다.

국내에서 가장 유명한 횟집 중 하나는 자갈치에 있는 '부산명물횟집'이다. 일반 횟집 생각하고 가볍게 들를 만한 곳은 아니다. 비싸냐고? 그렇다. 회 백반 1인분에 3만 원이다. 하지만 그만큼의 값어치를 충분히 하는 곳이다. 이곳에서는 활어가 아닌 숙성회를 사용한다. 숙성회는 활어회와 선어회의 중간이라고 보면 된다. 생선 마니아들은 숙성회를 가장 좋아한다. 일본의 유명 만화 〈어시장 삼대째〉의 주인공 준타로는 이렇게 이야기했다. "오늘 잡은 광어. 저녁엔 촉촉한 처녀 입술 같고, 다음 날 아침에는 귀부인의 입술 같다네." '엔가와'로 불리는 광어 지느러미로 만든 초밥을 한번 먹어본 이들은 자기도 모르게 감탄사를 연발했을 것이다. 일식집에서 사용하는 회는 90% 이상 숙성회라 보면 맞다.

어쨌든 다시 넘어와서, 부산명물횟집이 명성에 정점을 찍게 도와준 삼총사가 있다. '초장, 도미껍질 데친 것, 맑은 뼈탕'이다. 실제로 이 세 가지를 회 맛보다 더 기억하는 사람들이 많다.

가족 중 누군가의 생일이 다가오면 엄마들의 가장 큰 고민거리는 무엇일까? 아마도 '뭘 만들까'일 것이다. 그냥 음식만 만든다고 되는 게 아니라 고려해야 하는 상황이 너무나 많다. 밥상에 앉을 가족 수부터 각자 식성까지 고려해야 하니 생일상 차리기는 그야말로 엄청난 작업이다. 한우 국거리를 사 와서 달달 볶은 다음에 물에 불려놓은 기장미역을 넣고 조선간장으로 간을 해서 끓인 미역국, 노릇노릇하게 구운 조기, 각종 채소와 고기를 넣고 버무린 탱탱한 잡채, 한국 양념의 결정체인 소불고기, 표고버섯과 애호박전, 양념장을 끼얹은 두부구이…, 이 정도가 기본이다. 하지만 적당히 곰삭은 김치가 곁들여져야 물리지 않고 계속 먹게 된다. 입안의 기름기를 없애는 무기가 필요한 것이다. 적어도 생일상에서의 김치는 대체 불가한 결찬이다.

서울 사당동에 있는 '방배김밥'은 새벽부터 택배기사들이 몰려들어 김밥을 들고 가는 곳이다. 하루에 2,000줄 가까이 판매하는 초대박집이다. 방배김밥을 알린 핵심 식재료는 바로 두부를 얇게 썰어 튀긴 유부다. 엄청난 크기의 무쇠솥에 유부를 넣고 1시간 30분씩 하루에 6~7번을 볶아낸다. 하루 거의 10시간 동안 유부를 볶는다. 의지가 대단한 곳이다. 그렇게 볶아진 유부는 고기 맛을 낸다. 모 프로그램에서 블라인드 테스트를 했을 때 참가자들은 고기김밥인 줄 알았으며, 이 일로 더 유명해졌다.

꼭 필요한 식재료나 음식을 찾는 시간과 노력 없이 음식점 성공을 바라는 것은 망상이다. 내가 지금 이야기하는 반찬은 그릇에 담긴 진짜 '반찬'만이 아니다. 판매하고 있는 메인 음식과 어울리는 '작업된 식재료'까지도 포함하는 것이다.

전국 어느 지역이든 유명한 곰탕집, 국밥집들은 꼭 하나씩 있다. 그 중에서도 깍두기 맛이 기가 막히는 음식점들이 있을 것이다. 보통 노포, 즉 수십 년 동안 맥을 유지해온 음식점들의 깍두기는 그 맛을 따라 하기 힘들다.

사이다로 절인다는 둥 감미료로 절인다는 둥 온갖 이야기가 난무한다. 그 대박집 깍두기를 씹는다고 상상해보라. 깨물었을 때 머리가 울릴 정도로 뽀드득거리면서 속은 물컹거리며 씹힌다. 오감이 흔들린다. 시원하면서도 개운한 깍두기 맛, 정말 힘들게 알아낸 비법이다. 독자분들을 위해 여기 공개하니 활용해보기 바란다. 무를 절이기 전에 깨끗이 씻은 다음, 펄펄 끓는 물을 부어서 표면을 살짝 익히는 것이 최고의 포인트다.

이렇듯, 관심을 가지다 보면 자신의 메인 음식과 어울릴 특급 콤비를 만들어낼 수 있다. 그 콤비를 꼭 만들어야 하는 이유가 있다. A를 파는데 맛이 없다. 그러면 손님은 다음에 절대 오지 않는다. A를 파는데 별로다. 그런데 보조인 B가 정말 내 입에 맞다. 그러면 손님은 다시 온다. 이처럼 방문하지 않을 손님까지 잡을 수 있는 것이 주변찬이며 식재료다. 끊임없이 연구하자.

시대를 막론하고 국내 최고의 그룹은 '서태지와 아이들'이다. 서태지가 메인이고 랩과 댄스를 양현석과 이주노가 뒷받침해줬던 그룹이다. 노래를 떠나 대한민국에서 전설적 그룹이 된 이유 중 하나는 '보컬, 랩, 댄스' 이렇게 세 파트를 나누는 시스템을 만들었다는 것이다. 앳된 외모와 순수한 이미지로 시작해서 에너지를 폭발시키는 서태지를 돋보이게 한 것은 양현석과 이주노였다. 물론 팀이 해체되고 나서 솔로로 나온 서태지도 변함없는 인기를 보였지만 관심은 그전만 못했다. 양현석, 이주노 없는 서태지는 빛을 발하지 못했다. 그 양념 역할을 하던 양현석은 지금 대한민국의 한 분야를 이끌어가는 수장이 되었다. 양념에서 메인 요리로 탄생한 명쾌한 역전 승부가 된 것이다.

이처럼 보조의 역할은 너무도 중요하다. 이인자처럼 보이다가 일인자로 살고 있는 각 분야의 사람들도 많다. 인생과 음식은 비슷하다. 겉절이같이 생생한 것이 좋기도 하다가, 뭉근한 불에서 끓인 뻑뻑한 된장찌개가 더 좋아지기도 한다. 그런데 보통의 우리는 알고 있다. 두 가지를 같이 먹으면 훨씬 맛있는 조화가 일어난다는 것을 말이다.

프랑스의 미식가이자 평론가로 유명한 브리야 사바랭은 "당신이 먹는 음식을 보면 당신이 누구인지 알 수 있다"고 말했다. 무경험 상태에서 시작해서 그래도 지금까지 문제없이 음식점을 운영하는 나로서는 "당신이 만든 곁찬을 먹어보면 당신 가게의 성공 정도를 알 수 있다"고 말하고 싶다. 가끔 사장 놀이도 했다가, 평론가도 되었다가, 요리사도 되었다가, 손님도 되었다가. 그러면서 조금씩, 아주 조금씩 나아지면 되는 것 같다.

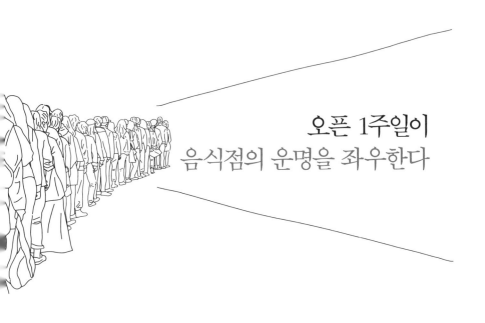

오픈 1주일이
음식점의 운명을 좌우한다

한숨과 희망 속에서 허우적거리다가 드디어 오픈이 눈앞에 보인다. 돈은 돈대로 들어갔고, 마음은 마음대로 허전하기 짝이 없다. 보통 음식점은 임시 오픈, 오픈 두 가지로 구분하는데 이때 구상을 잘 해야 한다. 주인 입장에서는 임시 오픈이지만, 손님은 오픈으로 받아들이기 때문이다. 실수를 해도 너그러이 봐주길 바라는 기간으로 생각하고 임시 오픈을 했는데, 손님은 실수를 인정하지 않는 정식 오픈으로 생각한다는 것이다. 그런데 이것이 손님의 문제일까?

그렇지 않다. 어떤 일이든 문제는 언제나 운영자에게 있다고 생각해야 한다. 먼저, '임시 오픈'이라고 입구에 표시하는 것이 좋다. 언제부터 언제까지는 '임시 오픈'이니 실수를 너그럽게 봐달라는 문구도 좋다. 형태는 알아서 만들면 될 것이다. 임시 오픈을 잘 해야 오픈이 있고, 오픈을 잘 해야 음식점이 좋은 방향으로 흐른다.

더본코리아 백종원 대표는 "오픈 날에는 테이블을 두 개 빼라"고 한다. 경험자로서 충분히 공감되는 말이다. 주변에 음식점이 새로 오픈하면 누구나 "가보자"고 하면서 방문해본다. 그래서 손님이 평소보다 훨씬 많이 몰려드는 것이다. 임시 오픈의 시간을 제대로 보내지 않으면 오픈 때 손님맞이와 음식 처리에 곤란함을 느끼게 된다. 예상 인원을 충분히 뽑았겠지만 테이블 두 개를 없앰으로써 사장 입장에서는 심리적 안정감을 갖고, 손님 입장에서도 밀린 상태로 대기하는 것을 그나마 줄일 수 있다는 측면으로 보인다. 오픈을 해놓고 메뉴 실수나 순서 실수를 하게 되면, 손님들의 원성은 높아진다. 실컷 기다리고 못 먹고 가는 경우도 다반사다.

나는 오픈을 날짜로 정하는 게 아니라 요일로 정한다. 무조건 금요일에 한다. 임시 오픈은 화요일에 한다. 그러면 임시 오픈이 화요일부터 목요일까지 3일이 된다. 보통 1주 전부터 현수막을 붙여놓기 때문에 임시 오픈 전 일요일이나 월요일에 손님들이 온다. 그러면 "모레부터 음식 드실 수 있습니다"라고 이야기하면서 주변에 이야기해달라는 인사와 함께 돌려보낸다. 이렇게 하면 화요일 임시 오픈 때는 거의 3~4일을 기다린 손님들은 문 열기만 기다리게 된다. 그리고 금요일에 오픈을 하면 보통 사람들에게도 기분 좋은 요일이기 때문에 즐겁게 온다. 더 중요한 것은 금요일 오픈 이후 주위에 소문이 금방 나기 때문에 토요일, 일요일에 자연스럽게 효과를 얻을 수 있다는 점이다. 그렇게 보낸 6일의 소문으로 다음 주가 이어진다.

홀과 주방은 처음 1주일 동안은 무조건 한 명을 더 써야 한다. 직원 수를 잘 생각해보라. 평상시 필요한 인원이다. 그런데 오픈은 어떤가? 손님들이 몰려서 들어온다는 사실을 꼭 명심해야 한다. 예외 없이 직원 부족 현상이 생긴다. 손님이 메인 시간에 다 같이 들어오기 때문이다. 기다려보다가 짜증이 났던 손님들은 가게에 와보기도 전에 불만 고객으로 바뀐다. "죄송합니다, 죄송합니다" 하면 뭐하나, 이미 일은 다 일어났는데. 이런 일이 없게 하려면 주방에는 홀 2바퀴 돌릴 음식이 미리 준비되어 있어야 하고, 손님이 들어오는 것을 확인하는 순간부터 3회전에 내놓을 음식 준비를 시작해야 한다.

실제 내가 했던 방법을 알려드리려 한다. 오픈 날 청국장을 한 뚝배기씩 올리면 절대 안 된다. 오픈 날의 핵심은 '손님들이 문제없이 음식을 드시고 가도록 만드는 것'이다. 더 나은 맛을 만들어내야 하는 시기가 아니다. 음식 맛을 내는 것은 오픈 이전에 끝내야 한다. 조리법 정리의 마지노선은 오픈 전날이다. 내일이 정식 오픈인데 음식 맛 내는 데 신경 쓴다? 이건 음식점으로서 준비가 덜 된 것이다. 단적으로 말해 오픈을 하면 안 되는 상황이다. 오픈 날 오전 주방에서는 큰

솥에 청국장을 초벌로 끓여놓는다. 오전 11시 정도면 다 만들어져야 한다. 그래야 앞 상 준비, 반찬 준비, 테이블 세팅 등을 할 수 있다. 그리고 큰 솥의 청국장을 뚝배기로 옮겨 담는 시간이 5초가량 걸린다고 하자. 별것 아닌 것처럼 느껴지겠지만, 이렇게 해서는 절대 오픈 날 손님을 맞이할 수 없다.

먼저, 음식점의 테이블 수에 세 명을 곱하라. 연평균으로 치면 2.5명을 곱하면 되지만, 오픈 날이기 때문에 3을 곱하는 것이 낫다. 18개 테이블이면 54명이다. 처음 1회전에 54명이 들어온다는 말이다. 음식점 손님은 2인이 가장 많다. 그러므로 2인 뚝배기 17개, 3인 뚝배기 3개, 4인 뚝배기 3개 정도를 미리 담아놓는 것이다. 그리고 홀에 앉아 있는 손님의 대기 시간이 어떤지 확인하고 빨리 주방에 알려준다. 긴박해지는 순간이다. 뚝배기가 제대로 펄펄 끓으려면 5분이 넘게 걸린다. 손님이 홀 테이블에 앉으면, 주문을 하지 않았더라도 뚝배기를 불 위에 올려야 한다.

다시 한 번 말하지만 오픈 날은 방문한 손님들이 짜증 나지 않게 준비하는 것이 중요하다. 주방에 뚝배기를 올릴 수 있는 '업소용 가스 기구'는 대형 음식점을 제외하고는 화구가 많아야 12개 정도다. 만약 두 명씩 들어오면 24인분밖에 못 올린다는 것이다. 24명은 오픈 날 기준으로는 영업 개시 10분도 안 돼서 다 찬다. 예상 손님보다 2배 정도 더 몰아칠 경우 등에 식은땀이 줄줄 흐르고, 도망가고 싶다는 생각마저 든다. 오픈 날은 3~4회전을 예상하고 준비해야 한다.

"사장 나와! 이걸 먹으라고 내놨어?"

6년간 했던 '청국장&보쌈' 가게를 그만두고 새로 만든 보쌈집 오픈 날, 1회전 상황이었다. 홀에서 음식을 먹다가 테이블에 젓가락을 던지면서 고함을 지르는 손님이 있었다. 상상해보지도 않았던, 말도 안 되는 일이 갑자기 일어난 터라 눈앞이 캄캄해졌다. 그 순간 빨리 상황 파악을 해야 했다. 그 손님 테이블로 가기 전에 직원 몇 명에게 급히 물었다. 몇 명의 의견을 종합해보니 서빙 순서가 잘못되었으며, 음식 량이 자기한테 맞지 않는다고 했다 한다. 워낙 큰 소리로 클레임을 걸었기에, 손님들의 시선이 전부 나를 향했다. 진심으로 죄송하다고 말하면서 일단 테이블을 훑어봤다. 음식을 전부 드신 후였다. 그렇다면 이건 음식이 문제가 아니다. 하지만 여기서 문제가 뭐냐고 물어보는 것은 불에 기름 붓는 격이다. 정중하지만, 단호하게 사과를 드렸다.

"아이고, 죄송합니다. 서빙 문제나 음식 관련 중에 문제가 생긴 것 같습니다. 더 신경 쓰겠습니다."

"됐고. 내가 다른 건 몰라도 이 가게 하나만큼은 꼭 망하게 한다."

손님은 대여섯 번이나 홀에서 고함을 쳤다. 당황스러웠다.

하지만 얼마나 큰 소리로 말했던지, 옆 테이블 손님들이 오히려 그 손님을 나무랐다.

"조용히 하고 드세요. 아무 문제도 없는데 이상한 사람이네."

그는 주변 손님들의 이야기를 듣더니 더 흥분했다.

"뭐라고? 나는 이거 계산 못 해! 가게 어떻게 되나 두고 봐라."

첫날에 있는 일이라 신경이 쓰여서 사과를 열 번 정도는 한 것 같다. 계산은 당연한 듯이 하지 않았고, 입구까지 따라 나가서 사과를 했건만 끝까지 악담을 했다.

"이제, 가게 접을 준비나 하소."

그렇게 끝까지 악담을 멈추지 않기에 내가 말했다.

"그 정도로 접을 거면 시작도 안 했습니다. 주변에 이야기해서 망하게 하세요."

아무리 그래도 그렇게 응대해서는 안 된다고 말씀하실 분이 있겠지만, 진상 손님만 상대하려고 음식점 오픈한 것은 아니기에 그렇게 말하고 들어와 버렸다. 홀에 있던 손님들이 나가면서 오히려 격려를 해줬다. 나중에 재밌는 일이 일어났다. 그 일 이후 볼일이 있어 가게 부근 밀집 지역으로 나왔는데, 낯익은 사람이 직원들과 이야기를 나누고 있었다. 몇 달 지나서 알고 보니 주변 동네의 음식점 사장이었던 것이다. 피가 끓는 듯했지만, 못 본 척하고 왔다.

이런 말도 안 되는 일도 생긴다. 실제로 음식점 오픈 때, 주변 음식점 사장들이 지인들과 함께 와서 클레임을 거는 일도 굉장히 많다는 것을 명심하길 바란다.

오픈 날은 모든 것이 장애물이다. 장애물을 1주일 안에 해결하지 못하면, 2주째부터는 힘들어진다. 손님의 불만이 꼬리에 꼬리를 문다. 멘탈이 약한 음식점 사장은 이때쯤 되면 한숨으로 눈떴다가 한숨으로 잠자리에 드는 하루가 이어진다. 하지만 이런 이야기를 해주는 사람은 별로 없다. 내 밥그릇 뺏길까 봐 알려주지도 않는다. 초보 창업자들은 '얼마 투자하면 얼마의 순수익을 얻는다'는 이야기만 듣고 음식점을 오픈하는 경우가 많다. 그러다 보니 음식점 생리를 잘 모르는 경우가 대부분이다. 실제 이런 일이 충분히 생길 수 있음을 알려드리니, 그런 상황이 닥칠 때 유연히 대처하시길.

만약 정말 제대로 준비했다면 넘겨버릴 일들은 넘기고, 집중할 일에만 집중해야 한다. 장애물이 계속 나타나는 이유는 그 장애물을 뛰어넘는 근육을 만들라는 신호다. 더불어, '뛰어넘지 못하면 넘어진 채로 끝나는 게임'이라는 사실도 알고 있어야 한다. 오픈 계획은 정말 철저하게 잘 짜야 한다. 그렇지 않으면, 서서히 기력을 못 차리다가 3개월 정도 지나면 쓰러지고 만다. 오픈 1주일은 '목숨과 바꾼다'는 자세로 운영하길 바란다.

때론 촉이 살아 있는 연기력도 필요하다

부끄럽지만 공개하려 한다. 이유는 단 하나, '얼마만큼 하면 이 정도는 되겠구나'라고 가늠할 수 있도록 해드리기 위해서다. 나는 씨티은행 카드사업부 최연소 전국 영업 챔피언 출신이다. 그런 영업력을 바탕으로, 대한민국 어느 음식점이라도 한 달의 시간만 주어진다면 원래 매출에서 최소 10% 이상은 끌어올릴 자신이 있다. 음식에는 전혀 손대지 않고 영업으로만 말이다. 영업 중에서도 개척영업만 했기에, 거절하는 소비자의 심리를 누구보다 잘 안다고 자부한다. 요리 능력이 전혀 없던 내가 지금 9년째 음식점을 운영해올 수 있었던 것은 오로지 영업의 힘이었다.

카드영업을 할 때, 하루에 70명 정도의 가망 고객을 만났다. 물론 난생처음 보는 고객이다. 1분 이내에 관계 형성을 하면서 상품 설명을 하고, 설득하고, 다시 강조하고, 계약서를 내밀고, 망설이는 고객을 다시 회유하고, 거절당하거나 계약하는 것이 일반적인 순서다. 하루에 보통 50명의 거절을 당했으니 한 달이면 1,500명, 일 년이면 2만 명에 육박하는 고객에게 거절을 당했다. 그렇다 보니 빠른 판단을 하지 않으면 계약률을 높일 수가 없었다.

어느 영업 조직이든지 최상위권의 세일즈맨은 '친절한 설명'이 무기는 아니다. 고객이 뭘 원하는지, 무엇에 불안해하고 의심을 가지는지를 어떤 형태로든지 재빠르게 파악하고 해결해주어야 계약이 된다. 관공서에 갔을 때는 8급 공무원에게 볼펜을 쥐여주면서 이렇게 말했다. "씨티카드 다 아시잖아요. 설명할 거 없고. 공무원 8급 이하는 발급 안 됩니다, 주사님." 그렇게 해서 10초 안에 아무 말 없이 계약을 따내기도 했다. 흔한 일은 아니다. 그런데 어떻게 그런 일이 일어날 수 있었을까?

실제로 씨티카드는 발급 조건이 가장 까다로운 카드로 유명했다. 8급 공무원부터 카드 발급이 승인되었다. 당시에는 9급 공무원은 발급이 안 되었기 때문에 9급 공무원을 걸러야 했다. 자리, 느낌, 행동을 보고 즉각 판단하는 것이다. 그 묵직하고 조용한 분위기 속에서 다 찾아내야 한다. 언제 쫓겨날지 모르는 상황에서 온몸의 촉을 세워

8급 공무원을 찾아내는 것이다. 그리고 제일 마지막에 부른 호칭도 한몫한다. 바로 '주사님.' 주사는 6급, 주사보는 7급, 서기는 8급이다. 8급 공무원에게 6급 호칭을 불러준 것이다. 왜 계약되었는지 더 설명할 필요는 없을 것 같다.

　사람들은 스킬이나 노하우를 찾으려고 한다. 하지만 중장기적인 관점으로 볼 때는 통하지 않는다. 예기치 않은 상황이 얼마든지 존재하기 때문이다. 핵심은 '얼마나 짧은 시간에 얼마나 임팩트 있게 다가가느냐' 하는 것이다. 영업의 실적도 숫자고, 음식점의 매출도 숫자다. 매출을 올리려면 단가가 낮은 것을 많이 팔든지, 단가가 높은 것을 정확하게 권유해서 팔든지 둘 중 하나는 꼭 필요하다. 연기력이 필요하다고 말한 것을, 기술을 부리라는 것으로 해석하면 안 된다. 고객이 불안해하는 요소를 제거하는 상황을 만들라는 것이다. 음식점에서 무슨 그런 것까지 해야 하느냐고?

　'청국장&보쌈'이라는 이름의 첫 음식점을 냈을 때, 6개월 동안 겨우 만든 월 4,000만 원의 매출을 정확하게 6개월 뒤에는 월 1억 원까지 끌어올렸다. 소고깃집으로 비교하면 월 2억 원에 육박한다. 참고로 평수 상관없이 월매출 7,000만 원은 전국 음식점 매출 상위 0.3% 안에 들어간다. 50평 음식점에 테이블 27개로 6,000원짜리 청국장을 팔아서 올린 매출이 그 정도다. 아마 당시에는 전국 모든 청국장 음식점 중에서는 손가락 안에 꼽히지 않았을까 상상한다. 누구든 할 수 있는 일이다. 다만, 정신력과 집중력이 필요하다.

　그 일을 직접 해온 나도, 이제는 그때만큼의 정신력과 집중력이 없는 것은 사실이다. 너무 힘들고 밥집은 이제 지겨워서 하지 않겠다면서 품목도 바꾸는 등 몇 가지로 합리화하는 자신을 발견하기도 한다. 그렇지만 아직도 신경 쓰는 부분 중 하나가 바로 손님들이 자연스럽게 느끼게 하는 것이다. 그중 하나를 알려드릴 텐데, 김새게 들릴지 몰라도 나는 지금은 하지 않는다. 다른 부분에 더 신경 쓸 일이 많이 생겨서라고 핑계를 대본다. 그러나 별것 아닌 행위처럼 보일지라도 효과는 어마어마했다. 단 2개월 만에 월 2,000만 원의 상승폭을 가져온 비법이다. 2개월 만에 하루 평균 100그릇씩 더 팔렸다는 말이다. 아마도 이 책을 고른 이유는 일반적인 창업 컨설턴트나 경영학자가 쓴 음식점 창업 책에서 실질적인 도움을 받지 못했기 때문일 것이다. 그런 이유에서라도 나를 믿고, 어떤 형태로든지 응용해보셔도 좋다. 단, 시작하다가 멈추면 효과가 전혀 없다. 초보 창업자, 매출이 낮은 음식점 사장님 모두에게 도움이 될 것이다.

　때는 2008년 12월. 나는 불특정 다수의 가망 손님들이 '지금껏 살면서 음식점에서 이런 모습은 본 적이 없다'고 생각하게끔 만들 계획을 세웠다. 어쩌면 음식점 운영과는 전혀 상관없는 행동으로 보일 수도 있다. 24시간 운영하는 음식점이 아니었지만, 나는 새벽 6시에 출근해서 음식점 불을 다 켰다. 그 깜깜한 겨울의 어둠 속에서 환하게 불 켜진 곳이라면 누구든 무의식적으로 보게 되어 있다. 호흡을 가다듬고 제자리 뛰기를 전속력으로 30초 정도 한다. 주먹을 힘껏 쥐고 온몸에 힘을 불어넣는다. 다시 호흡을 가다듬고, 겨울 외투와 겉옷을 벗어 던지자마자 문을 밀치고 밖으로 나온다. 반팔 면티 차림이다.

이미 살은 칼로 베이는 듯한 느낌이 들지만, 호들갑 떨면 안 된다. 몸서리쳐서도 안 된다. 대빗자루를 들고 한쪽으로 쓱쓱 쓸기 시작한다. 절대 지나가는 차는 보지 않는다. 나중에 슬쩍 보면, 신호를 기다리는 차량마다 운전자들의 고개가 전부 내 쪽으로 돌려져 있다. 최소 20분 동안은 똑같은 방향으로만 청소한다. 나와의 싸움이기도 했고, 음식점 매출을 올리는 방법이기도 했고, 운동이라고도 생각했고, 인생 공부라고도 생각했다. 온갖 생각이 들면서도 30분 정도 지나면 추위에 익숙해지면서 약간 무아지경 상태가 된다. 음식점 앞을 아무리 쓸어봤자, 그 공간이 얼마나 되겠는가. 이미 청소가 다 되어 있다. 하지만 청소가 다 되었는지는 멀리 있는 사람은 모른다. 고로, 신경 쓸 필요가 없다. 마음속으로 1번, 2번, 3번 구역으로 3등분한 뒤에 다시 각 구역을 반복해서 집중적으로 청소한다. '한겨울, 매일 같은 시간에, 반팔 면티를 입고 청소한다'가 내가 세운 계획이었다. 정말 추웠지만 석 달 동안 단 하루도 거른 적이 없다. 비가 오나 눈이 오나 지켰다.

100일 기도 한다 생각하고 달력에 표시해서 정확하게 100일을 진행했다. 이틀쯤 지나니 바로 반응이 왔다. 손님이 들어오시면서 대뜸

물었다.

"이 날씨에 새벽에 반팔 입고 청소하는 사람 봤는데, 누구요?"

"아, 접니다. 보셨습니까?"

"살다 살다 그 시간에 반팔 입고 청소하는 사람은 또 처음 봤습니다. 대단하십니다."

예상이 적중했다. 영업은 노력이고, 과학이고, 전략이다. 아무 곳에나 던지는 낚시질이 아니다. 포지션을 정확하게 잡아서 반복만 하면 무조건 먹힌다. 음식점에 오는 손님 중 하루에 최소 다섯 명 이상이 새벽 청소 이야기를 했다. 손님이 음식점에 들어오면서 음식 이야기를 안 하고 청소 이야기를 하는 걸 상상해보라. 참 재밌지 않은가?

쉬운 일은 아니었다. 문 열고 나가기 전 제자리 뛰기를 하면서 '미쳤지, 미쳤어. 내가 왜 이걸 시작했을까'라는 생각과 '할 수 있다. 이 정도도 못 하면 되겠나. 명색이 전국 챔피언인데'라는 자부심의 끝없는 싸움이 펼쳐지곤 했다. 하지만 결국 100일 실천의 길로 만들었다. 부정적 생각을 아흔아홉 번 하다가도, 마지막 한 번만 긍정적 생각이 들면 긍정이 이긴다. 이게 긍정의 힘이 아닐까 생각한다. 그리고 그 일은 꼬리에 꼬리를 물고 입소문이 나 나의 고생에 톡톡한 보답을 해주었다.

어머니 가게를 도와준 경험부터 말하자면 월매출 500만 원에서 월매출 1억까지, 자영업 세계에서 일어나는 매출은 500만 원 단위로 직접 다 겪어보았다. 대한민국 자영업자 중 극소수만이 가져봤을 이 경험이 나의 가장 큰 자산이다. 사실 음식점의 매출은 어느 상권에서도 무조건 일으킬 수 있는 것은 아니다. 현재 하는 보쌈집도 B급 상권이라 그만큼은 나오지 않는다. 다만, 상황을 핑계 대지 않고 도전한다면 음식점에서도 충분히 사건을 일으킬 수 있다.

나는 '손님 구두닦이', '반팔로 청소하는 정신' 등으로 어떤 해도 똑같이 보내지 않았다. 만약 그런 마음가짐으로 계속 끝없는 도전을 했다면 지금보다 엄청난 부와 명예를 손에 쥐었을 것이다. 그러지 못한 점이 아쉽긴 하지만, 확실한 경험의 자산이 있기에 당장 길거리로 쫓겨나는 일이 생긴다 해도 걱정은 없다. 자영업, 그중에서도 음식점은 특히 버티는 힘이 중요하다. 모두 사람이 하는 일이다. 사람이 사람을 돕는다. 할 수 있다. 걱정의 외투부터 벗어 던져라.

일곱 번의 기회에서
두 번은 만족시켜라

　장사가 안되는 이유를 먼 곳에서 찾을 필요가 없다. 참고로, 위 제목과 관련된 음식점 운영 방법에 관한 글은 어디에도 없었다. 9년간 음식점을 직접 운영하면서 이론과 실기를 접목하다 보니 자연스럽게 만들어진 것인데, 제목이 뜻하는 바는 이렇다. 손님이 음식점에 들어올 때부터 나갈 때까지는 총 일곱 번의 기회가 있다. 일곱 번의 기회를 모두 잡으면, 음식점은 정말 잘 흘러간다. '두 번만 만족시켜라'라는 말은 최소 두 번이라도 만족시키면 된다는 말이다.

　일곱 단계로 분리해서 분석하다 보면, 어느 부분이 취약한지 쉽게 찾아낼 수 있어서 개선점을 적용하기가 수월하다. 일곱 번의 기회는

　　　　　　　　　　　　　　　　식당으로 대박 내는 법

이렇다. '인사, 자리 안내, 주문, 서빙, 추가 주문, 계산, 인사'다. 이 중에서 두 가지 이상만 만족스러워도 손님들은 재방문을 하더라는 말이다. 직접 운영하는 보쌈집의 순서대로 설명해보겠다.

첫 번째, 인사. "어서 오세요. 반갑습니다"는 기본적 인사다. 인사에도 타이밍이 있다. 입구에 들어오자마자 인사하면, 신발을 벗는 동안 어색하게 지켜보다가 또 인사를 하게 된다. 인사를 두 번 한다고 해서 문제 될 것은 없지만, 어딘가 깔끔한 맛이 없다. 신발을 벗는 동안 손님들의 대화를 재빠르게 살핀다. 두리번거리는 듯한 모습을 보이면 "우리 보쌈집 처음 오셨어요? 어서 오세요"라고 이야기를 해보는 것이 좋다.

또 대개는 "어서 오세요. 몇 분이세요?"라고 하는데, 뻔히 눈앞에 보이는데도 이렇게 묻는 건 매끄럽지 않다. 간혹 "보면 몰라요? 세 명 안 보여요?"라고 신경질적으로 답하는 손님도 있다. 이런 말을 들으면 사장이든 홀 직원이든 기분 좋을 리 없다. 그러니 처음부터 "세 분 오셨습니까?"라고 말을 건네는 편이 훨씬 자연스럽다. 만약 인원이 다르다 해도 손님이 "아니요. 두 명 더 와요"라고 친절하게 알려준다. 수십 번, 수백 번 하는 인사를 항상 새롭게 할 수는 없다. 단순하지만 관계가 형성될 만한 인사를 하는 것이 좋다.

두 번째, 자리 안내. 음식점 사장과 직원들이 가장 취약한 부분이다. 이것이 안 되면 뒤에 놓인 기회는 따라오지 않는다. 인사를 제대로 한 다음 자연스럽게 연결시켜야 하는 부분이다. 둘 중 하나는 확실히 선택해야 한다. 손님이 원하는 자리에 편하게 앉게끔 안내하는 것과 계획하고 있던 자리에 손님을 앉히는 것이다. 후자는 굉장히 어려울 것 같지만, 의외로 손님들은 권유하는 자리에 잘 앉는다. 괜한 선입견 가질 필요 없다. 하지만 절대 간과해서는 안 되는 것이 있다. 안내를 하는 사람이 손님과 나란히 가거나 따라가서는 안 된다는 것이다. 그건 안내가 아니다. 안내는 음식점 직원이 앞장서서, 따라오는 손님을 보면서 해야 한다. 가장 적합한 자리를 미리 봐두는 것이다. 다음 손님이 오면 어느 자리에 앉히겠다는 생각을 미리 해두어야 한다. 그렇게 준비하고 있어야, 손님 안내가 자연스럽게 된다. 손님은 귀신같이 알아챈다. 자리를 안내하는 것인지, 형식적으로 따라오는 것인지.

　세 번째, 음식 주문. 의견 충돌이 일어날 수 있는 상황인 동시에, 불만도가 증가할 수 있는 위험한 상황이 될 수도 있다. 음식점에는 대, 중, 소짜리로 이뤄진 음식들이 많다. 일반적으로 소는 두 명, 중은 세 명, 대는 네 명이지만 무조건 그렇게 시키지는 않는다. 네 명이 왔는데 배가 고프지 않은 상태라면 소를 시킬 수도 있다. 얄밉게 보일 수도 있지만, 그 진실 여부를 손님에게서 알아낼 방법은 없다. 그 주문을 받고 "네 명이 오셔서 보쌈 작은 걸 시키면 좀 그런데요"라는 말을 했다면? 당장은 손님이 중짜리로 바꿀지도 모른다. 하지만 주문을 받고 나서 포스(POS)에 입력하러 가는 동안 테이블에서 웅성웅성한다. "아니, 무슨 주문도 마음대로 못 하냐?"

인원수와 맞지 않는 사이즈의 음식을 시켰을 때는 '두 명의 손님이 왔다'고 생각하는 것이 가장 편하다. 하루 이틀 장사할 것도 아니고, 이런 일이 생길 때마다 신경 쓴다고 한다면 누구 스트레스가 가장 많을까? 생각나는 답 그대로다.

네 번째, 서빙. 손님들의 불만도가 증가할 수 있는 구간이다. 우리 가게에서 점심특선은 마늘보쌈과 청국장이 같이 나간다. 기본 상차림과 마늘보쌈, 청국장, 밥을 합치면 식사가 된다. 초보 창업자분들이나 장사가 잘 안되는 음식점의 사장님들은 꼭 참고하시길 바란다. 기본 상차림은 카트에 올려놓고 있되 주방에서 보쌈, 청국장, 밥이 나오면 한 번에 같이 나가는 것이 좋다. 한 상에 차려졌을 때의 임팩트까지 느끼게 해줘야 한다. 음식이 주방에서 곧 나올 것이라 생각하고 앞 상을 다 깔아버리면, 나중에 반찬을 다시 내야 하는 경우가 생긴다. 그뿐 아니라 반찬을 추가했을 때는 남기는 경우가 다반사다. 여러모로 좋은 결과가 나오지 않는다. 무엇보다 상차림의 '어울림'이 없다. 실제로 더 중요한 사실은 앞 상이 먼저 나간 후에, 혹시 손님이 밀려 메인 음식이 늦게 나가면 상대적으로 불만이 더 증가한다. 꼭 기억하시면 좋겠다. 점심특선만큼은 절대 상차림 구분해서 내지 말고 '한

상에 다 차려서 나가는 것이 좋다는 것. 손님들은 생각보다 훨씬 까다롭다. 사소한 것부터 문제가 되지 않게 하자.

다섯 번째, 추가 주문. 가장 잘 써먹어야 하는 단계로, 얼마나 잘 대처하느냐에 따라 확실한 기회가 될 수 있다. 무조건 빨리 갖다 드리는 것이 생명이다. 타이밍이 조금만 늦어버리면, "다 먹었는데 이제 갖다 주면 어떡해요? 야, 나가자"라는, 삭힌 홍어보다 더 쏘는 멘트만 돌아올 뿐이다.

이것도 살펴보자. "다른 것도 갖다 드릴까요?" 얼핏 보면, 굉장히 손님을 위하는 멘트로 여겨진다. 하지만 손님한테 질문하지 않고 알아서 채워줬을 때 더 고마움을 느낀다. "마늘소스 더 필요한 것 같아서 가져왔습니다", "새우젓이 조금 모자라 보여서 가져왔습니다", "상추 더 필요하셨죠"라고 하면서 드리면 90%의 손님은 이렇게 이야기한다. "고맙습니다" 아니면 "아이고, 고맙습니다"라고 말이다. 손님에게 칭찬이 저절로 나오게끔 만들 필요가 있다. 그렇게 되었을 때 가장 좋은 점은 무엇일까? 바로, 이후에 설령 실수를 하더라도 그냥 넘어가는 경우가 많다는 것이다. '손님도 사람'이기 때문이다.

여섯 번째, 계산. 별거 없는 것 같지만 매출을 올리는 데 가장 기여하는 상황이다. 드신 메뉴를 빨리 체크하라. 보쌈을 드셨으면, "다음에는 마늘보쌈 드셔보세요"라고 이야기할 수 있다. 손님과 자연스럽게 대화할 상황을 만들어낸다는 것은 엄청나게 큰 득이다. 음식점에서 손님과 대화하기는 참 어렵다. 어렵지만, 시도하라.

　그리고 명함은 가져가도록 놔두는 것이 아니고 드리는 것임을 명심하라. 식사하는 동안 불만이 있었던 손님이 명함을 건네받으면 괜히 웃긴 상황이 된다. 그러므로 행동이나 대화에 신경을 곤두세워라. 그리고 카드 영수증을 한 손으로 주지 말 것이며, 복합 결제를 완벽하게 마스터해두어라. 현금과 카드를 같이 주면서 계산을 요청할 때, 한 번에 처리하지 못하는 음식점이 절반 이상이다. 실컷 잘 먹고 나왔는데 계산이 원활하게 안 되면, 짜증이 올라올 수도 있다. 기다릴 줄 몰라서 그런 것이 아니다. 손님과 입장을 바꾸어서 생각해보면, 이것 역시 답은 정해져 있다.

　일곱 번째, 인사. 마지막 기회다. 지금까지 안 좋았던 상황이 있었더라도 제대로 된 인사로 한 번에 만회할 수 있는 기사회생의 순간이다. 집 근처에서, 그렇게 친하지는 않지만 아는 이웃을 만났다고 생각해보자. "어디 가시나 봐요?" "아, 예. 볼일이 좀 있어서요." "네, 안녕히 가세요." 이 정도가 일상적인 대화다. 마찬가지다. 너무 가깝지도, 너무 거리감이 느껴지게도 하지 말고 이야기하라. 매우 기분 좋게 나가는 손님을 봤을 때는 웃으면서 과감하게 밀어도 좋다. "다음에는 몇 분 더 모시고 오셔야 합니다"라고 하면 "네, 네, 그렇게 해야죠"라고 답하는 손님이 생각하는 것보다 꽤 많다. 50대 이상 남자 손님에게는

"감사합니다"라고 짧고 굵게 이야기하고, 인사를 약간 절도 있게 하는 것이 훨씬 효과적이다.

이상의 일곱 가지를 충실하게 지켜내는 것만으로도, 매출 20%는 끌어올릴 수 있다. 자신감과 배려를 적절히 섞어서 상황을 적극적으로 맞이하는 것이 가장 좋은 방법임을 명심하자. 음식점의 주연배우인 '사장'이 해내야 할 분량이다.

손님들이 찾아오는 신호
"정말 잘 먹고 갑니다"

　손님에게 하는 말 중에서 가장 불필요한 말이 있다. 바로, "맛있게 드셨습니까?"다. 이 질문을 했을 때는 맛있게 먹었다고 대답하거나, 아무 말 없이 그냥 가는 두 가지 경우밖에 없다. "아니요, 맛없었는데요"라고 이야기할 수 있는 손님은 없다고 봐도 무방하다. 답이 정해져 있는 질문이기 때문에 할 필요가 없다는 말이다. 별로 할 말도 없고 어색해서 그 말이라도 해야 한다고 말씀하시는 음식점 사장님들도 많을 것이다. 그건 동의한다. 그렇다면 멘트를 약간 비꼬거나는 것이 나을 것이다. "불편한 점은 없었습니까?" 또는 적당한 미소로 "입맛에 맞으셨는지 모르겠습니다"가 차라리 낫다. 이렇게 질문해야 손님이 느낀 점을 그나마 몇 마디 얘기해준다.

생각해보면 답은 간단하다. 음식점에서 헷갈리는 일이 생길 때는, 간단하게 손님 입장에서 바라보면 된다. '나는 음식점에 가서 맛있게 먹었을 때마다 음식점 사장한테 표현을 하는가?' 맛있게 먹었어도 아무 말 없이 나온 경우가 훨씬 많았을 것이다. 맛있게 먹어도 아무 말 없이 나가는 손님과 평범한 맛에 별 감흥이 없어서 아무 말 없이 나가는 손님, 두 유형 모두 아무 말 없이 나간다는 점에서 같다. 이제부터 복잡해지기 시작한다. 전자인지 후자인지 도무지 갈피를 잡을 수가 없다. 그럴 때 확인하는 좋은 방법이 있다. 그 손님의 테이블을 가서 보면 된다. 충분히 맛있게 드셨으면 전체적으로 메인 음식과 찬들이 비어 있다. 그럴 땐 '긍정의 신호였구나'라고 받아들이면 된다.

요즘 이슈가 되고 있는 빅 데이터는 '기존의 관리 방법이나 분석 체계로는 처리하기 어려운 엄청난 양의 데이터'를 뜻한다. 빅 데이터가 주목받는 이유는 효과적으로 분석함으로써 미래를 예측해 최적의 대응 방안을 찾고, 이를 수익으로 연결하여 새로운 가치를 창출할 수 있기 때문이다. 지금까지 청국장과 보쌈을 합쳐 100만 명 가까운 손님을 치르면서 느낀 나만의 빅 데이터는 이것이다. "맛있게 먹고 갑니다"라는 문장 전후에 손님이 수식어 또는 감탄사를 사용하느냐, 안 하느냐로 음식점이 잘 흘러가고 있는지 아닌지 알 수 있다는 것이다. 가장 정확하게 알려주는 손님의 인사는 바로 이것이다.

"정말 맛있게 먹고 갑니다."

평균적으로, 이 말이 하루 두 번 이상 나오면 음식점은 아무 문제가 없다고 보면 된다. 좋다는 표현을 잘 못하는 우리나라 사람을 기준으로 보면 매우 양호한 수준이다. 덧붙여 말씀드리자면, 내 경험으로는 하루 평균 다섯 번 정도 "정말 맛있게 먹고 갑니다"라는 이야기가 나왔을 때 최고 연매출을 기록했었다. 스스로 찾아낸 방법이지만, 적극 참고하면 중요한 힌트가 될 것이라 생각한다.

이 내용을 안내한 이유는 불필요한 불안감 때문에 스트레스받지 말라는 것이다. 이런 신호를 알게 되는 것보다 더 중요한 것이 있다. 바로 손님을 더 오게끔 하는 신호로 활용하는 것이다. 예를 들어 하루 평균 한 번의 "정말 맛있게 먹고 갑니다"가 들렸다면 두세 번 듣기 위해 노력하는 것이다. 유도질문을 해서 받아내든, 조리 방법을 당당히 어필하든 방법은 자유롭게 하라. 맛있게 먹지 않았는데 그 말을 할 수 있는 포커페이스를 가진 손님은 없다.

하지만 "정말 맛있게 먹고 갑니다"라는 말이 손님 입에서 저절로 나오기만을 바라는 건 말도 안 된다. 인사를 받는 것이 목적은 아니기 때문이다. 단지, 음식점이 흘러가는 방향을 볼 수 있는 나침반 역할을 한다고 보면 되겠다. '어떻게 하면 손님 입에서 인사가 나오게 할 수 있을까'에 대해 고민해야 한다. 이 인사는 철저히 '맛'에 초점이 맞춰져 있다. 그러므로 맛에 집중하면 된다. 맛에 집중한다는 것은 최종의 맛을 말하긴 하지만 조리 방법을 개선하거나 어울림 반찬을 제공하는 등의 방법으로도 끌어올릴 수 있다.

음식점에 오는 손님들은 의외로 인사를 주고받는 데 인색하다. 목소리 높여 크게 인사를 해도 반응이 없는 경우가 굉장히 많다. 당연한 것이기 때문에 괜히 위축될 필요는 없다. 영업에서 가장 중요한 것은 계약을 할 확률이 있는 사람에게 설명해서 계약을 끌어내는 것이다. 전혀 할 생각이 없는 사람을 공략해 계약을 성사시키는 것은 굉장한 노하우이긴 하지만 에너지 소모가 극심하다. 음식점도 마찬가지다. 인사를 잘 받아주는 손님에게 좀더 웃음과 배려를 느끼게 하면 된다. 단순한 반복이 가장 좋다.

백화점에서는 산뜻하고 정갈하게 차려입은 미모의 직원이 90도로 인사를 한다. 그 인사를 받았을 때 존중받는다고 느낀 적은 없을 것이다. 형식적인 인사임을 이미 알고 있기 때문이다.

문제는 이런 인사를 받은 적이 별로 없을 때 나타난다. 인사를 평균 하루 두 번도 못 받았을 경우 개선점이 필요한 상황이라고 판단하면 거의 맞을 것이다. 이럴 때는 세 가지만 확인하자.

첫 번째, 메인 음식의 현 수준을 파악하고 개선하는 것이다. 판매하고 있는 음식이 주관적으로 우위에 있는지, 객관적으로 우위에 있는지 철저하게 분석해야 한다. 인터넷 검색을 통해서도 좋고, 유사 업종의 가게를 방문해서 수준을 비교해봐야 한다. 아이돌 그룹 중에서도 비주얼을 담당하는 멤버가 따로 있다. 그 멤버 덕에 그룹의 인지도가 올라가는 경우가 굉장히 많다. 예를 들어 김치찌개의 비주얼은 누구나 알고 있다. 무의식적으로 상상하고 있는 형태와 다르게 나왔을 때 손님은 반응한다. 돼지목살이 큼직하게 잘려 있는 모습은 흔하다. 하지만 돼지목살 덩어리가 가장 상단에 놓여 있고 날이 잘 드는 가위를 제공하면, 손님이 썰면서 소리에서부터 맛을 느낀다.

그 효과를 최대로 보려면 가위를 분리해서 칼처럼 갈아두어야 한다. 2,000~3,000원짜리 가위로는 효과가 없다. 국내 제품 중에서는 자이언트 뼈가위, 일본 제품 중에서는 아루스, 니켄, 캉가루 가위 정도면 효과가 확실하다. 그리고 김치찌개만큼은 육수를 따로 내면 맛이 없다는 상식은 알고 있어야 한다. 팁으로, 뚝배기 하나당 사이다 한 큰술을 넣으면 기가 막힌 김치찌개가 된다. 물론 김치가 맛있어야 한다는 건 두말할 필요가 없다. "마늘은 넣지 마라"는 김치찌개 대박집 사장님께서 알려주신 팁도 전해드린다.

두 번째, 곁찬의 어울림이다. 의외로 굉장히 많은 이들이 놓치는 부분이다. 메인 음식이 짭짤하면 곁찬은 부드러운 것으로 준비하고, 메인 음식이 부드러운 스타일이면 맛을 배가시키는 곁찬을 준비하는 것이 좋다. 아무 상에나 일미무침, 쥐포볶음, 멸치볶음을 내는 게 보통인데, 전혀 어울리지 않을 때도 많다. 단가가 다른 곳보다 상대적으로 높은 음식점은 곁찬 중에서도 확실한 메인 찬을 만들어야 한다.

그 메인 찬은 그릇 모양이나 크기도 다르게 하는 것이 좋다.

예를 들어, 교외에 있는 시골밥상 스타일의 가게를 생각해보라. 김 두 장을 구워서 그릇에 담지 않는다. 평평한 소쿠리에 담아주고 간장은 따로 준다. 김 몇 장으로 상을 완성한다. 크기는 크면서 가격은 저렴하고 사람들이 좋아하는, 그런 식재료 연구를 많이 해보는 것이 좋다. 곁찬을 몇 개 줄이고, 판매 중인 음식의 '사이드 음식처럼 보이는' 찬을 내는 것은 극상의 효과가 있다. 단, 메인 음식의 수준이 높을 때 사용하는 방법이다.

세 번째, 전체 상차림의 음식량이다. 별거 아닌 것 같지만 굉장히 중요하다. 사람마다 식사량이 다르기 때문에 평가도 상반된다. 식사량이 적은 사람은 남은 반찬을 아쉬워하면서 '이것저것 만들지 말고 맛있게 먹을 수 있는 것만 만들지'라고 생각하고, 식사량이 많은 사람은 '인심 없다'고 타박한다. 어느 장단에 맞춰야 할지 알 수가 없다. 이 말도 맞고, 저 말도 맞으니 더 그렇다. 그 적절한 수준을 찾아내는 것은 주인으로서 사장의 몫이다.

이 모든 기준은 음식점 사장이 정한다. 직원 말을 듣고 정해서도 안 되고, 손님 말만 듣고 바꾸어서도 안 된다. 주관적인 부분, 객관적인 부분 모두 사장이 직접 판단하여 결정해야 적어도 음식점 마도로스 자격이 있다. 가장 중요한 화물량과 탑승 인원의 결정을 선원에게

식당으로 대박 내는 법

떠넘기는 것은 비겁한 일이다. 이 세 가지만 보완하다 보면 분명 들릴 것이다. "정말 맛있게 먹고 갑니다" 하는 소리가 말이다.

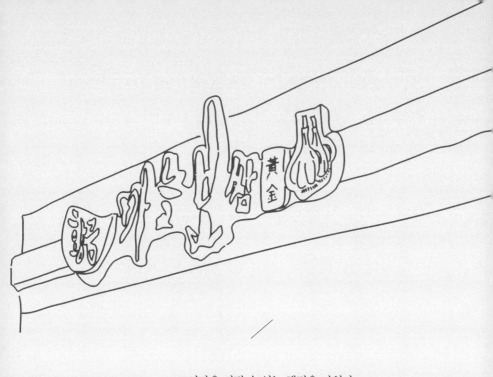

12시간을 버틸 수 있는 체력을 키워라

초보 창업자라면 먼저 음식점에 취직해서 배워라

꿈과 목표를 분명히 정해라

자기계발서를 최소 열 권은 읽어라

음식점 고수를 찾아가 배워라

대박집 세 곳, 쪽박집 세 곳을 분석하라

전지 한 장에 사업 계획을 모두 적어라

한 달 동안은 창업하려는 지역에 가서 식사하라

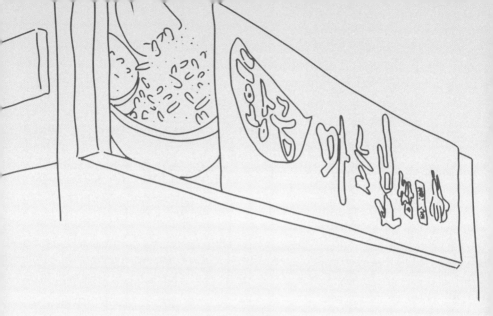

3장
—

창업 6개월 전부터
준비해야 하는 것

12시간을 버틸 수 있는
체력을 키워라

우리 음식점의 가맹점 교육 4주차를 마치던 날, 울산 삼산점 사장님께서 편지를 한 통 주셨다.

"낯설기만 하고 어떻게 해야 할지도 모르겠고 시키는 대로 청소부터 손님맞이로 하나하나 배우면서 첫 1주일이 갔습니다. 즐겁고 행복한 마음도 잠시였어요. 많이 힘들고 여러모로 부딪히기 시작했지요. 마치고 돌아오는 길에 차 안에서 음악을 들으며 스스로를 위로하면서 1주일을 보냈습니다. 종일 밀려드는 손님을 보면 얼마나 힘이 나고 좋을까. 나에게도 이런 기회가 오기를 기도했습니다. 그렇게 편한 마음으로 기도하면서 왔는데, 1주일 뒤에 겪게 된 일은 예상과 달랐습

식당으로 대박 내는 법

니다. 손님이 많으면 저절로 힘이 날 거라고 생각했어요. 하지만 손님 때문에 더 힘들고 더 바빠지니 나 스스로에게 화가 나기 시작했습니다. 1주일이 지나면서부터는 그만두려는 생각이 들었고 대표님이 미워지기 시작했죠. 그러면서도 하루하루 해야 할 일이 눈에 보이기 시작했습니다. 그래서 3주를 더 참으면서 배우려고 마음을 다진 것입니다. 가끔 이런 상상을 해봅니다. '내가 만약 대표님을 만나지 않고 음식 장사를 했더라면 지금의 나는 어떤 모습이 되어 있을까?' 음식 장사를 하면 10%, 아니 겨우 5%가 성공한다고 하는데 하나하나 배우고 알려준 대로 하다 보니 어느덧 감이 잡히기 시작합니다. 이렇게 시작하게 된 것이 다행이다 싶어요. 아침 9시에 집에서 나오면 밤 11시가 넘어야 집에 도착하곤 했지요. 매일 새로운 말씀을 들을 때마다 음식점 운영에 대해 조금씩 알게 됐고, 저녁에 집에 오면 메모하기 시작했습니다. 이제는 자신이 생겼습니다. 새로운 내 인생 사랑하는 가족을 위해서 꼭 성공할 것이라고 다짐합니다."

주위에서 흔하게 볼 수 있는 '내 생애 첫 창업자'였다. 미리 말씀드리면, 지금 현재는 본점인 나의 매장보다 낮 손님이 더 많다. 최근에 그분의 울산 매장에 들렀다가 부산으로 내려오는 길에 눈물이 핑 돌았다. 음식점을 처음 하시는 분을 이렇게 이끌다니. 확신은 늘 있었지만, 막상 눈으로 보고 나니 잘 따라온 사장님께 감사하다는 생각이 많이 들었다. 이 편지를 받은 다음 날 웃으면서 이렇게 말했었다. "다음에 제대로 안 하시면 이 편지 다시 보여드릴 겁니다. 그때 보시고 부끄러워하지 마세요." 사장님의 편지에는 안 적혀 있는데 실제로는 "일 안 할랍니다"라고 말하고 집에 가버린 적도 있었다.

보통 체인점에서는 3~4일의 교육을 하고 음식점을 운영하도록 한다. 하지만 나는 알고 있다. 그렇게 하면, 그 사람들은 어떤 아이템이라도 망한다는 것을. 세상에 3~4일 만에 배울 수 있는 일이 뭐가 있으며, 그렇게 배운 것이 과연 얼마나 경쟁력이 있겠는가. 그래서 프로그램을 세분화하여 교육하고 있다. 계약자가 원하는 대로 맞춤형이다. 3주차 이상은 열정을 보이면 무료로 1주일 더 교육한다. 실기, 실전, 운영, 영업, 매출 향상 방법 등이 포함되어 있다. 이렇게 하는 첫 번째 이유는 장사 체력을 키우기 위해서다.

음식점을 잘 운영하려면 자기 가게에서 오늘 하루 무슨 일이 일어났는지, 문제는 뭔지, 좋은 일은 뭔지, 손님은 어느 정도인지, 재료는 얼마만큼 나갔는지, 재료를 만드는 데 시간은 얼마나 걸렸는지 등을 알아야 한다. "이렇게 만들면 됩니다"라고 스킬만 알려주면 매출이 올라가는 것에만 관심을 두게 된다. 사장이 스스로에게 감동하지 못하면 숫자의 노예가 된다. 반복되는 하루를 지속적으로 느껴보는 것이 음식점 운영에서 가장 큰 재산이다. 그러기 위해서라도 12시간짜리 체력은 꼭 필요하다. 직원은 보통 종일 12시간 일한다. 사장도 12시간을 함께 일해봐야 그들의 신체적 상태나 심리상태를 파악할 수 있지 않을까.

메밀로 부산을 통일한 '면옥향천', 전국에서도 손꼽히는 메밀국숫집이다. 이 면옥향천의 주인장 김정영 대표는 열정 면에서 가히 챔피언급이다. 똥고집도 이런 똥고집이 없다. 고가의 제분, 제면기계에 그간 벌어둔 돈을 전부 다 썼을 것이다. 메밀가루 납품받아서 만들면 될 것을 충남 논산에서 직접 메밀농사를 짓기까지 한다. 순대 만든다고 돼지 잡으러 가는 격이다. 가끔 만나서 음식 이야기를 하다 보면 시간 가는 줄 모를 정도로 메밀에 꽂혀 있다. 이런 열정이 어디서 나올까. 물어보니까 20년 가까운 마라톤 경력에다가 철인 3종 경기까지 도전하고 있다고 한다. 매일 아침 6시에 일어나 1시간 반 동안 달리고, 휴일에는 12시간씩 사이클을 탄단다. 도인 수준이다. 그분도 말씀하시기를, 그만큼 음식점에서는 체력이 꼭 필요하다고 한다. 종일 자리에 한 번 앉지 못하고 12시간을 보내야 하는 날도 많기 때문이다.

음식점을 선택하는 데는 두 부류가 있을 것이다. 음식점을 하고 싶어서 하는 경우와 정황상 음식점을 해야만 하는 경우다. '평생직장'이라는 말이 전설 속의 단어가 되어버린 시대를 살아가다 보니 음식점을 생각하지 않았던 사람들도 선택해야 하게 되었는데, 이는 사실 굉장히 서글픈 일이다. 절대 그렇게 다가와서는 안 되는 업종인데 말이다.

'설마, 굶어 죽기야 하겠어.'

'망하는 것은 남들 이야기고, 나는 남과 달라.'

이런 근거 없는 자신감을 일으키기 딱 좋다.

"대단하다! 정말 맛있어. 이걸 어떻게 만들었어?"

이런 종류의 이야기조차도 들어본 기억이 없다면 음식점은 안 하는 것이 더 맞다.

음식에 대한 애정도 없으면서, 수익률이 어느 정도 된다고 하면 눈에 불을 켜고 달려든다. '월매출 1억!'이라고 대놓고 광고하는 프랜차이즈회사들도 많다. 매장 관련 비용, 인테리어, 상권 모두를 고려해서 적어도 4~5억이 들어간다는 사실은 아예 말도 꺼내지 않는다. 돈이 부족한 사람들에게 친절하게 대출까지 받게끔 해서 가게를 만들어준다. 세상이 그래도 공평한 것은 뭐냐면, 땀 흘리지 않는 업종은 필패하게 되어 있는 것이다. 자세히 살펴보면 땀 흘리지 않고 고생하지 않는 업종이라는 것은 누구나 따라 하기 쉬운 종목뿐이다. 따라 하기 쉬우면 여기저기서 비슷한 것이 생길 테고, 그렇게 우후죽순으로 생겨나면 가치가 하락할 수밖에 없다. 가치를 끌어올리는 훈련을 위해서라도 12시간 일하는 것은 당연한 일이다. 더군다나 일하는 사장의 모습을 직원이 봐야, 그들도 사람인지라 말을 들어주는 척이라도 한다.

자신의 의지와 상관없이 음식점의 세계로 흘러들어오는 느낌이 든다면, 거기서 무조건 멈추길 바란다. 이곳은 '승률 제로'의 비참한 격전지다. 업체에서는 '승률 100%'라고 하지만 실상은 절대 그렇지 않다. '대단히 특이하고 맛있고 새로운 음식'이라는 것은 이제 나오지 않는다. '융·복합의 음식'일 뿐이다. 융·복합은 시간이 지나면 지날수록 힘을 잃게 되어 있다. '조합'은 다른 조합에 의해서 무너진다. 조합이 강하게 가려면 조합되는 두 단품의 에너지가 엄청나야 한다. 연구하는 방법 말고는 없다. 손님 테이블에 가서 끊임없이 묻고, 답을 찾아야 한다. 체력이 없으면 할 수 없는 일이다. 아무리 에너지가 많아도 체력이 부족하면 쉽게 포기하게 된다. 겁주려고 하는 말 아니니, 꼭 명심하시길 부탁드린다. 12시간 일 못 할 것 같으면 음식업은 절대 생각하지 않는 것이 마음 편할 것이다.

여가도 없어, 휴무는 물론 토·일요일도 없어, 약속도 못 잡아, 사회생활도 안 되는 이 업종을, 그래도 선택하는 사람들이 있을 것이다. 선택했다면 의심하지 말고, 굳게 믿어라. 손님들이 음식점을 고를 때 "오늘은 여기 갔으니까 내일은 저 집 가주자" 하면서 가지는 않는다. 그러니 안되는 가게일수록 손님이 없는 것이다. 음식점은 몸고생, 마음고생 둘 다 필요하다. 어느 하나라도 부족하면 휘청거리게 되어 있다.

공장이나 회사에 들어가서 150만 원을 버는 것은 이제 쉬운 일이 되었다. 그런데 자영업을 하려면 대출까지 받아야 하고, 150만 원을 가져가려면 평균적으로 5,000만 원 이상은 필요하다. 돈은 돈대로 들고, 스트레스는 스트레스대로 받고, 힘든 일이다. 하지만 방법이 있다면 우선 건강한 신체를 만드는 것이다. 건강한 신체를 만들면 생각이 흔들리지 않고, 생각이 흔들리지 않으면 앞을 보고 갈 수 있다. 한 번 놓치는 것이 있으면 거기서부터 와그르르 무너진다.

주인의식을 왜 달리 주인의식이라 부르겠는가. 주인이 아니면 생길 수 없는 의식이기 때문이다. '음식점의 모든 것'에 나의 손길이 닿을 수 있도록 준비하자. 그렇게 준비하려면 체력이 우선이다. 밥 두 끼 정도는 피치 못할 사정으로 못 먹더라도 음식점 운영을 위해서 견딜 수 있는 체력도 필요하다. 체력이 좋아야 음식과 손님에게 애정이 더해진다. 고로, 체력이 좋은 만큼 매출이 올라가는 것은 분명하다.

식당으로 대박 내는 법

초보 창업자라면
먼저 음식점에 취직해서 배워라

　창업 관련 모든 책에 나오는 말이다. 아무리 강조해도 지나침이 없다. 강조하는 이유는 간단하다. 음식점이 어떻게 돌아가는지 경험해 보지 않고 운영에 뛰어들면 음식점에서 일어나는 일들에 대한 대처가 미숙하기 때문이다. 사장이 미숙하면 직원들이 대번에 알아차린다. 왜, 사회생활도 그렇지 않은가. 상사가 만만하게 보이면 이것저것 따지고, 칼 같은 상사에게는 말대꾸할 생각도 하지 않는다. 그렇다고 독재 스타일로 가라는 게 아니다. 적어도 직원에게 휘둘리지 않을 정도는 되어야 한다. 휘둘리지 않는 방법은 적어도 직원보다는 잘하는 것이다.

더 중요한 점은 음식을 어떤 과정을 통해서 만들어낼 것인지, 유지할 것인지, 개선할 것인지 항상 민감하게 보고 있어야 한다는 것이다. 손님을 불쾌하지 않게 잘 모셔야 하고, 때로는 깍듯이 양해를 구해야할 때도 있다. 정중하게 거절도 할 줄 알아야 하고, 유들유들한 모습으로 편안함을 제공하기도 해야 한다는 말이다.

　"처음부터 잘하는 사람이 어디 있어?"

　이런 말 참 많이 한다. 말 그대로 처음부터 잘하는 사람은 없다. 하지만 전쟁터 중의 전쟁터인 음식점 창업을 하는데 그런 생각으로 접근하면 굉장한 위험에 빠질 수 있다. 만약 이런 생각이라면 고민을 많이 해봐야 할 것이다.

　나는 3수 공대생 출신이다. 첫 대학에서는 기계설계학과를 다녔는데 디자인 측면에서 기계설계만 하는 줄 알았다. 제도용 펜으로 그리는 모습을 상상했다. 그런데 작업복 입고 밀링, 선반을 했다. 당연히 기계설계를 하려면 기계를 알아야 하니 실습은 너무도 당연한 학과 과정이었겠지만, 생각과 너무도 동떨어졌기에 자퇴를 했다. 정말 무기력하게 지낸 시절이었다. 어찌나 한숨을 많이 쉬었는지 친구들이 '한숨 맨'이라는 별명까지 붙였을 정도다. 일하다 놀다를 반복하다가 결국, 햇수로는 3수로 산업공학과에 들어갔다. 입시 전에 자세히 알아보지 않은 결과 2년을 허비하게 된 셈이다.

　어쨌든 자퇴 중이던 당시, 길을 걸어가다가 전봇대에 붙어 있는 레스토랑 구인광고를 보았다.

'오전 10시부터 오후 10시. 급여 90만 원. 주방보조 구함.'

그 길로 곧바로 레스토랑을 찾아갔다. 무섭게 생긴 주방장이 면접을 보면서 내일부터 출근하라고 했다. 다음 날 출근했더니 "1주일 동안 양배추 썰고 설거지만 해라"라고 했다. 초긴장 상태에서 썰었더니 두께도 엉망이고, 1주일 동안 칼에 베인 것만 예닐곱 번은 되었던 것 같다. 바쁜데 일도 못 하게 됐다고 혼날까 싶어서 안 볼 때 밀가루로 얼른 지혈을 했다. 칼에 베인 손으로 설거지를 했더니 엄청나게 쓰라렸고, 업소용 세제는 독하기 때문에 팔꿈치까지 세제독이 올라서 고통스러웠다. 테이블 40개 정도 되는 큰 레스토랑이라 음식량, 설거지 양 모두 어마어마했다. 허리가 끊어질 정도로 힘들었다. 더욱이 남자만 있는 주방이었던지라 그곳에서 주방장은 그야말로 왕이자 폭군이었다. 그는 계속 욕을 하면서 음식을 만들었다. 침 삼키는 소리도 내지 못할 정도로 조용히 설거지를 하고 있으면 저 멀리서 포크, 숟가락이 수시로 싱크대로 날아왔다.

한번은 동갑 나이의 홀 직원이 돈가스를 함박스테이크로 주문을 잘못 넣는 바람에 주방장이 바쁜 시간에 두 번 만들게 되었다. 그 친구를 부르더니 뺨을 힘껏 때렸다. 순식간에 일어난 일이고 "쩍" 하는 소리가 너무나 커서 숨이 멎을 것 같았지만, 태연하게 일을 하는 수밖에 없었다. 그런 일이 있고 나서 한 달쯤 후, 주방장은 나에게 피자를 만들 기회를 주었다. 주방장은 뒷짐을 지고 옆에 서서 지켜보았다.

나는 반죽을 떼내서 왼손으로는 상하로 계속 움직이고, 오른손으로는 대각선 2시 방향으로 늘려주면서 시계방향으로 돌리면서 늘렸다. 그러다가 도우가 찢어지기라도 하면 옆에서 보던 주방장이 그 반죽을 구겨서 쓰레기통으로 힘껏 집어 던졌다. 내 기억으로 1주일 동안 50개 정도는 버린 것 같다. 나중에 안 것이지만, 찢어진 도우는 반죽을 살짝 겹치거나 손톱만 한 크기의 반죽을 떼어와 붙여도 된다. 하지만 처음부터 제대로 배우도록 하기 위해서였을 것이다. 나 나름대로 긍정적으로 생각하려고 애썼던 기억이 난다. 그 주방장은 무섭고 화도 잘 내는 사람이었지만 그가 아니면 레스토랑이 돌아가지 않는다는 것도 이제 눈에 보였다. 사장님은 거의 모든 권한을 주방장에게 위임했고, 식재료 주문도 전부 주방장에게 맡겼다.

어느 날은 돼지고기와 소고기 간 것, 양파를 주문하는 것을 보았다. 두어 달쯤 지나니 주방장은 어린 내가 대견했는지 일하는 시간을 제외하고는 이런저런 이야기를 많이 해주었다. 다음 날, 주문한 식재료들이 왔다. 양파 1망을 전부 다지라고 해서 껍질 까고 씻어서 다지기 시작했는데, 말 그대로 죽음이었다. 양파 하나만 해도 눈물이 나는데 1망을 모두 다지자니 오죽했겠는가. 처음이라 그런지 최루탄과 맞먹는 느낌이었다. 하나하나 다지고 있는데, 주방장이 "비켜"라고 하면서 양손에 칼을 하나씩 잡고 다지기 시작했다. 처음 보는 광경이라 멋있기도 하고 경이롭기까지 했다. 온갖 재료를 넣고 반죽해서 숙성을 시킨 다음에 함박스테이크를 빚었다. 기억으로 230개 정도를 만

식당으로 대박 내는 법

들었다. 그걸 보고 나는 '엥? 이렇게 돈을 많이 번단 말이야?'라는 생각이 들었다. 왜냐하면 6,000원에 판매하는 230개의 함박스테이크를 만들기 위해 들어간 식재료비가 27만 원밖에 안 되었기 때문이다. 속으로는 '이거 대박이다! 세상에 이렇게 돈 버는 일이 있다니'라는 생각을 했다. 그 순간 '음식 만드는 주방장 말고 음식점 사장이 되어야겠다'고 마음먹었다.

훗날 음식점을 꼭 하겠다는 다짐과 함께 그곳에서의 반년에 걸친 주방보조 생활을 마쳤다. 스무 살 때의 그 경험은 많은 것을 생각하게 했다. 하지만 당시 내가 꿈꿨던 것과 현실은 엄청난 차이가 있다는 것을 첫 음식점을 운영하면서 뼈저리게 느꼈다. 레스토랑에서 생각했던 순이익과 실제 순이익이 너무 차이가 나는 것이었다. 그건 특정 품목의 식재료만 쳤을 때의 계산이고 그 외의 고정비, 비고정비, 각종 관리비, 인건비, 월세 등을 계산에 넣지 않았던 것이다. 이처럼 장점에 꽂히면 다른 상황이 눈에 들어오지 않는다는 점 꼭 알려드리고 싶다.

6개월 동안 주방보조 생활을 하면서 조리에 관한 것은 거의 배우지 못했다. 요리사가 아니기에 가르쳐줄 이유도 없었을 것이다. 다만 오전에 해야 할 일, 직원 식사를 해야 하는 시간, 점심시간이 되기 30분 전 체크해야 하는 것, 클레임의 종류, 매출 비중이 가장 큰 음식, 남는 음식 종류, 손도 안 대는 주변 찬, 손님들이 빠져나가는 시간, 사이드 메뉴의 판매량, 피크 타임의 범위, 피크 타임에 해서는 안 될 것 등을 간접적으로 알게 되었다는 것이 가장 큰 자산이다. 내 이름도 기억 못 할지 모르지만 이 지면을 빌려 채성범 주방장님께 감사드린다.

앞에서도 언급했다시피, 나는 음식과 전혀 무관한 공대생 출신이며 전문 요리 과정을 배운 적이 없다. 하지만 음식점 경험을 하면서 얻게 된 것이 많다고 생각한다. 글을 읽고 어떤 느낌이 드는지 모르겠다. 생각보다 쉽지 않다고 느끼는 사람, 해볼 만하다고 느끼는 사람, 두려움을 느끼는 사람 등 다양할 것이다. 분명히 말씀드릴 수 있는 것은 어떤 것이라도 좋으니 직접 경험해보라는 것이다. 주위에서 음식점 초보 창업자들을 지켜본 결과, 석 달 정도 지나면 굉장히 힘들어한다. 음식점이 돌아가는 생리를 모르는 상태에서 상상 속 순이익이 부풀 대로 부풀어 있기 때문이다. 관심은 오로지 포스에 찍히는 매출이다. 그러니 무슨 일이 생겨도 기쁘지가 않다. 기쁘지가 않으니 열심히 하기 싫고, 열심히 하기 싫으니 음식은 망가지고, 음식이 망가지니 손님들은 더 안 오고, 손님이 안 오니 매출은 줄어들고, 매출이 떨어지니 짜증이 폭발하는 악순환에 빠지게 된다.

삼성생명에서는 대출 상담사 중에서 실적 최상위 직원에게 '명인' 타이틀을 부여한다. 지인 중에 김해 지역 담당자 김훈경 명인이 있다. 그는 거의 10년에 걸쳐 수많은 직업을 경험했다. 한국감정원에서의 인턴생활, 세 군데 회사의 자동차영업, 부동산 개발 및 시행회사 근무, 분양대행회사 근무, 그리고 공인중개사 자격증을 획득하면서 각종 부동산 관련 지식도 갖췄다. 처음부터 대출 업무를 최종 목표로 삼고 달려온 것은 아니지만, 흩어져 있는 각각의 조각을 한데 붙이자 엄청난 자양분이 되었던 것이다. 영업회사에서 배운 고객과의 관계 형성은 플러스 요인이 되었다. 또 부동산 소장님과 원활하게 지내다 보니 대출상담 의뢰가 지속적으로 들어오게 되었다. 그는 내가 영업 챔피언을 하고 있을 당시 내가 살던 아파트 놀이터로 거의 한 달간이나 찾아와, 가상의 롤 플레이를 각색해서 끊임없이 요청하기도 했다. 그런 그의 열정이 기억난다. 그런 경험들을 하나도 버리지 않고, 하나하나 쌓고 쌓아서 현재는 연봉 3억의 상담사가 되었다. 열정과 경험 두 가지만 있으면 무엇이든지 가능하다. 열정은 초심과 연결되기 때문에 그는 아직도 자만하지 않고 손편지, 간식거리 등을 준비해서 다닌다고 한다.

평범한 일이라도 직접 경험해본 일들은 모두 소중한 자산이라 생각하고, 다른 경험을 또 담아내야 한다. 그 과정을 지속적으로 거치고, 직접 느껴봐야 내가 하고 싶은 일의 목표와 방향을 잡을 수 있다. 음식점도 마찬가지다. 어떤 형태의 일이든 직접 겪고 경험해봐야 음식점 운영에서 자신감이 생길 것이다.

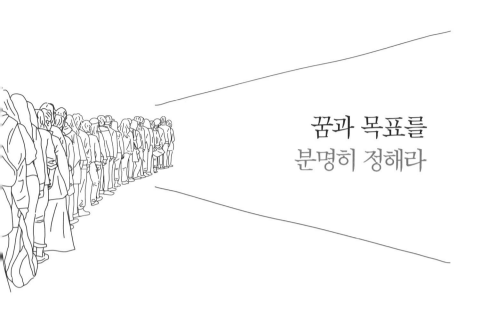

꿈과 목표를
분명히 정해라

음식점 창업을 로또처럼 단기간에 인생을 역전시킬 수단으로 생각하는 사람이 많은 듯하다. 물론 영업력이 굉장히 뛰어나거나 친화력이 좋은 사람들은 그 시간을 충분히 단축시킬 수 있을 것이다. 생활정보지를 한번 살펴보면 대박을 못 잡는 사람들이 어리석게 보일 만큼 아이템이 넘치고 넘친다. 성공사례는 어찌 그리 많은지 성공 못 할 이유가 하나도 없어 보인다. 예를 들어 정말 품질 좋은 '쓰레기 분쇄기'가 있다고 하자. 대리점 형태로 납품하게 될 경우 돈을 벌 수 있는 구조가 만들어져 있다면? 그렇다 해도 일반인이 그 일을 선택할 확률은 높지 않을 것이다. 아니, 아마도 거의 없을 것이다. 자신과 관련

식당으로 대박 내는 법

없는 장르의 제품이기 때문에 거리감이 느껴지는 것이다. 그러면 음식점은? 모르는 상태라는 점에서는 똑같지 않은가? 하지만 음식은 늘 접하고 먹는 것이기 때문에 '쉽다, 할 만하다, 만만하다'는 생각을 한다. 함정 중의 함정이다.

TV를 보면서 알게 된 분이 있다. '샌드위치의 대부'로 불리는 사람, 정주백 대표다. 화장품회사 영업사원 출신으로 영업에 자신이 있어서 직장을 뛰쳐나왔다. 잘못된 선택이었다고 느끼는 데까지 걸린 시간은 6개월이 채 안 됐다. 접대 영업에 지친 그는 '갑'이 되고 싶어서 일을 그만두었고, 그간 알고 지내던 술집 상무들에게 과일을 납품했다. 승승장구하는가 싶었지만 오래가지 못했다. 상무들이 일하는 곳을 이리저리 옮겨 다니다 보니 외상값을 받지 못한 것이다. 집을 날리고, 이혼하고, 부모님은 돌아가시고, 곁에는 코흘리개 아이들 둘만 남았다. 길에서 빵도 팔아보고, 식당에 김밥도 납품하려 해보면서 남의 공장 지하에서 아이들과 생활했다. 재기하고자 발버둥 쳤지만, 느는 건 빚밖에 없었다고 한다.

답답하게 지내던 어느 날, 잡지에서 '샌드위치 달인'을 보게 되었다고 한다. 집 근처 여관방에 그를 모셔와 전수를 받았는데, 약속한 강사료를 지급하지 못해서 한겨울 시장 바닥에서 무릎을 꿇는 서러움을 겪었다. 우여곡절 끝에 만들어낸 샌드위치에다가 영업사원의 마인드를 더했다. 대학교 구내식당에 찾아가서 '외상납품'을 조건으로 제시했는데, 반응이 뜨거웠다. 다른 대학교도 찾아가서 똑같이 영업했는데 굉장히 잘 팔렸다. 마침내 입소문을 듣고 서울 소공동에 있는 모 호텔에서 납품을 제안해 왔다.

"그때 이런 생각이 들더라고요. 한 분야에서 10년은 해야 진정한 전문가가 될 수 있고 무슨 일이든 맥을 잡아갈 수 있다고요. 문리가 트인다는 말이 있잖아요? 조급한 마음에 이 일 저 일 일고여덟 번이나 아이템을 바꿀 정도로 쉬 포기한 것이 문제였음을 그제야 깨달았다고나 할까요."

그의 말을 들으면서 한 번에 이루어지는 것은 없다는 진리와 꿈이 있어야 목표를 이뤄낼 수 있다는 사실을 알게 되었다.

그는 명함에 자신만의 포부를 이렇게 적어놓았다. "첫째, 세계를 지향하는 국내 최고의 샌드위치를 만드는 사람. 둘째, 성공적인 창업을 꿈꾸는 사람들을 돕고 일자리 창출을 도모하는 사람. 셋째, 안전한 먹거리를 만들기 위해 부단히 노력하는 사람이 되는 것이다."

샌드위치 제조공정에 쏟아 붓는 돈이 어마어마하지만, 한 번도 재투자를 망설이거나 아까워하지 않았다고 한다. 재투자 없이는 발전도 없다는 사실을 알았기 때문이다. 돈 한 닢을 손에 쥐는 것보다 조금 더 멀리 내다보고 도전하는 것. 그것이 샌드위치 대부가 된 방법이라고 한다.

시크릿이니 버킷리스트니 하는 것들도 결국 '꿈과 목표'를 위한 것

식당으로 대박 내는 법

이다. 가짜 꿈과 진짜 꿈을 구분하라. 돈 버는 것이 솔직한 목표이면서 '장인이 되고 싶은 척'해서는 안 된다. 반대로 '음식 장인이 되는 것'이 꿈이라면 돈에 연연하지 마라. 연구는 하지 않으면서 장사만 잘되길 바라는 것도 가짜 꿈이다. 스스로와 싸워야 한다. 진짜 꿈을 찾기 위해서 말이다. "꿈만 꾼다고 되는 건 아니다"라고 반박할 사람도 많을 것이다. 맞는 말이다. 그 또한 모든 사람에게 통용되는 것은 아니니, 신경 쓸 필요 없다. 꿈은 절충하는 것이 아니다. 다른 건 몰라도 꿈만큼은 폭식해도 된다.

30대 이상 되는 독자라면 "동창회 나갔더니, 학교 다닐 때 아무것도 잘하는 것 없던 누구는 성공해서 벤츠 타고 왔더라"라는 이야기를 들어본 적이 있을 것이다. 직접 듣고 나서 담배를 뻑뻑 피웠거나, 이야기를 건네들었거나 둘 중 하나다. 스스로에게 물어보자.

"왜 그 동창회 이야기의 주인공이 나 자신이 되면 안 되는 걸까?"

대출금도 얼른 갚고 싶고, 자동차도 사고 싶고, 돈을 좀더 여유롭게 쓰고 싶어서 시작한 것이라면 솔직하게 그 목표에 맞추어라. 그게 목표라면 음식을 단순한 사업 아이템으로만 봐라. 그 자체가 잘못된 것은 아니다. 다만 어떤 형태든지 '빅 픽처'를 그려라. 돈을 못 벌어도 메이저리그에 가는 것이 꿈인 선수가 있고, 돈을 제대로 못 벌게 해주지 않는다면 국내에 남겠다고 고집하는 선수가 있다. 누가 맞고 누가 틀리냐의 문제가 아니다. 어떤 선택이든 모두 중요하고 그 자체로도 가치

있는 일이다.

평소 외식업과 관련된 대화도 많이 나누고, 배울 점이 많은 외식업 선배가 있다. 치킨커플 이병진 대표다. 그는 부산과 경상도에만 30개 이상의 가맹점을 보유하고 있는 치킨 프랜차이즈회사를 만들었다. 대학 졸업 전 국내 굴지의 건설회사에 특채로 입사하였으나 IMF가 터지는 바람에 일을 그만두게 되었다. 그러고는 외식업의 '외' 자도 모르는 초년생으로 세계적인 치킨 브랜드 회사에 신입사원으로 입사했다.

그때부터 매니저, 점장, 마케팅, 홍보, 점주를 거치는 동안 전문적인 프랜차이즈 시스템을 만들어왔다. 이미 13년 전부터 '치킨커플'이라는 상호 작업을 해놓고 그 꿈과 목표를 향해 한 걸음씩 도전해왔다. 마침내 열정과 도전으로 1년 6개월 만에 중국에서 320개의 가맹점을 만들어내는 말도 안 되는 저력을 보였다.

그는 현재 '프라이드치킨 같은 오븐구이치킨'이라는 콘셉트로 열풍을 일으키고 있다. 몇 년 뒤 미국에서 트랜스지방을 사용한 음식 판매를 금지하게 된다. 국내에서도 곧 비슷한 법안이 나올 것으로 판단하여 미리 안전한 먹거리를 제공하기 위해 준비해온 것이다. 여기에서 그치지 않고 세계적 브랜드로 성장시키기 위해서 중국 회사와 합작하여 사업을 전개하고 있으며, 다른 브랜드도 만들어 도약 중이다.

대표님께 아무리 물어봐도 '도전'과 '열정' 말고 성공의 방법은 없다고 한다. 하나만 더 알려달라고 부탁하니, 회사 재직 시절 동료들보다는 좀더 열정적이고 도전적인 시각으로 바라보는 것을 생활화했던 것이 큰 도움이 되었다고 한다.

'돈을 벌어야겠다'가 목표라면 세트 메뉴 구성을 더 알차게 하고, 사이드 메뉴를 만들고, 쿠폰을 제공하고, 광고하고, 배달하면 될 것이다. '최고의 음식을 만들겠다'가 목표라면 끊임없이 연구해야 할 것이다. 꿈과 목표에 수준이라는 건 없다. 꿈과 목표가 있다는 자체만으로도 매력적인 일이지 않을까. 나는 최근 《보물지도 4》를 읽고 많은 것을 배웠다. 당신도 책을 읽으면서 꿈과 목표를 그려보라. 지금은 백 가지 조리법보다 작은 꿈 한 점, 목표 한 조각을 찾는 것이 훨씬 더 가치 있는 일이다.

자기계발서를
최소 열 권은 읽어라

　자기계발서는 저자들이 '성공을 이룬' 시점에서 쓴 글이다. 성공하고 나서 과거의 경험들을 쓰기 때문에 정확하게 기술되어 있지 않은 경우도 많다. 그리고 핵심을 알려주지 않고 돌려 말한다는 느낌도 많다. 주요 단어는 꿈, 목표, 긍정적 마인드, 반복된 실패, 독서 등으로 구성된다. 이렇게 구성된 자기계발서를 읽고 독자들은 자극, 반성, 동감, 응원, 시기, 질투, 자괴감, 상실감 등을 느낄 것이다. 그래서 자기계발서를 읽은 분들은 의견이 두 갈래로 나뉜다. 하나는 도움이 된다는 부류이고, 나머지 하나는 전혀 도움이 되지 않는다는 부류다.

　도움이 되고 안 되고를 떠나서, '성장할 수 있는 동력을 한번 만들

식당으로 대박 내는 법

어보도록' 기회를 주는 것이 자기계발서라고 생각한다. 예를 들자면 수백억대 음식점 대표가 쓴 자기계발서를 보면서 비슷하게 따라 해보는 것이다. 그렇게 노력하면서 지냈더니 십억대 음식점 대표가 되었다면, 이건 분명히 도움이 된 것이다. 매출의 숫자를 빼고 보더라도, 노력하고자 마음을 먹었다는 자체만으로도 큰 도움이다. 그중에서도 구체적으로 이야기하자면 "막연한 불안감을 없애는 데 도움이 된다"는 것이다. 기껏해야 '만 몇천 원밖에 안 되는 종이묶음'이지만, 나의 마음을 흔들 수 있다면 그만큼 영향력 있는 것도 없다. 3수 공대생인 내가 음식점으로 살아갈 수 있는 것은 순전히 음식 관련 도서와 자기계발서 덕분이다.

성공한 모델을 따라 똑같이 열심히 했는데도 현실이 바뀌지 않으면 자괴감과 상실감에 빠지게 된다. 모든 사람이 부와 성공을 거머쥘 수 없는 시스템인데 누구나 가능한 것처럼 이야기하는 것이 자기계발서의 부정적 측면이다. 하지만 이 정도의 방법론도 없다면 "어디에다가, 얼마만큼의 노력을 해야 어느 정도 이루어진다"는 간접 경험은 도대체 어디서 쌓을 수 있겠는가. 주변의 대박집 사장님들이 지나가는 나를 불러세워 놓고 일대일로 성공 비법 강의를 해주지 않는 다음에야, 알 방법이 없다.

처음에는 이 제목을 정하면서 자기계발서에서 보았던 괜찮은 사례들을 쭉 나열하려고 생각했다. 그렇지만 찬찬히 생각해보니 '그것 또한 기술적인 부분이 아닌가' 하는 생각이 들었다. 자기계발서에서 얻어야 하는 것이 "얼마 만에 얼마를 벌었다더라"가 아니기 때문이다. 경쟁을 위한 경쟁은 수명이 짧다. 토끼와 거북이 경주에서도 토끼가 진 이유는 달리기 자체가 아니라 '거북이와의 경쟁'이었기 때문이다. 거북이는 완주가 목표였다. '경주'라는 자체로 볼 때는 거북이가 콘셉트를 정확하게 잡은 것이고, 그래서 이길 수 있었던 것이다. 늦게 시작했다 하더라도 겁먹을 필요 없다는 얘기다. 오히려 늦었다고 자책하는 사람에게는 "그렇다면, 몇 살에 시작해야 안 늦은 겁니까?"라고 묻고 싶다.

취업, 돈, 창업, 미래는 항상 불안감과 함께 온다. 그럴 때마다 이런 말들로 자기암시를 해보자. 분명 도움이 될 것이다.

"잘될 거야. 걱정하지 마."

"나쁜 일이 일어난다고 해도 해결책이 있어."

"도와줄 사람도 있어."

"난, 지금까지 문제들을 다 해결해왔잖아."

자기계발서에는 어렵게 살아온 과정이나 실패와 극복의 과정, 삶의 고찰, 꿈과 목표의 정립이 잘 나와 있다. 음식점을 만드는 것 자체는 작은 일이다. 음식점을 운영하는 것이 더 비중 있는 일이다. 인테리어 공사를 시킬 때 일하시는 분들 옆에서 지켜보는 것만이 열심히 하는 것은 아니다. '내가 음식점을 하는 이유는 뭐지? 바라는 목표는 뭘까?' 이런 점을 생각하는 것이 훨씬 더 큰 도움이 된다. 그리고 자기계발서를 특정 형식으로 한정 짓지 말았으면 좋겠다. 사람에 따라 소설책이나 만화책에서 더 큰 걸 얻기도 하는데, 그러면 그 책도 자기계발서가 아니고 뭐겠는가.

'36,2,0,60'

국민 만화가 허영만 화백의 〈식객〉 1권에 나오는 제목이다. 외관과 인테리어를 제대로 한 곰탕집에 손님이 없어서 진수 기자와 성찬이가 컨설팅을 해주다가, 성찬이가 두 분을 데리고 서울 명동에 있는 곰탕집인 '하동관'에 가서 그 해답을 찾는 내용이다. 만화에서 하동관 주인은 '36,2,0,60'이라는 메모를 건네고 답을 찾으라고 한다. 답을 빨리 찾으려고 하는 진수 기자에게 성찬은 이렇게 말한다. "모든 일은 성급하게 하면 안 돼요. 기사도 빨리 쓰면 허점이 보일 테고 음식도 서둘러서는 맛을 낼 수가 없어요. 덧셈 뺄셈 실력한테 인수분해를 가르칠 수 없잖아요. 적어도 곱셈, 나눗셈 정도는 해야지."

쪽박집 사장과 진수 기자는 나름대로 연구한 결과 '36'과 '2'의 의미는 알아냈다. '36'은 '어린 소를 곰탕 재료로 쓰면 풍미도 없을뿐더러 고기가 풀어져 버리고, 나이 든 소는 육질이 질기니까 36개월 된 소를 써야 한다'는 것이었고, '2'는 '끓이고 식혀서 기름기를 제거하는 과정을 2번 한다'는 뜻이었다. 하동관 사장님은 그들의 열정에 뿌듯해 하면서 남은 두 개를 알려주신다. '0'은 인공조미료를 안 쓴다는 것이다. 장사를 처음 시작할 때는 인공조미료가 없었던 시대였다는 설명이었다. 그리고 '60'은 60년 세월의 맛이라고 했는데, 만화책이 나온 지 10년이 넘었으니 이제는 '70'이겠다.

〈식객〉 영향으로 음식업을 선택한 분들도 많을 것이다. 나 또한 음식업을 결정하는 데 하나의 계기가 되었고 '좋아하는 것을 잘할 수 있는 것으로 바꾸자'는 다짐을 하게 되었다. 그래서 다음 날 버스를 타고 하동관에 가서 곰탕을 먹었다. 10년이 지난 지금 생각해봐도 '대단한 음식'이다. 대한민국 음식점 중에서 종류 불문하고 넘버원은 바로 하동관의 곰탕이다. 나 혼자 그러는 게 아니고 전문가분들도 그렇게 이야기한다. 이 곰탕의 맛은 유사한 곳이 단 한 곳도 없다. '세월이 지나도 손님들에게 찬사를 받는 음식점이 되려면 이렇게 해야 하는구나'라는 생각을 하게 되었다. 책에서 본 하동관을 방문한 일이 나의 음식점 운영에서도 큰 자산이 되었다.

자신이 만든 음식은 자신이 안다. 나로 말하면 '내가 만든 보쌈이 어느 정도 수준인지 스스로 안다'는 말이다. 유명하다는 보쌈집을 다녀보면서 그 기준을 잡았다. '이 정도를 만들어내면 손님들이 좋아하는구나.' 나중에는 나의 기준을 밀고 나가면 되지만, 초반에는 그런 과정도 필요하다. 그런 과정도 없이 나의 기준만 밀었는데 손님들이 외면하면 그때 어떻게 할 것인가? 만약 거기에 대한 해결책이 준비되어 있다면 밀고 가는 방법도 좋을 듯하다.

나는 우리 주방 직원들에게 "사장님은 다른 음식점 사장님하고는 다릅니다. 책 보고 연구하는 사장님은 한 번도 못 봤습니다"라는 이야기를 가끔 듣는다. 여기저기 음식점을 다니던 직원들이 나에게 그런 말을 한다는 것은 다른 음식점의 사장님들은 그렇게 안 한다는 것 아닌가. 간단하게 정리해보자. 자신이 만든 음식을 가끔이라도 연구하고 보완하고, 연구하고 보완하고 하다 보면 더 나아질 것 아닌가. 이런 생각을 계속 이어나갈 수 있게 해주는 것이 책이다. 정독을 하든지 속독을 하든지 중요하지 않다. 자신의 배움을 위해서 책을 펼친다는 자체가 성장하는 길이며, 두려움과 불안감을 없애는 길이다.

대한민국 성인이 1년 동안 읽는 책이 평균 0.8권이라고 한다. 1년에 한 권도 제대로 못 본다는 것이다. 그런 상황에서 장르까지 따진다면 자기계발서는 아마도 0에 가까울 것이다. 어떤 문제가 있을 때 어떤 과정을 거쳐서, 어떤 어려움을 겪은 다음, 어떤 방식으로 극복하는지 가늠해볼 수 있는 도구 자체가 없다는 말이다. 장사 그럭저럭 하는 인근 사장님들과 이야기하고 술 마신다고 문제가 해결되지 않는다. 책을 읽어야 한다.

열 권을 읽는 방법은 간단하다. 한 권부터 읽으면 된다. 가장 쉬운 제목의 자기계발서를 한 권 들고 읽다 보면 덤으로 "이런 음식을 이런 방식으로 만드는 음식점을 해야겠다"라는 자신감까지 생길 것이다.

불안감이 없어지는 것이 가장 큰 소득이다. 적어도 나는 그랬다. 이 문제의 답만큼은 사람보다는 책이 준다.

■ 최근에 도움이 되었던 자기계발서

- 폴 J. 마이어, 《폴 마이어의 아름다운 도전》
- 김중근, 《궁하면 변하고 변하면 통한다》
- 김태광, 《실패했다 그래서 성공할 것이다》
- 공병호, 《공병호의 공부법》
- 이수진, 《리스타트》
- 임원화, 《스물아홉, 직장 밖으로 행군하다》
- 김우선, 《어떻게 나를 차별화할 것인가》
- 권동희, 《미친 꿈에 도전하라》
- 장샤오헝, 《마윈처럼 생각하라》
- 양지숙, 《운이 따르게 하는 습관》

음식점 고수를 찾아가
배워라

계급사회는 아니지만 수준의 차이로 사람을 구분하자면 '고수, 중수, 하수, 시민, 평민'으로 나뉜다. 음식점 운영 고수들이 볼 때 초보 창업자는 '피라미 중에서도 피라미'다. 아무리 고수분들을 찾아가서 가르쳐달라고 해봐도 "에헴, 손에 쥔 것을 놓치면 안 되는 법이라네" 같은, 동화책에나 나올 법한 이야기만 듣고 올 것이다. 워낙 수준 차이가 나기에 처음부터 일일이 알려주기가 어렵기 때문이다. 그리고 '별것 없다'는 식으로 접근하는 사람을 정확하게 알아보고 외면한다. 예의 없게 행동하거나 빈정대기 시작하면 고수는 영영 못 만난다. 만나더라도 얼굴 마주 해본 것으로 끝이다. 강연회나 세미나에 가보면

'명함 뿌리는 것'을 인맥인 줄 알고 그것만 하는 사람들이 있다. 전부 폐기다. 왜냐하면 고수는 당신이 누군지도 모르고, 알 필요도 없기 때문이다.

음식점에서 고수는 수십 년 동안 그 음식 하나로 온갖 풍파를 겪은 사람들이다. 고깃집을 운영하는 사장님들은 관절이 성한 곳이 없다. 특히 어깨와 팔목 부분은 거의 다 부서졌다고 봐도 무방하다. 음식을 혼자서 연구할 자신이 없으면 고수를 찾아가라. 고수를 찾아가라고 한 것이지 공짜로 알려줄 거라고 말한 건 아니다. 30년 동안 연구해서 만든 음식 조리법을 인사 몇 번 하고 허리 몇 번 숙였다고 줄 수 있겠는가? "나 같으면 그냥 알려주겠다"고 이야기하는 사람도 있을 것이다. 하지만 이런 이들일수록 다른 이들에게 제대로 된 무엇인가를 한 번도 줘본 적이 없는 사람이다.

나로서는 '홀로 직접 만들어내는 것'에 대한 가중치가 가장 컸기 때문에 홀로 하는 방법을 선택했다. 그래서 음식점 고수뿐만 아니라 누구에게도 찾아가 배운 적은 없다. 물론 가끔 다른 음식을 공부하기 위해 요리학원에 가보긴 한다. 하지만 시간을 아끼려면 절대 나처럼 홀로 고민하면서 시간적, 체력적 낭비를 하지 말기 바란다. 인생에서 시간보다 아까운 것은 없기 때문이다. 배울 수 있는 곳은 모두 찾아가서 배우는 게 좋다.

전수기간을 정해서 배우는 방법, 처음부터 끝까지 배우는 방법, 조리법만 받아오는 방법 등 여러 가지가 있다. 얼마를 줘야 가르쳐줄까? 그런 것도 가늠을 잘 해서 제안해야 한다. 그리고 절실하게 매달려라. 절실하게 다가가면, '고생을 경험했던 성공한 사람'들은 흔들린다. 자신의 과거가 떠오르기 때문이다.

독자분들에게 굉장한 선물을 하나 드려야겠다. 무료로 조리법을 알려주는 전국구 대박집이 있다. 전남 담양에 있는 돼지갈비로 유명한 '승일식당'이다. 딱 한 번 가본 적이 있는데 사람이 미어터진다. 실제로 김갑례 대표를 만나서 부자가 된 분들도 많다고 한다. 이 사장님은 조리법을 그냥 가르쳐주신단다. 30년 가까이 고기를 구워냈고, 연 25억 매출을 올리고 있으니 아깝지 않으신가 보다. 절망의 구렁텅이에서 빠져나와 만들어낸 돼지갈비라서 그런지 노력하는 이들에게는 주고 싶어 하시는 듯하다. 그런데 중요한 점이 있다. 이 돼지갈비는 시스템을 못 갖추면 말짱 도루묵이다. 연구는 직접 해야 할 것이고, 그 정도 연기면 주변 가게에서 민원이 들어와 폐업까지 고려해야 할지도 모른다. 집진기를 달아도 연기를 다 빼낼 수 있을지 모르겠다. 숯불에 구워내는 돼지갈비 시스템은 도심지에서는 어렵고, 외곽에서나 가능하다. 하지만 불가능은 없는 법이니 이런 것도 있다는 것 정도만 알려드린다.

'외식업계의 황태자'로 불리는 백종원 대표는 SBS 〈백종원의 3대천

왕〉에서 김제에 있는 제육볶음집을 찾았다. '명천슈퍼'라는 곳이다. 2년 전에 혼자 가본 적이 있는데, 당시 너무나 특이해서 밖에서 한참을 봤던 기억이 난다. 4시쯤 갔었나. 혼자서 먹었는데 정말 혼자 먹기 아까운 맛이었다. 아주머니 두 분은 잠을 청하셨다. 지금 생각하면 우스운데, 깨실까 봐 조용조용히 먹고 나왔다. 맛보는 거라면 일가견이 있는 백종원 대표도 이 제육볶음을 먹고 바로 이렇게 말했다. "여기서 일하고 싶다!" 이게 무슨 말일까. 음식점 주인에게 부탁하고 부탁하면 조리법을 배울 수도 있다는 말이다. 돈을 주고 배우든, 일을 하고 배우든 어쨌거나 가능한 일이다.

주인장의 성향이나 가치관에 따라서 가르쳐줄 수도 있고, 안 가르쳐줄 수도 있다. 가르쳐주지 않는다면 사례금을 드리는 것으로 다시 이야기해볼 수도 있다. 세상에 공짜는 없다는 사실 잘 알지 않나. 오랜 시간 연구한 것을 달라는데 흔쾌히 내주는 사람이 얼마나 되겠는가. 실제로 주변에도 전수비용을 들고 가서 배운 후에 대박 난 가게들 꽤 있다. 체인점을 하면서 교육받는 방법이 있고, 전수창업으로 받는 경우도 있다. 전수창업은 '음식 만드는 방법만 전수하고 상호는 사용하지 못하는 것'을 뜻한다. 나 또한 두 가지 방법 모두 하고 있다. 찾는 사람의 성향도 제각기 다르기에 자신에게 필요한 것을 정확하게 파악한 다음 의뢰하는 것이 간결하면서도 정확한 방법이다.

좀더 저렴하게 배우는 방법은 요리 아카데미의 창업반이다. 물론 음식만 배우기에 이후 문제에 대해서는 누구도 도와줄 수 없다. 장점은 빨리 배운다는 것이고, 단점은 실제 조리기구와 조리 방법에 차이가 있다는 것이다. 아카데미에서는 가정용과 업소용 중간 형태의 조리기구를 사용한다. 사이즈도 그렇고 화력도 그렇다. 그래서 요리 아카데미에서 배운 음식은 음식점용 조리법으로 다시 연구해야 한다. 하지만 혼자 음식 만들면서 시행착오 겪는 것보다는 훨씬 빠르게 습득할 수 있으니 무조건 음식점에서 전수받으려 하지 않아도 된다. 어쩌면 음식만큼은 요리 아카데미 원장님들 중에 고수가 더 많을 수도 있다. 시연할 때 잘 보고 있다가 끝나고 나면 궁금했던 점을 질문하여 자기 것으로 만들어야 한다.

여기서 궁금증이 생기지 않는가? 도대체 고수들의 음식과 초보 창업자들의 음식에 어떤 차이가 있기에 한쪽은 대박이고 다른 쪽은 쪽박일까? 핵심이 되는 식재료가 다르고, 만드는 과정이 절대적으로 다르기 때문이다. 감자탕으로 예를 들 것이니, 차이점을 잘 살피길 바란다.

우선 초보. 등뼈와 목뼈를 물에 담그고 핏물을 뺀다. 큰 냄비에 물을 받고 등뼈와 목뼈를 넣고 끓인다. 각종 양념을 넣는다. 우거지를 넣는다. 2시간 동안 푹 끓여서 완성한다.

다음은 고수. 등뼈와 목뼈를 물에 담그고 핏물을 빼는 작업을 세 번 정도 한다. 큰 냄비에 물을 받고 펄펄 끓을 때 등뼈와 목뼈를 넣고 끓인다. 그런 다음 우거지를 넣는다. 그 우거지는 데친 우거지를 하루 전에 양념에 버무려서 숙성시켜놓은 것이다. 양념은 감자탕에 들어 가는 양념의 농도와 간이 4분의 1 정도 되게 한다. 맛과 간이 배게 미 리 작업해놓는 것이다. 각종 양념을 넣는다. 그다음이 핵심이다. 늙은 닭, 일명 노계를 넣고 같이 끓이면서 인삼차 두 봉을 넣는다.

고수들이 운영하는 대박집들의 조리법은 이런 데서 차이가 난다. 돼지고기에 전혀 상관이 없는 닭을 넣는다는 것. 엄청난 시행착오를 겪어보고 실험해보지 않았다면 상상조차 하기 힘든 식재료다. 그래 서 대박집에는 공부, 경험, 시행착오 이 세 가지가 곳곳에 숨어 있다. 조미료만 넣으면 된다? 조미료를 일정량 이상 넣으면 속이 메슥거릴 정도로 맛이 이상해진다. 고수들도 조미료를 일부 넣기는 하지만, 그 것이 주가 될 정도로 생각 없이 넣지 않는다. 다시 말해 쉬운 방법만 찾지 않는 것이다. 공부하지 않으면 음식점으로 성공할 수 없다. 눈 감고도 만들 정도로 연습하라.

단지 기분 좋게 들릴 말이 필요하다면 가까운 지인들에게만 의견을 물어라. 그게 아니라면 스스로 갈구하고 갈구하라. 간절함이 있어야 구해진다. 그렇게 구해야 진정한 내 것이 된다. '교육비와 겸손한 자세 만 갖추면 고수로부터 오랜 세월 만들어진 조리법을 얻을 수도 있다 는 사실'을 명심하고, 시간과 노력을 단축시킬 수 있다는 것에 감사하 라. 당구선수가 목표라면 프로 당구선수를 찾아가서 부탁하는 게 빠르고 정확하다. 동네 당구장에서 제일 잘 치는 아저씨한테 배워봤자 실제 프로 세계에서 통하는 샷과는 거리가 멀다. 단, 아무리 고수의 조리법이라도 너무 쉽게 얻지는 마라. 인생 선배들이 다 알려주셨지 않은가. "쉽게 배운 것은 쉽게 잊힌다"고 말이다.

대박집 세 곳,
쪽박집 세 곳을 분석하라

어쩌면 지금 하는 얘기가 초보 창업자들에게 가장 필요한 내용이 아닐까 싶다. 대박집을 방문해서 분위기, 음식, 장점, 단점, 내세울 수 있는 품목, 위험요소를 파악해봐야 한다. 거창하게 이야기하면 'SWOT 분석'을 해야 한다는 말이다. 단, 지난 경험으로 볼 때 대박집에서는 군이 약점은 찾으려 할 필요 없다. 두루뭉술하게 분석하지 말고, 철저하게 '잘되는 이유'만 찾는 것이 효과적이다. 쪽박집을 방문해서는 반대로 하면 된다. 즉, '안되는 이유'를 모조리 찾아내야 한다. 사장만 모를 뿐이지, 쪽박집이 된 데에는 분명 원인이 있다. 좀더 세부적으로 찾다 보면 의외의 수확을 얻을 수도 있다. 쪽박집에서 못 살

식당으로 대박 내는 법

린 요소를 내 가게에서는 살릴 수도 있기 때문이다. 그리고 대박집과 쪽박집의 차이점을 통해서 자신의 수준은 어느 정도인지 냉정하게 바라볼 필요가 있다. 중요한 것은 같은 업종의 대박집을 방문해야 한다는 것이다.

만인이 좋아하는 치킨집으로 알아보자. 수원 팔달구에 가면 '진미통닭'이 있다. 수원 통닭거리를 만든 주역이라 해도 과언이 아니다. 진미통닭의 이성희 대표를 통닭 대통령, '통통령'이라 부르고 싶다. 제발 믿어달라고 부탁해야 할 정도로 경이로운 매출을 기록한 곳이다. 최고 매출로 하루 2,000만 원을 올렸다고 한다. 통닭 1,500마리를 판 날의 매출이다. 2,000만 원 매출이 어느 정도인지 감이 잘 안 온다면, 그럭저럭 장사 잘되는 동네 분식집의 한 달 총매출이라 보면 된다. 이 집의 강점은 석유버너를 이용해서 화력을 세게 한 가마솥에 튀긴다는 점이다. 시작부터 답이 다 나왔다. 요즘 석유버너를 이용하는 치킨집을 본 적이 있는가? 그만큼 불편하기에 잘 사용하지 않는다. 또 하나는 가마솥이다. 계속 돌려가면서 튀겨줘야 한다. 일반적으로 사용하는 튀김기에 넣으면 간단하게 끝날 것을 집게를 이용해가면서 가마솥에서 튀기는 것이다. 순간화력이 높기 때문에 단 6분 만에 튀겨진다. 가마솥 앞에서 땀을 뻘뻘 흘려가며 튀겨질 때까지 계속 집게로 뒤집어서, 옆 가마솥으로 옮긴다. 옮긴 가마솥에서 다시 바싹 튀겨서 내준다. 바삭바삭해서 식감도 좋고 시간도 단축되니, 손님에게도 주인에게도 이득이다.

서울 종로구 부암동에 가면 서울 3대 치킨집으로 불리는 '계열사'라는 곳이 있다. 주말은 당연하고, 평일에도 대기자 명단이 꽉꽉 채워지는 닭집이다. '치킨계의 대모'라 불리는 박선옥 대표가 운영하는데 오직 프라이드치킨만을 고집하는 곳이다. 박 대표님은 "구운 소금과 청주를 이용해 간을 한다"고 노하우를 공개했다. 큰 스테인리스 통 안에 닭을 차곡차곡 쌓고 청주에 구운 소금을 녹인 물로 염지를 한다. 아무리 그래도 닭 한 마리에 2만 원이나 하는 곳은 이곳 말고 어디에도 없다. 하지만 손님들은 그 맛에 찬사를 보낸다. 치킨업계를 뒤흔든 염지 방법으로 그 많은 치킨집 중에서 단연 최고로 불리고 있다.

수유리의 '삼성통닭'도 대박집이다. 닭고기 육즙이 절대 밖으로 빠져나가지 않게 특제 파우더를 바르고 기름에 튀긴다. 튀기기 전 신선한 국내산 채소와 질 좋은 천일염으로 만든 특제 염지수에 생닭을 숙성시키는 과정은 필수요, 노하우다. 손영순 대표는 이렇게 말했다. "늘 같은 맛을 내는 것이 가장 중요하죠. 저는 저희 직원들이든 가맹점을 하려고 오시는 분들이든 조리 교육에 신경을 많이 써요. 신선한 국산 재료 쓰기, 위생적인 방법으로 조리하기는 기본이고 언제 찾아와도 늘 맛있는 통닭을 맛볼 수 있도록 한다는 것이 제 철칙이에요. 그 맛이 바로 39년째 제가 이 자리를 지킬 수 있었던 비법 중 하나이기 때문이죠."

　이렇게 나름의 방식대로 대박집을 선정한 다음, 직접 방문해서 분석해보라. 노트에 표를 그려서 세 곳을 비교하며 분석하는 것도 좋은 방법이다. 각각의 장점들을 나열하고, 특징들을 적어보고, 벤치마킹할 요소를 찾는다. 그리고 자신이 사전에 연구해둔 방식을 접목하기에 가장 적합한 매장을 고른다. 그렇게 최종 단계를 거쳐서 한 집을 선정한다. 이제부터는 그 집과 자신의 방식을 접목한다. 접목한 것을 양을 달리하면서 만들어본다. 이런 과정을 반복하면 된다. 물론 이 과정은 자신에게 완벽한 방법이 미리 준비되어 있다면 생략해도 된다. 그런데 창업을 해보기 전에는 자신의 방법에 미흡한 부분이 많다고 생각하고 접근하는 것이 훨씬 더 도움이 된다. 음식점 운영자들이 가장 흔히 저지르는 오류가 '내가 만든 음식이 최고'라는 착각이다. 성장하고 싶으면 인정하고, 멈추고 싶으면 거기서 만족하면 된다.

　쪽박집 세 곳의 치킨집에서는 장사가 안되는 이유를 찾아라. 매장에서도 찾고, 사장한테서도 찾아라. 무조건 명심하자. '안되는 이유'만 찾는다는 것.

　쪽박집 매장을 살펴보자. 이번에는 일반 음식점이다. 문이 열리는 시간이 들쭉날쭉하다. 12시부터 영업한다고 적혀 있는데, 음식준비가 10분 늦어져 손님이 기다린다. 입구에는 쓰레기가 굴러다닌다. 화장실 휴지가 언제부터 떨어졌는지 사장도, 직원들도 모른다. 세면대에는 물때가 잔뜩 끼어 있다. 계산대는 온갖 잡동사니로 뒤죽박죽이다. 테이블은 끈적끈적하다. 양념통에는 말라붙은 양념이 붙어 있다. 주문을 하고 나니 음식이 다른 테이블에 먼저 나간다. 지적을 했더니 무뚝뚝하게 "죄송합니다" 한마디 하고는 가버린다. 추가 주문을 요청하는데 주문받으러 바로 안 온다. 네 명이 '중' 사이즈를 주문하면 표정이 일그러지면서 "모자랄 건데요"라고 한다. 음식에 머리카락이 나온다. 지적했더니 직원이 와서 머리카락만 쑥 빼간다. 표정이 어둡다. 반찬은 메인 음식과 어울리지 않는다. 젓가락을 들고 아무리 살펴봐도 손이 가는 반찬이 없다. 음식은 조미료 맛이 너무 강하고, 특징이 없다. 그렇다고 가격이 저렴한 것도 아니다. 단 1%의 메리트도 없다. 손님이 나간다. 영수증을 한 손으로 건네준다. 별난 손님이었을 경우에는 나가고 나면 뒤에서 욕을 한다. 심지어 사장과 직원이 맞장구를 치며 욕한다.

흔히 볼 수 있는 단점이 이 정도다. 이런 점을 노트에 적어놓고, 그런 행동을 절대로 하지 않으려고 애써야 한다. 나아가, 반대로 해보려고 해야 한다. 그러면 모두 장점으로 바뀔 수 있다. 반면교사로 삼아야 할 것들이다.

이번에는 쪽박집 사장님들의 공통점을 보자. 우선, 그들은 장사가 안되는 이유를 너무도 완벽하게(?) 알고 있다. 무슨 말이냐면 '오늘은 날씨가 이래서', '이번 주는 무슨 행사가 있어서', '어제 손님이 많이 왔으니까', '대한민국 경기가 이래서'라는 생각이 머릿속에 가득하다. 그리고 손님이 뭔가 얘기할라치면 자기 할 말 다 한다. 예를 들어 손님이 "오늘 닭이 좀 덜 튀겨진 것 같은데요?"라고 이야기하면, 곧바로 "여기서 더 튀기면 딱딱해져서 안 되는데요. 원래 닭은 좀 부들부들해야 맛있죠"라고 대꾸한다. 그러면 대부분의 손님은 이야기 자체가 싫어져서 가만히 있게 된다. 사장 말에 수긍한 것이 아니라 말해봐야 소용이 없다고 생각하는 것이다. 설령 자기 이야기가 맞다 하더라도, 사장이라면 그렇게 말해서는 안 된다. 실패할 수밖에 없는 이유를 스스로 만들고 있다는 사실을 그 자신은 모른다.

쪽박집 사장님들의 하루 일과를 보자. 어제 옆 가게 돼지갈빗집 사장과 술을 마셨다. 장사가 왜 이렇게 안되는지 모르겠다. 아니, 다 알겠다. 경기가 안 좋아서 그렇다. 이놈의 경기는 언제 풀릴지 모르겠다. 다람쥐 쳇바퀴 돌듯 아무런 진전이 없다. 점심때 손님이 없다. 무슨 일이 있나 싶어 주위를 몇 바퀴째 돌아본다. 다른 음식점도 손님이 거의 없는 것 같다. 많은 집은 또 많다. 확실히, 전체적으로는 없는 곳이 더 많다. 이제야 안심이 된다. 다행이라고 생각한다. 내 가게만 그런 것이 아니니, 이건 분명 경기 탓이다. 식용유 색깔이 너무 쉽다. 새 걸로 갈아야 하는데 갈아야 하는 타이밍을 놓쳤다. 내일 갈면 된다. 손님만 많이 오면 하루에 한 번씩 가는 것쯤은 쉽다고 생각한다. 자신이 직접 음식을 만들지 않는다. 반조리제품을 데워서 판매한다. 자부심이라고는 있을 수가 없다. 자부심이 없으니 음식에 마음을 담아서 손님에게 제공할 수가 없다. 음식을 만드는 것 자체가 어렵고, 귀찮다. 맛있다는 음식점에 가보는 것도 귀찮다. 실패를 경험하는 것은 운이 나빠서라고 생각한다. 계산기를 들고 식재료비와 매출에 대비해서 재료비의 비율을 계산해봤더니 지난달보다 5%가량 올랐다. 오늘부터 그 차액만큼 식재료를 줄이기로 한다. 손님이 설마 그런 것까지는 모를 거라고 생각한다. 이렇게 '의미 없는 음식점의 하루'가 365일 쌓여간다.

보통 음식점이 무너지는 것은 이런 과정이 누적되기 때문이다. 그렇게 되지 않으려면 대박집 세 곳에서는 장점을, 쪽박집 세 곳에서는 단점을 찾는 데 신경을 집중해야 한다. 그리고 음식점에서 일어나는 모든 일에 대해 가장 효율적인 방법을 찾고, 의지를 높이는 데 주력해야 한다.

전지 한 장에
사업 계획을 모두 적어라

계획을 잘 세우는 것은 매우 중요하다. 일, 사업, 창업 모두 계획을 잘 세워야 일이 잘 진행된다. 행동으로 옮기기 전 작업은 전부 계획에 들어간다. 머릿속에 떠오르는 모든 생각을 정리하면서 더할 것은 더하고, 뺄 것은 빼야 한다. 정리를 해놓지 않으면 나중에 갈피를 잡지 못하게 된다. 실패로 끝난 일들은 대부분 계획을 잘 세우지 못했기 때문이라고 판단해도 과언이 아니다. 계획을 만들어내고, 평가하고, 실천하기. 이 모든 것을 반복하는 작업이 눈앞에 보이게 손으로 그려내야 한다.

'구슬도 꿰어야 보배'라고 했다. 굴러다니는 정보들을 실제로 사용하려면 이 작업은 필수다. 경영활동을 원활하게 유지하는 방법이 'PDS 사이클'이다. 풀어서 보면 PLAN(계획), DO(실행), SEE(통제)다. 이 모든 요소가 반복되지 않으면 경영이 잘되긴 어렵다. 그중에서도 가장 앞에 '계획'이 없다면 아무 일도 일어나지 않는다. 도서관에서 책은 펼쳤는데, 이것저것 의미 없는 행동만 하다가 집에 오는 것과 같다. 열심히 공부했다고 생각하겠지만, 실제 한 것은 하나도 없다.

세일즈를 하는 분과 매출을 올려야 하는 음식점 사장님에게 계획을 세울 때 필요한 실질적인 노하우를 알려드리려 한다. 도대체 어떻게 영업해서 전국 챔피언이 되었는지를 말씀드리면 괜찮은 힌트가 될 것이다. 개척영업은 무형의 상품이든 유형의 상품이든, 말 그대로 약속되어 있지 않은 아무 곳이나 찾아가서 판매하는 영업이다. 여기에 벌써 함정이 있다. '아무 곳이나'라는 점이다. 아무 곳이나 아무 시간에 가도 된다는 것은 '언제라도 하면 된다'는 것으로 해석되기 쉽다. 나도 나중에 알았는데 내가 했던 방법과 다른 직원이 한 방법에는 차이점이 있었다. 단 한 명도 나처럼 하고 있지 않다는 사실을 알고 무척 놀랐다. 나는 '언제, 어디를, 어떤 순서로, 얼마만큼의 시간을, 누구에게 영업할 것인가'를 항상 메모했다.

오늘 움직일 곳을 장소와 거리별로 정리해서 전날 계획서에 다 적어두었다. 예를 들어 10장의 카드계약을 목표로 한다면 기본적으로 최소 5배수인 50명은 만나야 목표를 달성할 확률이 있다. 하지만 어떤 변수가 있을지 모르기 때문에 거기서 다시 50%를 곱한다. 다시 말해 75명의 손님을 만나서 설명해야 평균적으로 10개의 카드가 계약된다는 얘기다. 20명을 만나서 10개의 계약을 하는 경우도 있지만, 항상 대수의 법칙을 적용해야 하기 때문에 그런 경우는 예외로 분류하는 것이 정확하다.

75명의 가망고객을 만난다고 할 때, 1인당 설명시간은 고객에 따라 차이가 난다. 완벽한 거절을 할 경우에는 최소 5초, 약관을 끝까지 읽어보는 고객은 최대 30분까지 소요된다. 따라서 당시 내가 세웠던 원칙은 1인당 5분을 넘기지 않는다는 것이었다. 5분이 넘어가면 계약이 안 된다고 보고 마지막으로 임팩트 있게 마무리하고 자리를 떴다. 차량 이동시간, 영업 장소 내 이동시간을 고려했을 때 그렇게 해야 목표로 한 인원을 다 만날 수 있다. 꼭 계약할 것 같은 느낌 때문에 고객에게 시간을 뺏겨, 결국 계약을 못 하게 되는 경우도 무척 많았다. 그럴 때는 정신적 피로감과 시간을 소비했다는 생각 때문에 에너지 소모가 엄청났다.

그런 일을 나만 겪는 것은 아니다. 계약이 될 듯하다가 막판에 무산되는 상황을 몇 번 겪고 나면 한숨 쉬고, 담배 피우고, 계약하지 않은 고객을 욕하다가, 결국 일을 접는 직원들이 90% 이상이었다. 왜 이런 일이 생길까? 계획을 세우지 않고 일을 했기 때문이다. 계획이 없으니 목표가 없고, 목표가 없으니 집중을 못 하는 것이다. 목표가 생기면 종이에 적는 습관을 가져야 한다. 꿈과 목표는 적어야 이루어진다.

"열심히 하겠다"는 말은 마음에서만 통하는 말이다. 2002년 월드컵 당시 슬로건이었던 "꿈은 이루어진다"라는 문구를 접하고, 다들 여러 가지 꿈을 그려보았을 것이다. 13년이 지난 지금 이뤄낸 것이 얼마나 있는지 스스로 생각해보자. 특별한 사람을 제외하고는 후회하는 이들이 더 많을 것이다. 이제는 바뀌어야 한다. '사회가 알아서 변하겠지, 잘사는 날이 오겠지'라는 생각은 긍정적이라는 점에서는 좋다. 하지만 10년 전과 지금이 달라진 게 없다면, 앞으로의 10년 후도 달라질 게 없을 것이다.

보쌈집 계획을 세울 때 그렸던 순서대로 적어보겠다. 전지, 매직, 볼펜, 빨간색 사인펜을 준비했다.

우선 전지 중앙에 메인 음식을 담는 그릇을 매직으로 크게 그린다. 그릇 안에 보쌈김치, 무속, 절임무, 깨두부, 간장, 보쌈고기, 마늘소스 놓을 자리를 잡고 그린다. 품목에다 각각 화살표를 그려서 볼펜으로 기재한다.

- 보쌈김치(매일 작업, 큰 국자 1국자 분량, 쪽파, 통깨 고명)

- 무속(노란 국자 1국자 분량, 쪽파, 통깨 고명)

- 절임무(회사 이름, 담는 양 표시)

- 깨두부(○○상회, 하루 평균 ○모 예상, 금액)

- 간장(참기름, 굵은 고춧가루, 간장, 통깨, 설탕, 쪽파, 농도 중)

식당으로 대박 내는 법

- 보쌈고기(○○동안 삶기, 불 조절, 삼겹살, 전지살 사용 안 함, 색깔은 백색과 연갈색 중간)
- 마늘소스(생마늘이 핵심, 숙성, 매운맛 일부 제거, 농도는 죽보다 연하게)

이상과 같이 적고, 중요한 것은 빨간 펜으로 표시한다.

왼쪽 상단에는 달력을 오려 붙인다. 부동산 계약금·중도금·잔금 날짜 및 인수 날짜, 공사기간, 기물·집기 관련 및 간판 관련 작업시간을 체크해놓는다. 왼쪽 중앙에는 모든 식재료를 적고 매장과 관련된 사항을 적는다. 보안회사, 인터넷, 포장기계, 쓰레기 처리, 공산물, 야채, 고기, 청소업체, 커피, 정수기, 생활용품 등이 있다. 왼쪽 하단에는 직원 관련 사항이 어떻게 진행되고 있는지 체크한다. 오른쪽 상단에는 오픈 1주일 전 해야 할 일과 초도물량을 기재한다. 오른쪽 중앙에는 음식 관련 간단 조리법 또는 추가 예상 품목들을 기재해둔다. 오른쪽 하단에는 사야 할 비품들을 모두 적는다.

핵심만 요약해서 설명했는데, 실제로 적어보면 엄청나게 많다. 이 전지를 음식점 벽면에 붙여놓는다. 오가면서 필요한 것들은 볼펜으로 메모한다. 그리고 어느 정도 수정이 이루어지면 다시 깨끗하게 작성한다. 적어보면서 다시 한 번 익히고, 익히면서 마음의 여유를 찾는 것이다. 나는 이 방법이 불안감을 없애는 데에도 좋았다. 새 종이를 꺼내서 전에 했던 방법과 똑같이 반복한다. 서너 장 정도 작업하는 것이 가장 효율적이었다.

음식점 준비를 하다 보면 일이 굉장히 많다. 복잡하고, 돈도 계속 들어가고, 월세는 나가고, 감정 소모는 많고…. 어떤 날은 희망에 부풀었다가, 또 어떤 날은 괜히 시작했나 하는 고민이 되는 등 머릿속이 쉴 틈이 없다. 그렇게 어렵게 준비한 계획들은 실제 음식점 운영에서는 마중물일 뿐이다. 음식점 전체 운영을 100이라고 본다면, 계획부터 오픈 전까지의 작업은 비중으로 본다면 20 정도밖에 되지 않는다. 몸풀기 게임에 체력을 지나치게 낭비하다 보면, 본게임을 제대로 치르지 못할 수도 있으니 상당히 조심해야 한다.

여기에 전기·수도·간판 작업 등의 음식점 창업 과정에 대해서는 자세히 적지 않았는데, 그 부분은 창업 컨설턴트가 쓴 책들을 참고하면 될 것이다. 창업 준비와 장사는 전혀 다르다. 예를 들어 자동차 정비를 하려고 매장을 꾸며놓는 것은 어떻게든 진행되는 일이다. 핵심은 '자동차 정비를 어떻게 해서 손님을 얼마나 오게 하느냐'다. 주객이 전도되는 일은 없어야 한다.

간혹 "음식점 열심히 했는데 잘 안된다"고 이야기하는 음식점 사장님들이 있는데, 그중에는 오픈 전 작업 과정만 이리저리 바쁘게 준비한 것을 열심히 했다고 착각하는 분들이 많다. 냉정하게 생각해보라. 창업자 중에 가게 구하고 나서 오픈하기 전까지, 그 정도 노력도 하지 않는 사람이 몇이나 되겠는가. 계획을 정확하게 잘 세우라는 것은 '시간을 벌라'는 말이다. 거기서 번 시간으로 음식을 한 번이라도 더 만들어보고 조리법을 다듬고 다듬어야 한다. 음식점 창업은 인테리어부터 오픈 전까지의 작업을 말하는 것이 아니고, 그것이 목적도 아니다. 계획을 잘 세워야 한다고 하는 이유는 '오픈 후 진정한 음식점에서의 생활'이 기다리고 있기 때문이다. 빨리 전지 한 장부터 준비하자.

한 달 동안은
창업하려는 지역에 가서 식사하라

부동산업자를 창업 컨설턴트라고 못 부르게 법이라도 만들어달라고 하고 싶다. 그들을 깎아내리려는 뜻이 아니다. 부동산이면 전문 분야인 부동산에 매달려야 할 텐데, 음식 전문가처럼 이야기하는 경우가 하도 많아서 그런다. 그런 얘기를 들으면 아무것도 모르는 일반인들은 귀가 쫑긋해서 넘어간다.

"인근에 아파트도 몇 개나 되니 여기가 좋습니다. 무엇보다 맛만 있으면 어디서도 와요."

부동산업자들이 하는 말이다. 아파트 상권? 상권 중에서도 가장 어려운 상권이다. 그리고 아파트 사람들은 의외로 거의 손님으로 오지 않는다. 의심스러우면 자신이 어떻게 하는지를 떠올려보라. 집 근처에 외식하러 가는 경우가 얼마나 되는지. 게다가 아파트 상권이 어려운 이유는 '아줌마 부대'가 있기 때문이다. 꼬투리 하나 잡히면 동네방네 소문 다 날 각오하고 시작하는 것이 좋다. 그리고 아파트에도 종류가 있다. 맞벌이가 많은 아파트가 있고, 그렇지 않은 곳이 있다. 사람이 보인다고 해서 그들이 다 유동인구인 것은 아니다. 말 그대로 사람들이 그냥 흘러 지나가는 곳이면 '빛 좋은 개살구'다.

"거기 장사 잘된대."
"아이고, 손님 진짜 많더라."
이런 이야기를 듣고 계약하는 경우도 많다. 장사를 한 번도 안 해본 일반인들이 보는 손님의 숫자와 장사가 잘되는 경우의 실제 손님 숫자는 다르다. 식사하고 나오면서 "이 동네 돈은 다 긁어모으네요"라고 이야기를 했는데 사장님 표정이 일그러진다면, 한마디로 사장 염장 지른 거다.

수치상으로 한번 보자. 위치는 오피스 상권이고, 30평에 테이블 10개 기준이다. 테이블 10개 있는 매장에 손님이 25명 있으면 꽉 차 보인다. 주 메뉴는 5,000원짜리 소고기국밥. 오피스 상권이니 식사시간이 비슷비슷하다. 들어가고 싶지만 자리가 다 차 있다. 날마다 봐도 만석이다. 1시간이 끝나간다. 깔끔하게 2회전을 했다. 손님은 총 50명, 매출 250,000원이다. 1회전 더 해보자. 375,000원이다. 3바퀴가 돈다면, 오피스 상권에서는 대박집 중 대박집이다. 손님 75명을 치르려면 직원이 최소 주방에 두 명, 홀에 두 명이 필요하다. 아직 저녁이 남았지만 오피스 상권의 저녁 손님은 낮보다는 훨씬 적다. 각종 지출 다 제외하고, 375,000원은 순수하게 일수익이 얼마일 거 같은가? 90,000~95,000원이다. 한 달 하면? 285만 원이다. 밤에 낮 매출의 절반을 올린다면 420만 원 정도 되겠다. 그런데 수수료 및 카드값 정산일 때문에 실제로는 420만 원이 안 나온다.

이 예는 오피스 상권에서 장사 잘되는 가게를 기준으로 한 것이다. 이런 식으로 내가 창업하고 싶어 하는 지역의 음식점에서 손님 수를 체크하라. 오전 11시부터 오후 3시까지 총 손님 수를 파악하라. 그리고 인근의 또 다른 음식점에 가서 먹어보라. 손님 입장이 되어서 캐낼 수 있는 것은 다 캐내라.

"이 동네 처음 왔는데 사람들이 엄청나게 많네요."

이렇게 말을 걸면서 소소한 정보를 얻어라. 최소 한 달 동안은 형사, 탐정이 되었다 생각하고 움직여야 한다. 예상하는 창업 점포의 반경 300미터 안에 있는 음식점 중에서 '베스트 3'도 골라보라. 때로는 맛집 심사위원이었다가, 때로는 리포터였다가, 부동산업자였다가, 손님이었다가 다시 초보 창업자의 입장에서 살펴보는 것이 좋다.

"내가 팔려고 하는 음식이 여기서 통하겠는가?"라고 냉정하게 자문도 해야 한다.

식당으로 대박 내는 법

음식점은 이렇게 골라야 하고, 내가 창업하려는 곳에 가서 음식은 기본이요 공기 흐름까지도 파악해야 한다.

창업하고 싶은 아이템이 김치찌개라고 하자. 첫 번째, 주변에 있는 음식점 중 종류 불문하고 '찌개'가 가장 많이 팔리는 음식점을 고른다. 찌개의 농도, 간, 양을 충분히 기억한다. 종류는 다르지만 이 찌개보다 자신이 만든 김치찌개가 더 나은 점을 찾을 수 있다면, 자신감을 가져도 좋다. 그리고 곁찬을 살펴본다. 찌개와 가장 어울리는 반찬을 고른다. 그리고 반찬 개수를 파악한다. 들어가서 먹고 나오면서 계산할 때까지의 전체적인 느낌을 기억해두는 것은 더 중요하다.

그다음에는 상권 불문하고 '김치찌개'로 가장 유명한 집 세 곳을 뽑는다. 이곳에서는 전적으로 장점만 찾고 단점은 찾지 않는다. 벤치마킹하는 데 필요한 것만 습득하는 것이 효율적이다. 앞에서 이야기한 쪽박집과 대박집 분석 방법을 여기서도 적용하는 것이다. '긍정적 마인드'가 본격적으로 가동되어야 할 시점이다. 준비한 만큼 반응은 일어난다. 김치는 어떻게 만들고 있는지, 만들어진 제품을 납품받는 것인지 등을 수단과 방법을 가리지 말고 찾아내야 한다. 그리고 찾아냈다면 우위를 점할 수 있는 '나만의 방법'을 구상해본다. 이 과정을 거치고 3년 정도 연습해야, 그 대박집의 흉내라도 낼 수 있게 된다.

역으로 판단해보자. 당신이 만약 15년 된 김치찌개 음식점을 운영하고 있다면, 일반적인 방법으로 음식을 만들었겠는가? 연구하고 연구해서 뭔가가 다른 김치찌개로 만들지 않았겠는가? 그렇다면 답은 간단하다. 초보 창업자 역시 그런 과정을 거쳐야 유명한 음식점으로 성공할 확률이 조금이나마 올라간다는 얘기다.

대한민국 음식점의 음식 중에서 불멸의 조합이 있다. 바로 '돼지고기와 김치'다. 이 두 조합으로 음식점 장사를 못 하면 아무것도 하지말라는 말이 있을 정도로 두 조합의 맛은 사람들이 좋아한다. 이 두 가지는 언제 어느 때고 먹을 수 있는 음식이고, 계속 먹어왔던 음식이다. 소비자가 음식점에서 돈을 내고 사 먹는 가장 중요한 이유는 '집에서 만든 것보다 맛있고, 집에서 만들기는 어려운 음식'이기 때문이다. 시골에서 보내준 김치, 시원한 김치, 곰삭은 김치 등 각종 김치에 목살 텀벙텀벙 썰어놓고 끓여 먹어보지 않은 사람은 한 명도 없을 것이다. 그런 측면에서 보면 김치찌개는 레드오션 중 레드오션이다. 레드오션에서 살아남는 방법은 딱 한 가지다. '가치'를 더하는 것이다. 익숙한 형태로 제공되면서도 차별화된 가치가 있어야 손님은 열광한다.

하지만 함정이 있다. '어떤 재료'를 더하는 것만으로 가치가 올라간다고 착각하기 쉽다는 것이다. 절대 그렇지 않다. 은이버섯이나 노루궁둥이버섯 정도를 구해서 넣으면 모를까, 새송이버섯이나 느타리버섯을 한 움큼 더 넣는다고 해서 특별해지지는 않는다. 특별해졌다고 해도 다른 곳에서 똑같이 따라 해버리면 가치는 뚝 떨어지고 만다.

식당으로 대박 내는 법

그래서 약간은 구하기 힘든 것으로 구상하는 것도 좋다. 예를 들어 고기를 듬뿍 넣은 수제만두를 김치찌개에 넣는다든지 튤립햄이나 콘킹소시지, 체다치즈를 넣어준다든지 해야 한다. 하나 더 추가해보자면 유부 주머니를 넣는 것도 괜찮다.

맛을 해치지 않는 범위 내에서 색다른 것이 들어가 있으면 손님들은 새롭게 받아들인다. 실제로 튤립햄과 콘킹소시지는 부대찌개 식당 사장님조차도 잘 모른다. 그 조합의 맛은 먹어봐야 안다. 만약 그 맛이 정말 김치찌개와 환상의 궁합이 된다면 그 음식점은 볼 것 없이 성공할 것이다. 그리고 계란프라이를 중국집 스타일로 내거나, 오동통한 계란말이를 즉석에서 구워 내봐라. 불에 구운 김 두어 장에 간장 한 종지를 내어도 김치찌개와 굉장히 잘 어울린다. 그렇게 하다 보면, 점심시간 되기도 전에 "오늘도 지구대 옆에 있는 김치찌개 식당으로 갈까요?"라는 말이 여기저기서 튀어나올 것이다.

이런 그림을 상상한다면, 무조건 예상 창업 지역의 음식점에서 먹어보고 분석하는 일을 생활화해야 한다. 더도 말고 덜도 말고, 딱 한 달만 해보자.

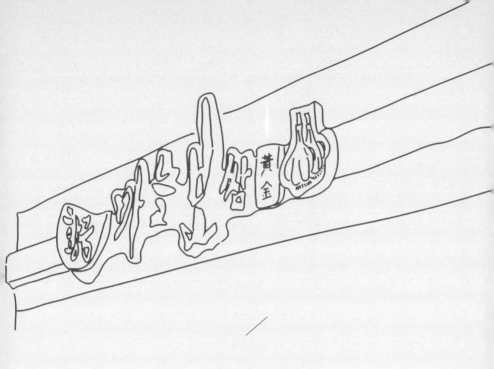

지피지기면 백전불태

세밀하게 준비하되, 내놓을 때는 단순하게

자부심을 느낄 만큼 당당한 음식으로 만들어라

영업력을 제대로 갖춰야 평생직장이 만들어진다

형태는 음식점이지만 출퇴근은 회사원처럼 하라

손님 한 명이 열 명을 데리고 온다

반복으로 패턴을 만들어라

진상 손님에게서 손님 대처법을 배워라

4장

창업으로
나만의 평생직장을
만들어라

지피지기면
백전불태

원래, '지피지기면 백전백승'이라는 말은 없다. 유래는 《손자(孫子)》 〈모공편(謀攻篇)〉에 나오는 '지피지기 백전불태(知彼知己 百戰不殆)'다. '상대를 알고 나를 알면 백 번 싸워도 위태롭지 않다'는 뜻으로, 상대 편과 나의 약점과 강점을 충분히 알고 승산이 있을 때 싸움에 임하면 이길 수 있다는 말이다. 적의 실정을 모른 채 아군의 전력만 알고 싸운다면 승패의 확률은 반반이다. 적의 실정은 물론 아군의 전력까지 모르고 싸운다면 싸울 때마다 반드시 패한다. '상대', '적'이라는 단어를 '손님'으로 바꾸고, '싸움'은 '창업'으로 바꾸고, '이기는 것'은 '성공적 창업', '패함'은 '실패한 창업'으로 바꾸어서 다시 이야기해보

식당으로 대박 내는 법

자. '손님을 알고 나를 알면 창업을 해도 위태롭지 않고 약점과 강점을 파악하면 성공적 창업을 할 수 있다. 손님의 실정을 모르고 창업하면 반드시 실패한 창업이 된다'로 해석할 수 있다.

누군가가 "규모를 떠나 국내에서 가장 뛰어난 외식업 전문가가 누구입니까?"라고 묻는다면 부산 해운대에 있는 '송정집'의 장석관 대표라고 말하고 싶다. 운영했던 음식점이 40개 정도이고, 한때 직원만 350명 정도였다고 하니 입이 쩍 벌어진다. 3대가 외식업을 하고 있는 42년 경력의 장인이다. '자가제면 국수, 자가도정 밥'을 내세우고 있다. 매장에 가면 "매일 아침 도정 시 나오는 신선한 거라 마음 편히 드셔도 됩니다. 미강차이오니 식전에 드시면 여러모로 좋습니다. 송정집에서 직접 현미를 도정할 때 나온 미강가루입니다. 필요하신 분은 가져가시면 됩니다'라는 문구가 붙어 있다. 미강가루는 도정할 때 쌀이 깎이면서 나오는 등겨를 말한다.

어떻게 이 정도까지 할 수 있었을까? 답은 간단했다. 장석관 대표의 부친께서 정미소를 운영하셨는데, 장사가 잘되었다고 한다. 어릴때 미강가루를 손님이 달라고 하는 경우를 많이 보면서, 그것을 서비스로 제공하면 손님들이 좋아할 거라고 생각하신 듯하다.

자. 이제부터 놀랄 준비들 하시길 바란다. 송정집은 매장이 구해지고 나서 무려 2년 동안이나 가게 문을 열지 않았다. 그동안 그 자리에서 계속 여러 음식을 테스트했다. '돈이 있으니까 그렇게 할 수 있

는 것이지'라는 부정적인 생각은 잠시 버려두면 좋겠다. '이 자리에서는 어떤 음식을 만들면 좋을까?'라는 주제로 연구를 시작한 것이다. 지금 현재 양식, 중식, 총괄 요리사 등 직원이 19명이다. 180평 규모에 테이블이 17개다. 이건 말도 안 되는 인건비와 비용을 들이면서 운영하는 것이다. 그렇게 2년을 준비했으니 손님이 줄을 설 수밖에 없다. 호텔에서나 볼 법한 음식을 저렴한 가격에 파니 당연한 일이다. 참고로, 내가 현재 운영하는 보쌈집은 42평에 테이블이 18개이며, 직원이 8명이다.

밥과 면, 이 두 종류를 합치면 일반인 식사의 80% 이상을 차지할 것이다. 그러니 밥과 면을 다 최상의 것으로 만들어낸다면 게임은 쉬워진다. 그래서 나온 것이 '자가제면, 자가도정'이다. 외식업 42년 하신 분조차 면이 어렵단다. 볶는 것과 삶는 것에 차이가 있고, 온도도 잘 맞추어야 하기 때문이다. 숙성을 위해 클래식 음악까지 튼다. 숙성은 미생물이 활동하는 것이라 음악이 필요하다는 것이 지론이다.

그리고 3대에 거쳐 다양한 업종의 유명 음식점들을 경영해온 경험을 바탕으로, 평범한 체인점식이 아닌 '오너 요리사'라는 엄청난 시스템을 진행 중이다. 오너 요리사란 국내 외식업계 최초로 시도하는 체인 시스템으로, 자기자본 없이 송정집에서 전액 투자하고 그 수익금 중 49%를 주는 방식이다. 10년도 아닌 2년간의 이수기간을 마친 후 송정집과 동업자가 되는, 즉 몇 년 동안 땀은 흘리지만 창업 실패율

0%의 안전한 외식업을 만드는 것이다. 헝그리 정신, 서비스 정신, 하고자 하는 의지를 갖춘 사람이라면 누구나 지원할 수 있도록 해두었다. 이는 장석관 대표의 소신 없이는 절대 진행될 수 없는 일이다. 앞선 생각을 실행에 옮기는 것. 이 모든 것의 시작은 '많은 손님이 적당한 금액에 분위기 좋은 곳에서 맛있게 먹고 가는 것'이었다.

'한 달에 얼마를 벌어서 어디에 써야지'라는 생각으로 시작하는 창업은 불 보듯 뻔하다. 철학도 없고 신념도 없는데, 돈은 벌고 싶고 일은 하기 싫은 게 아닌가? 책임을 불경기에 떠넘기지 말아야 한다. 그건 비겁한 변명일 뿐이다. 적어도 '어떤 음식을 누구에게 왜 팔려고 하는지'에 대한 생각 정도는 해두어야 한다. 음식점 성공 스토리가 담긴 이야기를 들어보면 공통점이 있다. 평소에, 미리 준비하는 것이 습관화되어 있다는 점이다. 안 좋은 상황이 왔을 때 극복하는 과정과 자세도 중요하지만, '미리 준비하는 것'이 훨씬 더 중요하다.

창업 준비를 제대로 하려면 아이템을 선정해야 한다. 예비 창업자들이 가장 어려움을 갖는 요소다. 보통 직장생활을 하다가 음식점을 하려 할 때는 체인점을 찾게 되는데 '주방장이 필요 없는 아이템'이라는 것에 너무 맹목적으로 접근하지 않았으면 한다. 주방장이 필요 없다는 것은 작업 자체가 굉장히 단순하다는 것, 즉 '반조리제품'으로 되어 있는 경우가 많다는 것이다. 반조리제품으로 되어 있다는 것은

'누구나 아는 그 맛'일 경우가 많다는 말이다. 전문가의 힘을 빌리고 다양한 조사도 해야 한다. 음식점에서 직접 일도 해봐야 한다.

음식점은 프로들의 격전지다. 스스로 연구해서 아이템을 만들어내든 요리학원에서 배워서 응용하든 전수비용을 주고 현업 종사자에게 배우든 해야 한다. 자신의 경쟁력이 없으면 주위 환경에 휘둘려 원하지 않은 결과가 나타날 수 있다. 자신의 힘으로 만회할 기회조차 가지지 못하는 경우도 생긴다. 무서운 일이다. 자본주의의 폐해, 대한민국의 경기 등을 아무리 탓해봤자 도와주는 사람은 없다. 결국 스스로 해결해야 할 숙제일 뿐이다. 숙제는 하지도 않고 '참 잘했어요' 도장을 바라는 것은 욕심이다.

지인 중에, 5년 동안 엄청나게 고생해서 겨우 궤도에 오른 곰탕집 사장님이 있다. 종일 국물과 뼈 작업에 시간을 보내는데, 매출도 오르지 않고 손님도 없어서 2년 동안은 정말 힘들었다고 했다. 그렇지만 성실이 몸에 밴 분이라 꾸준히 하다 보니 손님들이 알아줬고, 이제 겨우 숨 좀 돌리면서 산다고 했다. 지난 5년간 그렇게 고생했으니 이제 좀 펴려나 싶었다. 어느 날 그분이 말씀하시길 동생한테 돈을 빌리고, 대출을 추가로 받아서 모 지역에서 곰탕집을 하나 더 오픈하기로 했다고 한다. 커피를 함께 마시는 경우가 많았기에 점포를 구할 때 되면 같이 가드린다고도 이야기를 했는데, 그 뒤로 별말이 없었다. '계획이 계속 밀리는구나'라고 생각했는데, 전화가 왔다. 가게 계약을

식당으로 대박 내는 법

했고, 2주 뒤부터 작업이 시작된다고 했다. 왜 이야기를 안 했느냐고 물어보니 "장사하는 게 다 똑같지. 열심히 하면 되지"라고 했다.

별로 걱정하진 않았다. 너무나 성실한 분이었기 때문이다. 며칠 후 알려준 장소로 가서 가게를 보니, 고개가 갸우뚱거려졌다. 난 마음에 안 들었다. 궤도에 진입시키려면 시간이 많이 걸릴 것 같았다. 음식 맛에는 전혀 문제가 없었다. 위치 문제가 걸리긴 했지만, 이 곰탕은 음식점 사장인 나도 그 집에서 자주 사 먹을 정도였으니 잘될 거라고 믿었다. 결론부터 이야기하면 가게를 내놓았다. 오픈한 지 5개월 만에 두 손 두 발 든 것이다. 그동안은 일부러 연락하지 않는데, 길에서 우연히 만났다. 체력적으로도 정신적으로도 많이 손상된 듯했다. 힘내시라고 말씀드리려는 순간, 얼마 전에 2일 만에 깨어났다고 했다. 무슨 말인지 몰라서 다시 물었더니, 죽으려고 약을 먹었다는 것이다. 한동안 아무 말도 할 수 없었다. 가슴이 먹먹했다. '얼마나 고통스러웠을까' 하는 생각에 답답했다. 초보 창업자도 아니고 5년 경력자가 똑같은 음식을 파는데도 6개월을 못 버텼다는 사실이 나로서도 믿기지 않았다. 이런 말도 안 되는 일을 옆에서 본 것이 그간 책을 쓰려고 생각했던 마음에 다시 불을 지핀 계기가 되었다.

다시 한 번 강조하지만, 음식점 창업은 쉽지 않다. 철두철미하게 처음부터 끝까지 모든 준비가 되어 있어야 한다. 누구도 도와줄 수 없는 일이다. 도와준다 해도 제 것이 아니기 때문에 언젠가는 과부하가 걸린다. 상추로 매출 100억을 일군 유기농업계의 신화적 인물 장안농장 류근모 대표는 《상추 CEO》에서 말하길, 이전에 했던 조경 사업이 실패하고 나서 읽은 책이 '만 권'이라고 했다. 이처럼 무엇인가를 이루기 위해서는 준비를 탄탄하게 해야 한다. 창업은 산수를 못하는 사람이 얼핏 봐도 단위가 '억'이다. 현실적으로는 훨씬 더 많이 들어가는 경우가 다반사다. 선택은 하나다. 준비 제대로 해서, 절대 패하지 말자.

세밀하게 준비하되, 내놓을 때는 단순하게

　성공한 사람들을 보면 여유가 있다. 그 여유를 가지기 위해서는 수천 번, 수만 번의 노력을 씨앗으로 삼아야 한다. 보이지 않는 길을 만들어야 한다. 어릴 때부터 지금까지 관련이 있었던 주변 사람들을 곰곰이 떠올려보라. 대충대충 지내던 사람과 집요할 정도로 파고들던 사람 중에서 어느 부류의 사람들이 잘살고 있는가. 그것만 봐도 답은 나온다. 뒤처지는 사람들은 자신이 뒤떨어져서가 아니다. 다른 사람들이 더 많은 양의 일을 더 스마트하게 해내기 때문에 상대적으로 쫓아가는 형국이 될 뿐이다.

　그렇다면 방법은 하나다. 좀더 깊이 파고들자. "이 정도면 됐어"라는 이야기가 입에서 나올 때가 바로 도약해야 할 때라는 신호다. 매일은 아니지만 나는 아직도 보쌈 삶는 실험을 계속한다. 재료도 바꾸어보고, 삶는 시간도 1분 단위로 바꾸어본다. 누군가가 "9년째인데 아직도 그러고 있어?"라는 이야기를 한다 해도 휘둘리지는 않을 것이다. 10년이 걸리든지 15년이 걸리든지 내가 만들고 싶은 수준만큼 끌어올리는 것. 그것이 롱런의 지름길이라는 것을 알기 때문이다.

18년 동안 애플의 광고 담당을 했고, 아이폰 I-시리즈의 시초격인 아이맥을 만든 켄 시걸. 그는 《미친듯이 심플》에서 잡스가 단순함을 추구하면서 복잡함과 싸운 다섯 가지가 무엇인지를 알려주었다. 첫째, 조직을 단순화한다. 어떤 프로젝트를 완성하기 위해 준비되는 과정부터 최고경영자까지 전달되는 과정에서의 에너지 소모를 줄이기 위해서다. 둘째, 철학을 단순화한다. 독재 스타일의 경영자로 알려진 잡스도 애플에서 필요한 창의적인 생각과 능력을 발휘할 수 있도록 사내 캠페인까지 벌였다. 셋째, 제품을 단순화한다. 노트북, 스캐너, 프린터, 카메라 등 20개의 제품을 가장 극적으로 줄여버렸다. 고만고만한 물건들 사이에서 골라야 하는 고민거리 제품으로 인식했기 때문이다. 넷째, 소통을 단순화한다. 여기서는 잡스의 성향을 완벽하게 볼 수 있다. 어려운 이야기를 일상생활의 한 줄로 바꾸는 작업으로 소비자들을 이해시켰다. 그런 관점을 광고, 마케팅에까지 연결했다. 맥북 에어는 '세상에서 가장 얇은 노트북'으로, 아이팟 셔플은 '껌

한 통보다 작고 가볍다'로 말이다. 마지막으로, 디자인을 단순화한다. 아이폰에 열광하는 소비자들이 가장 좋아하는 이유다. 결국 애플은 "적은 게 많은 것"이라는 매력적인 문구를 탄생시키기도 했다.

세상이 복잡해질수록 소비자는 단순한 것을 원한다. '정리 컨설턴트'라는 직업이 생길 정도로 복잡한 것에 스트레스를 받는 사람들이 많다. 음식도 마찬가지다. 뷔페도 한식 뷔페 스타일이 대세다. 그런 추세로 볼 땐 중식 뷔페, 일식 뷔페도 충분히 생길 수 있는 영역으로 보인다. 사람 관계도 그런 측면으로 보면 비슷하다. 예전에는 여기저기 모임을 통해서 인맥을 늘리고자 했다면, 지금은 같은 활동 영역에서 인맥을 늘려나가는 모습들이 많이 보인다. 이유는 간단하다. 에너지 소모가 훨씬 덜하며, 목적이 비슷하기 때문에 해결책을 정확하고 빠르게 피드백할 수 있기 때문이다.

KBS1 〈강연 100℃〉 녹화에서 '만 번의 법칙'이란 주제로 강연한 개그맨 정성호는 "내가 갖고 있는 능력 중 하나가 평범함이다. 너무 평범해서 눈에 띄지 않았기 때문에 노력하는 방법밖에 없다는 걸 배웠다"라고 말했다. 서경석 성대모사로 공채 개그맨이 됐지만 평범한 외모와 소극적인 성격 때문에 개그맨으로서는 주목받지 못했다. "리포터부터 어린이 프로그램 MC까지 보았다. 8년 동안 방송에 나왔는데 피드백이 없으면 사람들이 널 좋아하지 않는 거야'라는 말까지 들었다고 한다. 그래서 마지막이라는 생각으로 방송국에서 숙식하며 아이디어를 짰고 그렇게 나온 MBC 〈개그야〉에서 '주연아' 코너로 인기를 얻었다. 그는 "아이디어 고갈로 더 큰 슬럼프를 겪게 됐다. 그러다 MBC 〈웃고 또 웃고〉에서 우연히 가수 임재범의 성대모사와 표정까지 흉내 내면서 제2의 전성기가 찾아왔다"고 이야기했다. 여기서 정성호는 깨달음을 얻었다고 한다. 바로 자신이 가장 잘하는 것을 파고들어서 개그로 승화시키는 것이 최고의 방법임을 말이다. 성대모사보다 '안면모사'가 자신이 가장 잘하는 것임을 알게 된 이후로, 개그맨 중에서 캐릭터 흉내의 독보적인 존재가 되었다.

실제로 해운대 벡스코에서 있었던 한 강연회에서 개그맨 정성호와 종이접기 김영만 선생님이 만났다. 그때 정성호가 흉내를 내니 김영만 선생님이 굉장히 좋아하면서 오히려 자신을 대놓고 따라 해보라고 하시는 것을 보았다. 결국 두 달 뒤, 김영만 선생님의 캐릭터 모사로 정성호는 광고까지 찍었다. 유명인의 흉내를 내기 위해 '만 번의 노력'을 했다는 정성호는 앞으로도 독보적인 개인기 '안면모사'에 더욱 몰두할 것이다.

비슷한 예인지 모르겠지만, 나는 쟁반냉면이나 파전은 자신 없다. 만들려면 만들 수 있겠지만 사이드 음식에 집중하다가 메인을 놓치는 우를 범할 수 있다는 생각에 메뉴로 개발하지 않는다. 당장 매출은 더 올릴 수 있겠지만, 구색용으로 채우기는 싫다. 보쌈집 중에서 쟁반냉면이나 막국수를 판매하지 않는 곳도 드물 것이다. 사실 기성 제품으로 판매하는 곳도 많다. 하지만 나는 공장 제품 막국수를 삶아내서 돈을 받는 것은 썩 내키지 않는다. 그렇게 하지 않으려면 자가 제면을 해야 한다. 그래야만 떳떳하게 판매할 수 있을 것이다.

부산 용호동 '할매 팥빙수', 이기대 공원을 산책하고 내려오는 사람들의 단골 코스로 자리 잡았던 곳이다. 지금은 워낙 방송에 많이 나와서 누구나 아는 곳이 되었지만, 10년 전만 해도 부산 사람들조차 잘 모르는 곳이었다. 하지만 한번 가보면 엄청난 임팩트에 사로잡혀 다른 빙수는 생각도 나지 않을 정도다. tvN 〈수요미식회〉에서도 소개가 되었다. 음식 관련 지식에서는 대한민국에서 독보적인 황교익 칼럼니스트가 최고의 빙숫집으로 이곳을 꼽으면서 말했다. "어떤 음식이든 지불하는 가치와 관련이 있다. 8,000원이 넘는 집 중에는 괜찮은 집이 많다. 그렇지만 2,500원에 이런 빙수를 먹을 수 있는 곳은 없다."

용호동 할매 팥빙수는 실제 할머니들이 팥을 쑨다. 74세 이송자 할머니와 77세 이숙자 할머니는 경력 32년씩을 자랑한다. 나는 상상도 못 했던 대형 시설에서 팥이 만들어지는 모습을 보았다. 팥을 무려 세 번이나 삶아내어 굉장히 부드럽게 만든다. 그리고 밀양 얼음골 사과를 구매해서 만들어낸 사과잼을 올려 내놓는다. 팥빙수의 비주얼을 보면 웃음이 나온다. 얼음, 팥, 서너 조각의 사과잼이 끝이다. 그렇지만 시시하게 생각했다가 한입 먹어보면 깊은 맛에 감탄하게 된다. 손님이 오기 전까지는 엄청나게 고되고 세밀한 작업을 해가며 팥과 사과잼을 준비한다. 그런데 최종 형태는 '단순함의 끝판왕'이다.

'국민 앱'인 카카오톡을 사용하지 않는 한국 사람은 거의 없을 것이다. 회의도 카카오톡을 이용해서 하는 회사가 많다고 할 정도로 세상은 빨리 바뀌고 있다. 상대방이 자신을 좋아하는지 알아볼 수 있는 앱 '텍스트 앳'을 만든 회사 스캐터랩의 관계자는 이렇게 말했다. "카카오톡에서 실제 상대방과 나눈 채팅 내용을 분석하여 호감 정도를 알아볼 수 있다. 상대방과의 대화를 분석해주는 '감정 분석 보고서, 답장 빈도에 따라 마음을 알 수 있는 '답장시간 보고서' 등을 제공해 상대방의 호감 정도를 판단할 수 있도록 했다. 초기 가입자로 30만 명이 몰렸고, 앱 다운로드 누적 건수는 100만 건에 달했다." 상상도 못 한 부분을 파고들어서 꼭 필요한 사람이 찾게끔 한 것이다.

음식점에서도 손님이 좋아할 만한 것을 생각하고, 끊임없이 연구하자. 그리고 그것 하나만 해보자. 파보다가 안 되면 다른 우물을 파는 것도 방법이겠지만, 단순한 작업이 좋은 결과를 낳는다. 우리 모두 어릴 때부터 늘 들어온 이야기에 진리가 담겨 있다. "한 우물을 파라."

자부심을 느낄 만큼
당당한 음식으로 만들어라

'기장 곰장어', 기장군 기장읍 시랑리에 있는, 짚불 곰장어가 유명한 음식점이다. 이곳 김영근 대표는 곰장어로 경상도 향토음식 분야 대한 명인이 되었다. 기장 지역의 사투리로 '꼼작꼼작'한다고 해서 곰장어라고 부르는데, 먹장어라고도 불린다. 한국전쟁 당시 송정초등학교에 피난민들이 모였는데, 허기를 채우기 위해 짚불에 곰장어를 구워 먹었다고 한다. 곰장어는 눈도 없고 뱀처럼 생겨서 바다로 다시 버려지던 물고기였다. 가뭄이 들어 궁핍해지자 볏짚에 불을 붙여 곰장어라도 구워 먹으면서 끼니를 때웠던 것이 짚불 곰장어의 시초다.

곰장어잡이를 업으로 하던 집이 곰장어 식당으로 바뀐 데에는 김영근 대표의 공이 컸다. 김영근 대표는 기장이 곰장어 산지로 명성을 이어가야 한다고 생각하고 다양한 요리를 개발했다. 생솔잎구이, 곰장어 매운탕, 곰장어 김치무침 등의 특허를 내고 새로운 상차림을 지속적으로 연구하고 있다. 그 결과 음식 부문 신지식인, 문화예술교류회 대한 명인, 한국을 빛낸 자랑스러운 한국인에 선정되었다. 현대 한국 인물사에도 등재되어 있는 명인 중의 명인이다.

역사와 문화까지 고스란히 안고 있는 음식점이다. 처음 보는 분들은 그 기괴한 형태에 기겁을 하지만 장갑을 끼고 짚불에 탄 껍질을 벗겨내면 그 속살이 탱글탱글하면서도 고소한 맛이 일품이다. 이런 역사를 가지고 있는 김영근 대표가 TV에서 양념 제조법을 공개했던 기억이 난다. "따라 하려면 따라 해보라"라고 말씀하셨는데 자부심이 엄청나다는 생각을 했다. 알려줘도 그대로 하지 못하는 것은 그 맛을 계속 유지하기가 그만큼 어렵기 때문일 것이다.

요즘 중화 요리계의 선봉장으로 불리는 이연복 요리사, 참 강단 있고 멋있다. 방송에 많이 나온다. 나와도 너무 많이 나온다. 그런데 채널예스의 인터뷰를 보았더니 방송에 자주 나오는 이유가 있었다. "중화요리는 불이 세야 한다, 기름을 많이 써야 한다, MSG가 많이 들어간다 등등의 얘기를 흔히 합니다. . 그래서 안 좋은 인식들을 많이 갖고 있어요. 어느 순간, '음식방송'이 뜨면서 스타 요리사들이 많이 나왔는데 그중에 중식 요리사는 한 명도 없더라고요. 제가 방송에 나가

식당으로 대박 내는 법

게 된 이유 중 하나가 바로 중식에 대한 편견을 깨보고 싶다는 마음 때문이었어요. 중화요리도 생각보다 간단하고 조미료 없이도 충분히 맛을 낼 수 있다는 걸 알려주고 싶었는데요. 보여주는 요리가 아니라 맛있는 요리를 소개하자는 생각이 있었어요. 중식 요리사들이 자부심을 갖기를, 중식 요리사의 길을 가보겠다는 사람들이 많아지기를 바라는 마음도 꽤 커요."

중식 요리를 하는 사람의 마음을 대변할 수 있는 절호의 기회라 생각했을 것이다. 이 또한 자부심 없이는 설명하기 어렵다. 여담으로 이 연복 요리사가 운영하는 '목란'의 동파육을 꼭 먹어보고 싶은데 기회가 잘 오질 않는다.

최근에 그의 책 《사부의 요리》를 읽었다. 그중에서 특히 인상적인 문구가 있었다. "남들은 학교에서 공부하고 친구들과 뛰어놀 나이에, 저는 무거운 나무 배달통을 들고 쏟아질까 안절부절못하면서 걷고 또 걸었어요. 그때를 떠올리면 내가 생각해도 참 안쓰러워요. 어떤 사람들은 40년이 넘게 한 길만 고집한 제 인생이 멋지다고 하는데, 돌이켜보면 먹고살기 위해 어쩔 수 없이 택한 길이기도 했죠."

일부러 미화하지 않고 고생담을 담담하게 풀어낸 인생 선배의 모습을 보았다. 당당한 자부심으로 만든 음식은 다른 요리사들의 마음까지 움직이게 했으며, 그 마음 덕에 세상에도 알려지게 되었다.

요리사가 천대받던 시절이 언제 있었나 싶을 정도로 요리사의 지위도 많이 높아졌다. 음식이라는 가치가 그만큼 올라간 것이다. 당신이 만든 음식도 가치가 어떻게 될지 모른다. 세계인의 주식이 될 수도 있고, 간식이 될 수도 있다. 기가 막힌 수정과를 만들어서 세계적인 음료수로 만들 수도 있는 것이다. 지금으로써는 누구도 단정할 수 없다. 편견이 기회를 막을 뿐이다. 한국 음식이 점점 세계로 뻗어 나가고 있다. 나의 모토는 '전통음식의 대중화'다. 그래서 한국 전통음식 중에서도 '보쌈'과 '청국장'을 택했는데, 이 둘은 대한민국 최고의 전통음식이다. 이런 전통음식을 만들고 있다는 자체에 보람을 느끼고, 가끔은 내가 만든 보쌈을 뉴욕 사람이 먹는 꿈도 꾼다. 그 꿈이 현실이 될 수도 있다. 그런 날이 오려면 나 자신이 준비되어 있어야 한다. 스스로는 안다. 국내 최고 보쌈을 만들려면 시간이 더 필요하다는 것을 말이다. 그 시간이 흐를 때까지 연구의 끈을 놓지 않을 것이다.

명품과 그렇지 않은 물건의 차이는 간단하다. 물건에 얼마나 가치를 투영했는지, 그 가치가 얼마나 잘 유지되는지 그렇지 않은지에 따라서 나뉜다. 누구나 알 만한 명품 중에 루이비통은 가치와 명성 측면에서는 타의 추종을 불허한다. 보통 어느 한 분야에서 인정을 받기까지는 기본적으로 10년이 걸린다고 한다. 그동안 손바느질만 해온 루이비통 소속의 장인들은 느림의 미학을 바탕으로 오늘도 한 땀 한 땀 박음질을 하고 있다. 첨단기술이 탑재된 기계로도 얼마든지 튼튼하고 질긴 가방을 만들 수 있다. 하지만 루이비통은 자체적으로 보유

한 17개의 공방에서 무려 1,000분의 1이라는 확률을 뚫은 재봉사에게만 특수 작업용 재봉틀을 다룰 수 있는 권한을 부여한다. 이처럼 선별된 '장인 중의 장인'을 참여시키는 시스템이 루이비통의 명성을 일군 근간이다. 자연스럽게 스토리텔링까지 완성되니, 포지셔닝이 확실한 명품 브랜드가 되었다.

음식점 운영 역시 단순한 장사가 아닌, 요리의 완성을 목표로 하여 지속적으로 연구해보길 바란다. 적어도 이것 하나만큼은 최고가 되어보겠다고 말이다. 10년을 투자해서 호떡 하나만큼은 대한민국에서 제일 잘 만드는 사람이 되어보라. 그러면 명품 루이비통보다 더 대단한 가치를 지닌 명품 호떡이 될 거다. 혹시 아나? 루이비통 가방을 메고 방한한 소피 마르소가 줄 서서 사 먹을지 말이다.

내가 만든 보쌈은 웰빙 음식 부문(국제신문), 보쌈을 잘 내는 집 9곳(외식경영)에 뽑힌 적이 있다. 3수 공대생이 만든 음식이 이런 평가를 받을 날이 올 줄 누가 알았겠나. 어느 정도까지 해야 '최고의 보쌈'에 닿을 수 있을지는 모르지만, '보쌈 음식점을 하시는 사장님들이 대부분 이쯤에서 멈추었을 거야'라는 막연한 생각을 가지고 계속 준비하고 있다. 그럴 리는 없지만, 혹시라도 게을러질까 싶어 "하늘이 두 쪽 나도, 하루 네 번 이상 삶습니다"라는 문구를 가게 곳곳에 붙여놓았다. 손님과의 약속이며, 나와의 약속이다.

모두 그런 것은 아니지만, 보통의 보쌈집은 보쌈을 아침에 한 번 삶아서 보온통에 넣어 보관하고, 육수도 매일매일 보충하면서 사용한다. 하지만 나는 귀찮은 일이긴 하지만 매일 육수를 새로 만들어서 보쌈을 삶는다. 이런 어려움 탓인지 보쌈 음식점은 그리 많지 않다. 프랜차이즈를 제외하고는 별로 없다. 그 이유가 손님을 예상해서 삶아야 하기 때문이다. 구워 먹는 고기처럼 "몇 인분 주세요" 한다고 해서 바로 내줄 수 있는 품목이 아니다. 더 어려운 음식도 많겠지만, 대중음식점에서는 꽤 난이도가 있는 음식에 들어간다.

태어나서부터 할머니와 할아버지를 포함하여 일곱 식구가 함께 살았다. 매일 보면서 같이 살던 할머니였는데도 임종을 지키지 못했다. 무슨 일이었는지는 모르겠지만, 그날따라 아침에 목욕탕이 가고 싶어서 갔다 오려는데 어머니께서 유난히 빨리 갔다 오라고 재촉했다. 30분 만에 갔다 왔는데, 길에서 우리 집 베란다를 보니 누런 광목천이 휘날리고 있었다. 할아버지 초상도 집에서 치렀기 때문에 그것이 무슨 신호인지 알고 있었다. 그사이에 할머니가 돌아가신 것이다. 바로 들어가지 못하고 아파트 주차장에서 한참을 서성거렸다.

할머니와 할아버지는 일본 나고야에서 살다가 넘어오셨다. 일본 음식, 한국 음식을 모두 할 줄 아셨고, 항상 어머니에게 음식을 가르치셨다. 집에서 각종 잔치가 있을 때는 항상 수육을 준비했고, 나는 항상 즐겨 먹었다. 곰탕과 수육은 몸이 불편하신 할머니, 할아버지가 계셨기에 적어도 집에서는 끊이지 않는 음식이었다. 그래서 만드는 방법을 자연스럽게 볼 수 있었다.

또 어머니는 네 번의 음식점을 했는데 그중에는 돼지국밥집도 있었다. 결과는 좋지 않았다. 군대 있을 때 보내신 '장사가 잘 안돼서 쉽지 않다"는 편지를 아직도 가지고 있다. 둘 다 20대 초반에 있었던 일들이다. 할머니를 생각할 수 있는 음식을 하고 싶었고, 장사가 안됐다는 어머니의 가게와 관련 있는 음식으로 성공하겠다고 다짐했다. 그리고 청국장은 어릴 때부터 내가 제일 좋아하던 음식이었기에 꼭 하고 싶었다.

이런 음식들이기 때문에 함부로 만들 수가 없다. 보쌈 음식점을 하고 나서부터 할머니, 할아버지 제사상에는 항상 내가 만든 보쌈을 삶아서 가장 가까운 자리에 놓아드린다.

영업력을 제대로 갖춰야
평생직장이 만들어진다

영업력. 세일즈 능력이라고 하자. 쉽게 말해 판매할 수 있는 능력이다. 자신을 알리면서 팔고자 하는 것을 내미는 일이다. 알리는 것도 잘하고, 잘 팔리게끔 만들면 영업력이 높은 것이다. 영업의 정점을 경험해본 입장에서 말씀드리자면, 자신을 가장 잘 어필할 수 있는 것으로 승부를 해야 한다. 예를 들어, 표정이 그렇게 활동적이지 않고 밝지 못한 영업인일 경우 고객에게 굉장히 친화력이 있는 것처럼 다가가면 실패한다. 계약만을 위해서 달려드는 조화롭지 못함이 그대로 드러나기 때문이다.

음식점도 마찬가지다. 손님을 가르치려 들지 말고, 철저히 손님 입장에서 바라봐야 한다. '내가 만든 것을 먹어라. 싫으면 먹지 마라'라는 태도는 자부심이 아니라, 편협함이다. 손님이 즐거워하고 만족스러워할 '무언가'를 만드는 데 집중해보자.

광흥창역 부근에 '옛맛 서울불고기'라는 음식점이 있다. 그곳에 가면 할아버지가 덩실덩실 춤을 추는 모습을 볼 수 있다. 왼쪽 오른쪽 왔다 갔다 하면서 신나게 리듬을 탄다. 멀리서 보면 영락없는 산타클로스다. 할아버지는 사람들이 구경하는 것도 아랑곳하지 않은 채 춤을 춘다. 가만히 보니 춤이 아니라 일하는 모습이다. 일을 어찌나 신명나게 하시는지 춤처럼 보였던 것이다. 낮에 한정판매하는 갈비탕이 서비스로 나온다. 국물이 예사롭지 않다. 불고기를 시켰는데, 멀리서 들고 오는 것을 보니 푸짐하다. 양도 어마어마하다. 사리, 버섯, 양파에 불고기 위에는 파채, 통깨가 무지막지하게 올라가 있다. 구멍이 숭숭 나 있는 황동불판에 불고기를 올리고 먹는다. 어지간히 먹어도 줄지가 않아 정말 배부르게 먹는다. 그 자체로 고기 마니아들의 로망은 이미 완성이다.

흰 수염, 흰 머리인 할아버지가 불고기 양념을 재는 모습이 춤추는 것과 비슷해서 소문난 곳이다. 여기서는 진풍경을 볼 수가 있는데 오전 9시 이전에 사람들이 줄을 서 있다. 찜통, 국솥 등 나양한 통을 들고 와서 기다리는 것이다. 그리고 12시쯤 되면 다시 찾으러 온다. 갈비탕 때문에 두 번의 발걸음을 하는 것이다. 양도 양이고, 맛도 좋으니 그 시간부터 줄을 선다. 다시 정리를 해보자면 산타할아버지같이 생기신 분이 춤을 추면서 불고기 양념을 절이는데 양이 요샛말로 '어마무시'하다. 게다가 낮에는 갈비탕을 사려고 사람들이 오전 9시부터 줄을 서 있다는 말이다. 이런 이야기를 듣고 움직이지 않을 사람이 과연 얼마나 되겠나? 이처럼 확실한 영업력이 필요하다.

양이든 맛이든 어느 하나로 사로잡았으니 손님이 줄을 서는 것이다. 손님은 자신에게 이익이 되는지 안 되는지를 귀신처럼 안다. 양이나 맛, 느낌이 좋은 곳이라면 기억에 촘촘하게 입력된다. "영업은 물건을 파는 것이 아니다"라는 이야기는 들어보았을 것이다. '내가 팔고 싶어 하는 것'보다는 '소비자가 사고 싶어 하는 것'이 핵심이다. 음식점으로 치면 '손님이 먹고 싶어 하는 음식'이 되겠다. 당신이 예비 창업자라면 '내가 잘 만드는 음식을, 손님이 먹고 싶게 만든다'에 대해 고민을 많이 해보면 좋을 것이다.

부산은 돼지국밥이 대표 음식이다. '부산의 돼지국밥'이라는 단어로 검색하면 우선순위에 올라오는 곳이 대연동 '쌍둥이 돼지국밥'이다. 호불호가 극명하다고 하는데 호불호가 없는 음식점이 얼마나 되겠는가. 살펴보자면 이곳은 1세대 국밥집은 아니다. 그리고 국물 맛으로 부산에서 손가락 안에 들기에는 워낙 호적수가 많다. 그런데도 줄을 선다. 그 집만의 영업력이 있으니 사람들이 몰리는 것이다. 바로 수육 백반이다. 적어도 부산에서는, 어디서든 볼 수 있는 흔한 메뉴다. 돼지고기 중에서 삼겹살, 목살을 제외하고 구워 먹을 때 맛있는 부위를 골라보라고 하면 대부분 항정살을 꼽을 것이다. 그 맛있는 항정살을 국밥에 넣은 최초의 음식점이 이곳이다. 퍽퍽한 전지살이 대부분인 국밥집에서 미끈미끈하면서 고소한 항정살 수육은 부산 사람들에게도 엄청난 이슈가 됐다.

DSLR 카메라가 한창 유행하면서 온라인에 더 노출이 되었고, 초창기 맛집 카페나 블로그에도 올라오기 시작했다. 부산의 가장 유명한 '항정 수육 백반'은 이렇게 시작되었다. "더 맛있는 곳도 있다"라고 할 수도 있을 것이다. 맞는 말씀이다. 그런데 왜 손님이 많을까? 왜 줄을 설까? 여기에서 숨은 뜻을 찾아야 한다. 보통 사람들은 여행지에 갔을 때 유명한 곳이나 특이한 곳을 찾는다. 영화 볼 때를 생각하면 거의 비슷하다. 무슨 영화를 볼지 결정을 안 했을 때는 대부분 예매 1, 2위 영화를 고른다. 대중은 원래 그렇다.

매일 다른 무늬의 나비넥타이를 매고 500원짜리 호떡을 팔아서 12년 동안 12억을 번 분이 있다. 바로 '김민영 왕호떡'의 김민영 대표다. 주식회사까지 만들었으니 소자본 창업 업계에서는 신화적인 인물이라고 할 수 있다. 17년간 공기업에 다니면서 주식투자를 했는데 12억을 날렸다고 한다. 그는 퀵서비스와 막노동을 하다가 15년 전에 처음 호떡 장사를 시작했다. 1평짜리 노점에서 호떡 장사를 시작한 이후, 장사 잘되는 호떡집들을 다니면서 연구하고, 손님들의 반응을 직접 살피면서 연구를 계속했다. 마침내 그 노력이 달콤한 열매가 되어 돌아왔다.

호떡 맛이 괜찮았다는 것만으로 주식회사까지 만들 수는 없었을 것이다. 손님들은 어묵, 떡볶이, 호떡 등 길거리에서 파는 음식을 사먹으면서까지 엄청난 서비스를 바라진 않는다. 하지만 김민영 대표는 "맛이 있으면 고객이 다음 날 또 다른 고객을 스스로 데려오게 된다"며, "영업은 점주가 하는 게 아니라, 고객이 하는 것"이라고 했다. 고객 서비스와 영업의 중요성에 대해 재차 강조했다. 매일 다른 무늬의 나비넥타이를 매고, 손님을 정성으로 대하니 알려질 수밖에 없었던 것이다. 특별히 오토바이 배달 서비스를 원하는 손님에게는 배달까지 해드렸으니 영업 마인드가 확실했다고 생각된다.

김민영 대표는 이렇게 조언했다. "단순히 호떡을 파는 사람이 아닌 가치와 서비스를 팔고, 나아가 문화를 만드는 사람이라는 마인드로 호떡을 팔았다. 남들과 똑같아서는 동종 업계에서 살아남을 수 없다. 서비스든 마케팅이든 자신만의 특화된 차별성을 만들라."

창업을 한 번도 생각해본 적 없다는 김 대표는 무더위에도 절대로 중절모와 나비넥타이를 벗지 않았다. 그 더운 날 정장 스타일에 나비넥타이를 매고 호떡을 굽고 있으니 그 자체가 굉장한 영업력이다. 호떡 맛도 중요하겠지만 이 정도 특이한 영업력이라면 맛을 이긴다. 김민영 대표의 오늘을 만든 것은 '영업 마인드와 나비넥타이'다.

몇 가지 사례로 살펴보았지만 영업력은 '관심의 표현'이다. 손님에게 주문을 받으러 가서 3만 원어치 먹을 손님을 5만 원어치 먹도록 유도하는 것만이 영업력은 아니다. 고기를 먹고 있는 손님의 움직임을 제대로 포착하고 있다가 고기가 끝나려고 할 무렵, 새 불판을 들고 다가가서 "불판 갈아드릴까요?"라고 자연스럽게 이야기하는 게 영업력이다. 그때 불판을 갈면 예정에 없던 고기 2인분이 추가된다. '더 높은 매출을 올리겠다'는 의지가 있다면, 영업력을 키워야 한다는 점을 꼭 기억하면 좋겠다. 누군가를 만났는데 취미가 행글라이더라고 한다면, 나도 모르게 그 사람에게 호기심이 생기지 않을까? '꺼리'가 있어야 관심이 가는 법이다.

형태는 음식점이지만
출퇴근은 회사원처럼 하라

음식점의 가장 중요한 매력 포인트는 무엇일까? 어느 정도 궤도에 올리고 난 이후에는 관리 방법만 잘 유지하면 매출이 더 올라간다는 것이다. 매일매일 반복되는 생활에서 자칫 잘못하면 페이스를 잃어버리기 쉽다. 그래서 누군가는 음식점 운영을 '창살 없는 감옥'이라고 하고, 또 누구는 '도 닦는 일'이라고도 한다. 음식점 경력이 최소한 3년이 안 된다면, 짜인 틀에서 벗어나 시간을 좀 쓰겠다는 생각은 아예 하지도 마시길 부탁드린다.

음식점의 최대 단점은 무슨 일로 언제부터 잘못되기 시작했는지를 알 수가 없다는 것이다. 그래서 평소에 정해진 규칙대로 지내야 한다.

식당으로 대박 내는 법

멀리서 찾을 것 없다. 학창 시절에 하던 공부와 똑같다. 열심히 해도 등수가 오르지 않는 이유는 더 열심히 하는 친구가 있기 때문이다. 그리고 공부를 하다가 어느 순간 손을 놓으면, 나중에 어디서부터 다시 시작해야 하는지 알 수 없게 되는 것과 같다.

서울 대치동에 있는 은마아파트 지하상가에 가면 '할아버지 돈가스'가 있다. 놀라지 마시라. 주인이신 강예수 할아버지는 무려 90세의 연세인데, 아직도 돈가스를 만들고 계신다. 60세가 넘은 딸에게 조리법을 전수하면서 운영하고 계신다. 대단하다는 말로도 한참 부족함을 느낀다. 미군부대 조리장부터 조리 경력만 50년 이상 되신 분이다. 반세기가 넘는 시간 동안 주방을 떠나본 적이 없다고 한다. 나 역시 음식점을 운영하는 사람으로서 거의 불가능에 가깝다고 생각한다. 어지간한 회사의 임원보다 더 오래 일하신 셈이다. 너무도 먼 세상의 일처럼 보이겠지만, 이 이야기에서 핵심은 그만큼 음식점에 오랫동안 붙어 있어야 한다는 것이다. 따라 하라는 것은 아니고, 참고 정도는 해보시길 바란다.

나도 2005년 처음 음식점을 할 때 1년간 수련한다 생각하고 계산대 의자를 없애버렸다. 365일 중에서 단 하루도 쉬지 않았다. 당시 모든 정리를 하고 퇴근을 새벽 1시쯤 했으니 19시간 정도를 서서 일한 것이다. 지금 다시 하라면 엄두도 못 내겠지만, 그렇게 하지 않았더라면 음식점을 지금까지 운영해올 수 있었을까 하는 생각이 든다. 단순히 회사에 다니기 싫다는 이유로 음식점을 택하려 한다면, 없는 '간절함'이라도 만들어내야 할 것이다.

2015년 10월, 국회 기획재정위원회 소속 윤호중 의원이 기획재정부로부터 받은 자료를 바탕으로 다음과 같이 보고했다. "대한민국의 자영업은 일자리 부족, 퇴직 후 재취업 실패로 선택한 '비자발적 생계형 자영업'이 대부분으로, 특히 월평균 순이익 100만 원 이하 자영업자 비율이 무려 27%에 달한다." 한 달에 100만 원도 못 버는 자영업자가 세 명 중 한 명꼴인 셈이다. 하루에 10시간씩 일한다 해도 한 달이면 300시간이다. 시급으로 계산하면 3,000원밖에 안 된다. 국가가 정한 최저시급 5,580원에 한참 못 미친다. 그것도 2015년 기준이고, 2016년에는 최저시급이 6,030원으로 인상됐으나 자영업자의 수입은 그 속도로 올라가지 못한다. 윤호중 의원은 이어 다음과 같은 예를 들었다. "은퇴한 40~50대 중장년층이 퇴직 후 치킨집이나 피자집을 차리고 온 가족이 매달려서 일할 경우, 이 사업체가 망하면 퇴직금으로 투자한 돈을 다 날리는 것은 물론 대출금을 갚을 여력도 사라진다. 특히 자영업 창업이 과밀업종에 집중되다 보니 수익구조가 더 악화될 수밖에 없다. 자영업자들도 누구보다 냉혹한 현실을 알고 있지만, 생계 문제로 어쩔 수 없는 선택을 하는 것이 대부분이다."

이렇듯, 자영업의 현실은 너무도 어렵다. 단순히 돈을 좀더 벌어보겠다는 생각으로 뛰어드는 것은 불나방이 불로 돌진하는 것과 다를 바 없다. '회사를 나왔지만, 회사보다 더 규칙적으로 다녀야 한다'는 점을 철칙으로 삼고 지켜야 한다.

지금부터 장사가 잘되는 편에 속하는 음식점들의 '첫 창업 1년 동안의 표준 일상'을 적어볼 테니 호흡을 한 번 내쉬고 살펴보라.

알람을 몇 번이나 수정한 다음에야 겨우 일어난다. 어제가 월요일인 것 같은데, 벌써 목요일이다. 시간은 아침 7시. 주말에는 비가 온다던데 벌써부터 걱정이다. 반쯤 눈을 감은 채로 화장실로 간다. 1분이라도 더 자고 싶어, 눈을 감은 채로 양치질을 한다. 샤워기로 머리를 감고, 그대로 세수까지 한다. 하루 일정을 계속 상상해본다. 어제 손님에게 서빙 순서를 잘못한 직원에게 큰소리친 것이 마음에 걸린다. '설마 그만두지는 않겠지.' 이런저런 생각이 뒤얽혀 도리어 무슨 생각을 하는지도 모르겠다. 정신을 가다듬고 출근길에 오른다. 가게에 도착하여 문을 열고 불 꺼진 홀을 바라보니 막막하다. 치워지지 않은 상이 4개나 된다. 어제 늦게 들어온 손님들이 "한 병만 더, 한 병만 더"를 외치는 바람에 직원들을 먼저 보내고, 상을 그대로 둔 채 퇴근했다.

'참, 오늘 홀에 정미 이모가 휴무라고 그랬지?' 파출부 이모를 부르지 않았으니 내가 돕는 수밖에 없다. 한숨을 쉬고 있는데 전화가 울린다. 전화를 받으니 나머지 홀 직원도 급한 일이 생겨서 오늘 못 나오겠단다. 한두 번도 아니고, 최근 두 달 동안 벌써 세 번째다. 결론은 오늘 홀에 일하는 직원은 아무도 없다. 그러는 사이에 주방 직원들이 출근하기 시작한다. 억지로 환한 얼굴로 오늘 홀을 좀 도와달라고 이야기한다. 서로 눈을 이리저리 돌려가면서 눈치를 살핀다. 표정관리라도 좀 해주지. 이건 뭐 대놓고 일하기 싫다는 말보다 더 심한 표정들이다. 괜찮다고 이야기하고 주방 일 보시라고 말한다. 그랬더니 정말로 아무도 나서지 않는다. 내심 기대했지만 늘 있던 일이다.

집사람에게 전화해 오늘 하루 도와줄 수 있느냐고 물어본다. 약속이 있어서 안 된단다. "매장이 중요하냐? 약속이 중요하냐?"라는 말이 목구멍까지 치밀어 오르지만 억지로 참는다. 혹시나 싶어 파출부 사무실에 전화를 해본다. "나이가 좀 있는데요. 그리고 도착하면 11시 반쯤 될 거예요. 5,000원 빼고 주시면 됩니다." 그게 어디냐 싶어 불러달라고 한다. 들어오시는데 깊은 한숨부터 나온다. 얼핏 봐도 50대 후반이다. 이제 10~20분밖에 안 남았다. 주방에 음식을 확인하고, 홀에서 필요한 것들을 챙겨놓는다. 12시가 되니 손님이 한 번에 세 3테이블이 들어온다. '그래. 오늘은 아깝지만 파출부도 불렀으니, 손님만 많이 오면 손해 볼 건 없어'라는 생각을 하면서 불끈 힘을 내본다. 그런데 그 후로는 들어오는 손님이 없다. 오늘은 손님이 없어도 너무 없다. 무슨 일인지 궁금하다. 괜히 문밖으로 나가서 주변을 한번 둘러본다. 드문드문 손님이 들어오긴 하는데 결과적으로는 파출부를 부른 의미가 없다. 본전치기를 하려 해도 파출부 이모가 40명의 손님을 받아야 하는데, 40명은커녕 20명도 넘기기 어렵겠다.

이렇게 적다가는 언제 끝날지 모르겠다. 정리를 하자면 이런 생각과 시간으로 하루에 12시간 이상을 보내야 한다는 것이다. 의심하지 말고 딱 1년 동안만이라도 출퇴근 시간을 정해서 꼭 지키길 부탁드린다. 그 이후에는 더 좋은 방법이 있다면 원하는 방법대로 실행하시면 된다. 초보 창업자분들에게 옆에 딱 붙어서 진심으로 계속 거들어주는 사람은 없다.

나 역시 그동안 조언을 받아본 적이 없다. 보통의 대박집 사장님들은 "그냥 하다 보니 여기까지 왔습니다. 운이 좋았겠지요"라는 겸손으로 노하우를 감싸버린다. 참 답답한 일이다. 그런데 그분들이 입으로 노하우를 알려주진 않았지만 그들의 행동은 볼 수가 있었다. 한 명도 빠짐없이 똑같았던 공통점은 출근 시간, 퇴근 시간이 정해져 있다는 것이다. 손님이 가득가득 있는 음식점이라면, 그 이유가 정확한 출퇴근에 있는 것이 아닐까? 물어봐도 안 가르쳐준다면 따라 하는 방법이 최고다. '하루에 6시를 두 번 봐야 성공한다'는 말을 잊지 말고 출퇴근만이라도 제대로 해보자. 충분히 할 수 있다.

손님 한 명이
열 명을 데리고 온다

　상대방에게 호의를 받은 사람들은, 정도와 형태의 차이는 있겠지만, 갚고 싶어 하고 그걸 남들에게도 알려주고 싶어 한다. "이분은 내가 아는 누구누군데 사람 참 좋아. 간단한 인테리어 할 일 있으면 연락해." 이런 대화는 일상에서 늘 일어나는 일이다. 그렇지 않다면 인맥이라는 것은 필요도 없을 것이다. 음식점의 경우를 보자. 자신이 좋아하는 음식점을 SNS에 '맛집'이라고 올리는 경우는 이제 일상적인 일이 되었다. 7~8년 전만 해도 대체로 '전통, 특이한 식재료, 독특한 맛의 3요소를 가진 곳을 맛집이라고 불렀기에 그 단어를 쓰는 자체를 부담스러워했었다. 하지만 요즘은 자신이 자주 가는 음식점을 맛집이라고 부르는 경우가 많다. 대세는 거스를 수 없다. 그게 흐름이니까. 블로그 및 SNS에서 자주 볼 수 있는 맛집도 마찬가지다. 영향력을 미치고 싶어 하는 사람들이 온라인이나 모바일을 통해서 표현한다. 아무도 볼 수 없는 공간이라 해도 사람들이 그렇게 올릴까? 대부분은 그렇지 않을 것이다. 분명한 것은 타인에게 전달함으로써 영향력을 미치고자 한다는 것이다.

"남자한테 참 좋은데 뭐라 설명할 방법이 없네…" 각종 진액을 히트시킨 천호식품 김영식 회장은 전문 연구원들에게 자문을 얻어 남성에게 좋다는 산수유로 제품을 만들었다. 2000년 말, 산수유 제품에 대해 확신이 있었던 김 회장은 부시 대통령에게 산수유 제품과 함께 편지를 보냈다. 답장을 기대한 것은 아니었다고 한다. 부시 대통령이 제43대 미국 대통령에 취임했다. 그런데 거짓말처럼 두 달 뒤에 부시 대통령 부부의 친필 사인이 담긴 답장이 왔다. 이 답장을 신문 전면광고로 쓰면서 천호식품은 엄청난 주목을 받기 시작했다. 단순히 마케팅에 이용하려고 편지를 보낸 것이 아니라 자기 스스로 재밌어하며 보낸 것이 좋은 결과로 이어졌다고 이야기한다.

나는 천호식품 김영식 회장의 베스트셀러 《10미터만 더 뛰어봐》를 읽은 후, 그날 새벽에 편지를 썼다. A4용지로 5장이나 됐다. 성공한 사람들은 자신이 과거에 했던 일을 누군가 똑같이 한다면 흐뭇하게 생각할 거라고 믿고 보냈다.

거짓말처럼 며칠 뒤에 천호식품에서 전화가 왔다. "김영식 회장님께서 편지 읽어보시고, 마늘 엑기스 두 박스 보내드리라고 하셨습니다"라는 전화였다. 이후 그 회사에 볼일이 있어 갔다가, 본사 직원에게 부탁해서 책에 사인도 받아온 적이 있다. '그런 마음으로 음식점을 한다면 잘될 것이며, 한 명의 손님은 열 명의 손님을 데리고 오고, 한 명의 손님은 칠십 명의 손님을 데리고 떠난다'는 내용을 적어주셨다. 그 이후 나는 주위 사람들에게 그 이야기를 해주며 스스로 마늘 엑기스 홍보대사가 되었다. 가만히 생각해보니, 그 자체도 내가 열 명의 손님을 데리고 온 한 명의 손님이었던 셈이다. 마음을 다해서 대하면 너나없이 서로 도움이 된다는 것을 알았다. 이 소제목을 간접적으로 선물해주신 김영식 회장님께 지면을 통해서나마 감사의 마음을 전한다.

동화극 〈파랑새〉는 벨기에 작가 모리스 마테를링크가 노벨문학상을 받으면서 더욱 유명해진 작품이다. 느닷없이 꿈에 나타난 요술 할머니가 자기의 병든 딸에게 행복을 주기 위해 파랑새를 찾아달라고 부탁하자 어린 남매는 길을 떠난다. 그렇지만 어디에도 파랑새는 없었고, 지쳐 집으로 돌아와서 보니 그토록 찾아 헤매던 파랑새가 자기 집 새장에 있었다는 이야기다. 이처럼 좋은 일만 생길 거라는 파랑새 증후군에 빠지는 것은 좋지 않다. 그래도 '나쁜 일만 계속되진 않는다. 좋은 일도 일어난다'고 생각하면서 평소 업무를 해나가는 것이 좋다.

마산에 있는 B초등학교에 카드영업을 하러 간 적이 있다. 하루 이틀도 아니고, 각종 회사의 카드영업사원들이 다녀갔을 터이니 선생님들도 피곤하고 귀찮으셨을 것이다. 하지만 영업을 안 할 수는 없다. 보통 나의 영업시간은 아침 9시부터 6시까지였다. 개척영업이었기에, 극도로 집중해서 영업하고 다음 장소로 이동했다. 이동시간을 제외하면 5분 정도만 쉬면서 일했다. 1학년 교실부터 순서대로 영업하면서 6학년 교실에 갔다. 한 교실에 가서 상품설명을 했다. 선생님이 들어오지 말라고 이야기하셨으나 못 들은 척하고 다가가서 이야기를 시작했다. 선생님은 "안 합니다"라는 말만 되풀이하면서 시선을 마주치지도 않았다.

선생님은 들은 척 만 척 시큰둥한 채로 계속 과제만 정리하고 있었다. 그러다가 주유 할인 이야기가 나왔는데 그제야 반응이 좀 있었다. 나는 콧물이 흐르는 것 같아서 훌쩍거리면서 설명을 이어가고 있었다. 그때 갑자기, 선생님이 놀란 목소리로 말했다.

"저기⋯. 코피 나요!"

선생님 책상에 보니 각티슈가 있었는데, 양해를 구하지도 못하고 두 장을 툭툭 뽑았다. 그걸 조그맣게 말거나 자르지도 않고 그대로 대충 코를 막았다. 그 길쭉한 휴지를 콧구멍에 꽂은 채 팔랑거리면서 계속 설명했다. 왜냐하면, 돌돌 말고 어쩌고 하다가 흐름이 끊기면 계약이 안 될 것 같았기 때문이다.

설명이 끝날 무렵 계약서를 내밀었고, 선생님은 조용히 사인을 하셨다. 인사를 드리고 나가려고 할 때, 선생님께서 "이렇게 집중해서 일하는 사람은 처음 봤습니다. 잠시만 기다려보세요"라고 말씀하시면서 인터폰을 들었다. 대화 내용을 들어보니 내가 사인을 받은 선생님은 학생 주임 선생님이셨다. "○○○ 선생님, 지금 학교에 계신 선생님들 다 모시고 오세요"라고 말하면서 끊었다. 10분 정도가 지났을까. 약 20명의 선생님이 몰려오기 시작했는데, 대부분 아까 안 하겠다고 하신 분들이었다.

들어오시는 선생님들은 불과 몇십 분 전에 나를 봤기 때문에 주임 선생님이 뭘 계약했는지 알고 있었다. 주임 선생님이 "제가 추천합니다. 좋네요"라고 말씀하시니 대부분이 "○○○ 선생님이 하신 건 물어볼 필요도 없죠"라고 하면서 전원 계약을 했다. 그 덕에 1시간 동안 인센티브 포함해서 130만 원 가까운 수입을 올렸다.

음식점도 마찬가지다. 예상치 않았던 손님이 스스로 영업사원이 되어서 손님들을 모시고 온다. 손님들이 없는 시간대에 음식점 직원들은 휴식을 취한다. 그때 혼자 오는 손님들이 있다. 그 시간의 음식점에서는 귀찮은 듯이 주문받고 서빙하는 경우가 많다. 그런 느낌이 들면 그 손님은 절대 다시 오지 않는다. 하지만 그 사람이 누구일지는 아무도 모르는 일이다. 인근 회사의 사장님일지도 모르고, 모임을 몇 개씩 하고 있는 총무일지도 모른다. 형제 많은 집안의 장남일 수도 있다. 물론 그런 것을 바라고 손님을 대하는 것은 잘못된 관점이고, 당연히 모든 손님에게 진심으로 대해야 한다. 그렇지만 때로 우리 인생에서는 파랑새가 날아드는 순간도 있다는 얘기다.

'한 명의 귀찮은 손님'이 수십만 원의 매출을 올려주는 손님으로 바뀌는 것은 순식간이다. 미안해하면서 들어온 1인 손님에게 특히 신경 쓰시라는 팁을 드리고 싶다. 사례를 들기에는 너무 많은 일이라 콕 집어서 이야기하기도 어렵다. 굳이 이야기하자면, 혼자 오신 손님께 보쌈 몇 점도 드셔보시라고 드렸더니 미안해하면서 고마워하셨다. 시간도 많아서 구두까지 살짝 닦아두었더니, 나가시면서 계속 인사를 하셨다. 정확하게 1주일 뒤에 35명이 전화로 예약되었다. '귀찮은 시간에 오신 그 손님'이었다.

그렇다면 이런 일이 자주 일어나게 하려면 어떻게 해야 할까? 정답은 그런 생각 자체를 하지 않는 것이다. 사람 사이에서 일어나는 일은 인위적으로 하면 무엇이든지 탈이 난다. 자연스럽게 대할 때 좋은 일은 반드시 일어나게 되어 있다. 자신의 스타일과 가장 맞는 말투와 자세로 손님을 응대해보자. 그러다 보면 자신의 스타일을 편하게 생각하는 손님들이 나타나기 마련이다. 손님마다 이 손님은 이렇게, 저 손님은 저렇게 응대하다 보면 과부하가 걸린다. 사회생활 대부분이 마찬가지 아닌가.

모든 사람에게 각각의 성격에 다 맞춰서 잘 지내는 사람들은 좋은 평판을 받는다. 하지만 중요한 일이 생겼을 때는 그 주변 사람들이 조용히 발을 빼는 경우가 많다. 굳이 내가 아니더라도 다른 사람이 도와줄 것 같기 때문이다. 감정 기복 탓에 이렇게 대했다가 저렇게 대했다가 하면 자기도 피곤하고 상대방도 피곤함을 느낀다. 늘 한결같은 마음과 자세로 손님을 대하자. 그러다 보면 그중에서 나를 도와주는 사람이 나타난다. 제발 나타나지 말라고 애걸복걸해도 나타난다.

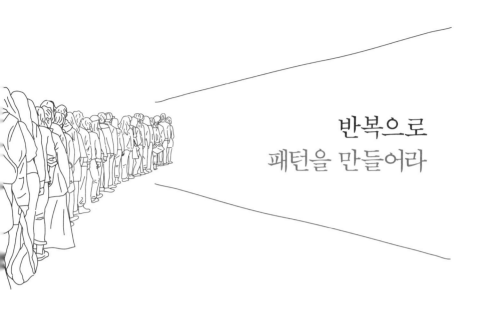

반복으로
패턴을 만들어라

　'매너리즘'을 사전에서는 이렇게 표현한다. "예술 창작이나 발상 측면에서 독창성을 잃고 평범한 경향으로 흘러 표현 수단이 고정되고 상식적으로 고착된 경향을 총칭한다. 가령 일정한 기법이나 형식 따위가 습관적으로 되풀이되어 독창성과 신선한 맛을 잃어버리는 것을 말한다." 비슷한 우리말로는 '타성'이 있다. 이 말은 상당히 중요한 의미를 가진다. '독창성과 신선한 맛을 잃어버린다'고 했는데 정말 맞는 말이다.

　하지만 부정적 견해만 나타낸 것 같다. '신선하지는 않지만 발전적인 부분에 큰 기여를 한다'는 의미는 쏙 빼버린 듯하다. 가까운 예로

SBS〈생활의 달인〉이라는 프로그램에 나오는 주인공들을 보면서 나쁘게 말하는 사람은 단 한 명도 보지 못했다. 대부분 사람이 "우와!", "저걸 어떻게…", "정말 대단한 사람이다"라고 한다. 그분들이 보여준 것이 '단순한 반복' 아니었나?

세상에는 독창적인 일, 창의적인 일만 존재하지 않는다. 창의적인 일도 사이클로 보면 그 또한 반복이다. 말꼬리 잡으려는 건 아니다. 실제 사회에서는, 반복이 성공을 불러오는 경우가 훨씬 더 많다. 그렇다면 '좀더 창의적인 반복'으로 합의하자. 반복은 하되, 독창적이고 창의적인 부분을 씌워서 해보면 효과적이겠다. 나로서도 음식점을 운영하면서 반복이 생활화되었을 때 가장 좋은 결과가 나오곤 했다. 반대로, 반복이 일어나지 않고 이리저리 변화된 모습이 나타날 때 음식점은 흔들렸다. 대박 음식점들은 언제 가도 맛, 양, 직원들, 음식 나오는 속도가 거의 일정하다. 수만 번, 수십만 번을 반복하다 보니 패턴으로 자리가 잡힌 것이다.

나 역시 반복하는 생활을 누구보다 꺼렸던 사람이다. 늘 반복되는 생활을 하면서 음식점을 운영해야 한다는 게 미칠 정도로 괴로웠다. 그러다 어느 날《부자 멘토와 꼬마 제자》라는 책에 나오는 한 문구를 보면서 믿음이 생겼다. 사이토 할아버지는 반복되는 생활 때문에 고민하고 무기력해진 꼬마 제자 간타에게 이런 말을 한다. "간타야. 인간의 성장이라는 것은 엘리베이터 안에서 요요를 하는 것과 같단다. 계속 위아래로 상하운동만 하는 요요를 보면 전혀 진보가 없는 것 같지만, 네가 타고 있는 엘리베이터는 계속해서 위를 향하여 올라가고 있으니 걱정하지 마라."

이 글을 보면서 얼마나 위로가 되었는지 모른다. '책에서 위로를 얻는다'는 말을 처음 실감하게 해준 문장이다. 참고로 사이토 할아버지의 본명은 '사이토 히토리'로 화장품, 건강식품 판매회사인 긴자마루칸과 일본한방연구소의 창업자다. 12년 연속 일본 전국 고액납세자 10위 안에 들었다.

이제는 반복에 대해서 다시 한 번 생각해볼 필요가 있지 않을까? "오늘은 힘이 들고, 내일은 더 견디기 어려울 것입니다. 그러나 그다음 날은 찬란할 것입니다." 마윈의 알리바바 회장까지도 이 말로 의견을 보태주는 것 같다.

윤종신은 015B의 객원 보컬 출신이다. 015B 1집 타이틀곡 〈텅 빈 거리에서〉로 일약 스타가 됐다. '외로운 동전 두 개뿐'이라는 마지막 가사는 공중전화 기본요금이 올라갈 때마다 세 개, 네 개, 다섯 개로 개사되어 불리기도 했다. 윤종신은 가수 활동을 하다가 전 세계적으로도 전무후무한 프로젝트를 만들었다. 바로, '월간 윤종신'이라는 프로젝트다. 앨범 단위로 발표하던 기존의 방식을 깨고, 매월 싱글 앨범을 발표하는 것이다. 아직도 꾸준히 이어오고 있으며, 국내 최고

아티스트들이 객원 가수로 참여한다. 이 프로젝트가 지속되는 이유는 작사, 작곡, 노래를 계속하기 때문이다. 창의적 반복 속에서 찾은 명성이며 개인 업적이다. 그는 외국어고등학교, 국문학과 출신이지만 전공과 아무런 상관이 없는 일을 '반복' 속에서 해낸 것이다. 음식점도 똑같다. 멀리서 찾을 것 없다. 주변에서 일어나고 있는 일에서 힌트를 얻으면 된다. 그리고 믿으면 된다.

첫 음식점을 할 때 15시간이 넘는 강행군을 하다 보니 몸에 무리가 많이 왔다. 정신력으로 버티기 위해서 의자도 없애버렸으니, 식사시간을 제외하고는 계속 서 있기만 했다. 쉴 때도 서서 쉬었다. 3개월쯤 지났을 땐가 침대에서 내려와서 바닥에 발을 짚으려 하는데 몸이 그대로 꼬꾸라졌다. '눈 뜨자마자 바로 내려와서 그런가 보다'라고 대수롭지 않게 생각했다. 그런데 며칠을 연속해서 그런 일이 일어났다. 바닥에 널브러지는데 아프지도 않았다. 어느 정도인지 알아보려고 볼펜으로 발바닥을 힘껏 눌렀지만 아무런 감각이 없었다. 이상이 생긴 것이다. 음식점 바닥이 데코타일로 되어 있었는데 보통은 전용 실내화를 신고 일한다. 나는 갑갑해서 벗고 일했더니, 그 자잘한 충격이 쌓여 난생처음 이런 일을 겪게 됐다. 넘어진 채로 '이렇게까지 해야 하나'라는 생각도 했지만 멈출 수 없었다.

해본 일이 아니었고 누구도 알려주는 사람이 없었기 때문에 오로지 내 생각만 빋고 밀고 나갈 수밖에 없었다. 지금까지 음식점을 문제없이 운영하는 이유 딱 한 가지만 고르라면 '반복되었던 생활'을 꼽겠다. 영업 챔피언의 일과도 똑같았다. 반복 속에서 좋은 결과가 나왔다는 것이 실질적으로 체험한 가장 큰 자산이기 때문에 이것만 믿는다. 찾아보면 다른 요소도 있겠지만, 나로서는 딱히 떠오르는 다른 무기는 없다.

아무리 반복되는 생활이 큰 도움을 가져올 거라고 믿지만, 실제 음식점을 운영하는 매일매일을 보면 견디는 것 자체가 어려운 일이다. 특별한 이유도 못 찾겠지만 심신이 황폐해진다고 느낄 때가 많다. 나역시 그랬다. 하지만 이런 시기와 상황은 누구에게나 찾아올 것이다. 나에게만 오는 것이 아니다. 이런 기분이 들 때 기분을 전환시키면서도 열정이 가라앉지 않게 하는 방법이 있다. 스스로에게 '오늘의 하루'를 칭찬하는 것이다.

"오늘도 무사히 하루를 보냈구나. 대단한걸. 잘하고 있어."

"7시에 왔던 그 손님 명함 받아가면서 예약 물어보시던데 며칠 뒤에 전화 오겠네."

"주방에 간 잘 맞췄다고 이야기하니까 기분 좋아하던데 음식이 더 괜찮아지겠네."

"나처럼 오늘 하루 힘들게 보낸 사람 별로 없을 거야. 성공할 확률이 높아지겠는걸."

나는 또 집에 오는 길에 운전할 때 창문을 닫고, 단전에 힘을 모으고 외치는 방법도 사용한다. "얍!", "아자!" 같은 구호를 짧고 굵게 목이 쉬라고 외친다. 스트레스 해소법인 동시에, 반복되는 하루에서 쌓인 정신적 찌꺼기를 시원하게 털어버릴 수 있다.

음식점 내에서도 반복을 응용할 수 있다. 별거 없다. 어제 "맛있게 드셨습니까?"라고 인사했다면, 오늘은 "입맛에 맞으셨는지 모르겠네요. 다음에 예약하실 일 있으시면 연락 주세요"라고 말하고 명함을 건네는 것이다. 인사라는 측면에서는 반복이지만, 서로의 감정으로 볼 때는 훨씬 더 나은 '응용된 반복'이다.

한 남자가 공장에서 나사 조이는 업무를 하고 있다. 반복되는 일에 대한 강박증이 생겨, 보이는 것은 모두 조이려고 한다. 과도한 반복적 업무에 신경증까지 앓게 된 그는 정신병원으로 이송된다. 퇴원 후에는 거리에 떨어진 깃발을 주워 주인을 찾아주려 하다가 공산주의 시위 현장의 주모자로 오인받고 교도소에 갇힌다. 교도소에서는 마약 사범이 소금통에 마약을 넣어놓았는데, 그것도 모르고 음식에 막 뿌려서 먹는다. 눈에 뵈는 게 없어진 그 남자는 우연히 폭동을 일으키는 수감자들을 제압하고 모범수로 풀려난다. 하지만 거리로 나와보니 현실보다 교도소 생활이 더욱 편하다는 것을 느꼈다. 반복에 길들었기 때문이다. 그래서 빵을 훔친 소녀를 대신하여 죄를 덮어쓰지만, 목격자에 의해서 무산된다. 이것을 인연으로 소녀와 함께 다니면서 미래의 소박한 꿈을 꾼다. 하지만 행복한 가정을 꿈꾸며 열심히 일해

식당으로 대박 내는 법

보려는 두 사람에게는 계속해서 절망적인 상황이 주어지는데, 그래도 둘은 희망을 잃지 않고 다시 일어선다.

찰리 채플린의 마지막 무성영화 〈모던 타임스〉의 줄거리를 적어보았다. "인생은 가까이서 보면 비극이지만, 멀리서 보면 희극이다"라는 찰리 채플린의 명언이 떠오른다. '비극'을 '힘든 반복'으로, '희극'을 '성공의 길'로 바꿔 다시 읽어보라.

진상 손님에게서
손님 대처법을 배워라

　9년 동안 음식점을 하면서 지금까지 만난 손님이 100만 명 가까이 된다. 그러다 보니 진상 손님들도 엄청나게 만났다. 별의별 진상 손님이 다 있다. 불법주차 찍힐 자리에 대놓고 바쁜 시간에 열쇠 주면서 어디 대야 할지 몰랐다고 하면서 당당하게 들어가 버리는 손님, 항상 같은 양의 음식이 나가는데 자기는 귀신이라며 양이 준 게 확실하다고 주변 사람들에게 이야기하는 손님, 음식을 먹기 시작하면서 곧바로 쌈 한 접시와 쌈장, 고추를 더 달라는 손님, 접시 싹 비우고 나서 문제가 있다고 트집 잡는 손님, 가뜩이나 일손이 모자라 바쁘게 움직이고 있는 직원에게 커피 안 뽑아주느냐고 따지는 손님, 모임에서 더

치페이로 전부 현금을 걷어놓고 계산대에서는 자기 카드로 결제하는 손님, 현금으로 계산하니까 할인해달라는 손님, 술 먹고 고래고래 고함지르는 손님⋯. 일일이 적다가는 끝이 없을 것 같다. 그만큼 음식점에는 진상 손님이 많다.

서울 교보문고에서 열린 저자 강연회에 가서 강연 듣고 사인도 받고 온, 존경하는 외식인인 《김밥 파는 CEO》의 저자 김승호 대표는 현재 도시락회사 스노우폭스를 운영하고 있다. 김 대표는 2015년 11월에 '공정서비스 권리 안내'라는 글을 페이스북에 올렸다. 외식업계에서는 속이 후련했을 것이다. 말도 못 하고 그러려니 하고 지내오면서 곪았던 고름을 시원하게 짜줬으니 말이다. 세계에서 가장 큰 도시락회사를 운영 중인 최고경영자가 한 말이니 영향력도 어마어마할 것이다. 붙여놓은 안내문 내용은 다음과 같다.

"우리 직원이 고객에게 무례한 행동을 했다면 직원을 내보내겠습니다. 그러나 우리 직원에게 무례한 행동을 하시면 고객을 내보내겠습니다. 상품과 대가는 동등한 교환입니다. 우리 직원들은 훌륭한 고객들에게 마음 깊이 감사를 담아 서비스를 제공하겠지만 무례한 고객에게까지 그렇게 응대하도록 교육하지는 않겠습니다. 우리 직원들은 언제 어디서 무슨 일을 하든지 항상 존중을 받아야 할 훌륭한 젊은 이들이며 누군가에게는 금쪽같은 자식이기 때문입니다. 직원에게 인격적 모욕을 느낄 언어나 행동, 큰 소리로 떠들거나 아이들을 방치하여 다른 고객들을 불편하게 하는 행동을 하실 경우에는 저희가 정중하게 서비스를 거부할 수 있음을 알려드립니다."

진심으로 박수를 보낼 일이다. 하지만 대한민국에 있는 모든 음식점에 적용하기에는 시기상조일 것이다. 안내문의 내용처럼 '상품과 대가는 동등한 교환'이지만, 적어도 대한민국에서는 손님이 갑의 위치에 있긴 하다. '괜히 부딪혔다가 긁어 부스럼만 만드는 게 아닐까'라는 생각도 많이 들 것이다. 진상 손님을 다루는 방법은 딱 두 가지다.

첫 번째는 무시하는 것이다. 이 방법을 사용하는 데는 조건이 있다. 누가 보든지 간에 그 진상 손님의 편을 들어줄 사람이 아무도 없어야 한다는 것이다. 그렇지 않으면 주변 사람들이 '아무리 그래도 손님을 저렇게 취급하면 되나? 사장이 독하네'라는 생각을 할 수도 있다. 그래서 오히려 안 좋은 소문이 날 수 있다는 사실도 미리 알고 있어야 한다. 두 번째는 정중한 사과와 정당한 보상으로 문제를 해결하려는 의지를 보여야 한다는 것이다. 사실 이 두 번째가 훨씬 더 현실적인 상황이다.

보통의 진상 손님은 목소리와 액션이 과장되어 있기 때문에 사소한 실수도 굉장히 부각되는 경우가 많다. 고기를 구워 먹다가 실컷 다 먹고 나서 시비를 건다. "살은 없고 전부 비계뿐이잖아." 세상에 그런 고기가 어디 있나. 이때 당신이 사장이라면 어떻게 할 것인가. 죄송하다고 할 것인가? 전부 바꿔드릴 것인가? 다른 생각을 해볼 것인가? 평소에 훈련이 되어 있지 않으면 100% 당황할 수밖에 없다. 손해를 보더라도 그냥 보내고 돈을 안 받을 것인지, 받을 돈은 받고 진심으로 죄송하다고 할 것인지 말이다. 이런 일이 생길 경우도 미리 예상하고 계획을 세워두어야 한다.

9년 동안 만나본 손님 중에 최악의 손님이 있다. 평소에 1인 손님에게는 절대 술을 판매하지 말라고 직원들에게 이야기를 해놓았지만, 홀 직원이 깜빡 잊은 듯하다. 직원은 손님이 나를 부른다면서, 소주를 두 병째 마시고 있는데 느낌이 좀 이상하다는 말을 보탰다. 테이블에 가보니 잠시 앉아보라고 해서 아무 생각 없이 앉았다. 말투나 행색이나 눈빛이 너무도 불쾌했고 기운이 싸늘했다. 영업부터 음식점까지 처음 보는 사람과 관련된 일을 하다 보니 직감이 많이 발달했다. 순간 '이건 범죄자다'라는 느낌이 들어 신경을 곤두세웠다. 짧은 시간에 온갖 생각을 했다. 여차하면 공격할 방법을 몇 가지로 구상하면서 이야기를 받아주고 있었다.

아니나 다를까, 영도에 사는 누구에게 복수하러 간다고 하면서 같이 가자고 했다. 그러면서 안쪽 호주머니에서 칼자루를 슬쩍 보여주는 것이 아닌가. 5시 반쯤에 들어왔기 때문에 주위에는 아무도 없었다. 테이블을 마주 보는 거리에서 흐르던 그 기운은 아직도 생생하다. 다행히 그 사람의 뒤편 저 멀리에 직원이 있었기에 전화를 하라는 나의 순간적인 손동작을 보고 경찰에 신고했다. 긴박한 20분 동안에 얻어진 0.5초의 시간이었다. 다행히 경찰이 도착해서 연행해 갔다.

사실 음식점의 진상 손님 때문에 크게 걱정한 경우는 없었다. 이미 영업할 때 진상의 최고봉을 겪어봤기에 그렇다. 카드영업 때문에 광주 모 대학교에 갔을 때였다. 연회비 10만 원짜리 카드는 당시 발급 수당만 20만 원 가까이 되었다. 교수는 자격이 되기 때문에 그 카드로 영업을 하러 들어갔다. 노크를 하고 문을 열었다. 그러자 교수가 문 쪽을 쳐다보지도 않고 "나가세요"라고 했다. 이런 상황에서 느껴지는 수치스러움은 겪어보지 않으면 절대 모른다. 하지만 영업하면서 그런 것까지 신경 안 쓴 지는 오래되었기에 그대로 들어갔다. 죄송하다고 하고 짧게 말씀드린다고 하면서 이야기했다.

한마디도 안 하던 그가 갑자기 "야, 이 ○○○야! 나가라고!"라며 욕을 했다. 순간 눈앞이 캄캄해졌고, 귀를 의심했다. 곧이어 '피가 거꾸로 솟는다는 느낌이 이런 거구나'라는 생각이 들어서 일단 뒷걸음쳐서 나왔다. 다시 들어가서 무슨 일을 벌이려고 그랬는지, 달고 있던 명찰까지 슬쩍 떼어 호주머니에 집어넣었다. 몸이 덜덜 떨렸다. 눈을 감고 고개를 숙이고 딱 1분간 고민을 했다. '들어가서 엎자' 하는 생각이 계속 떠올랐다. 하지만 영업 전국 챔피언을 했을 정도니 마인드 컨트롤 하나는 확실하지 않았겠나. 30초 뒤 곧바로 옆 교수실에 영업하러 갔다. 그리고 그 일은 당시 같이 일하던 직원들한테도 이야기하지 않았다. 좋지 않은 기운을 퍼뜨릴 이야기는 꺼내지 않는 게 좋다고 생각해서였다.

음식점에서는 진상 손님이 특히 많다. 특징은 자신이 진상 손님인지 모른다는 것이다. 진상 손님을 어떻게 해결할까? 사실, 중요한 것은 그게 아니다. 모든 손님이 진상 손님일지도 모른다고 생각하고 모든 시빗거리를 없애는 데 주력해보는 것은 어떨까. 그러려면 사소한 것부터 미리 준비를 해야 한다. 준비를 꼼꼼히 해나가면서 손님들의 욕구를 미리 하나씩 채워보는 것이다. 시빗거리가 될 수도 있다는 걸 미리 예상해서 준비하면 도움이 된다. 붉으락푸르락하면서 손님하고 부딪혀봤자 좋을 건 하나도 없다. 그리고 그렇게 부딪히는 상황을 접한 손님들은 두 번 다시 방문하지 않는다.

살다 보면 온갖 걸림돌을 만나게 된다. 비슷한 경험을 해보셨겠지만, 그런 어려움 덕에 더 단단해지고 더 좋은 결과로 나타나는 경우도 많다. 음식점도 마찬가지다. 진상 손님들을 하나씩 하나씩 처리해나가는 동안 음식점 운영이 굉장히 매끄러워진다. 이런 경험을 차곡차곡 쌓은 운영자들은 딱 봐도 여유가 느껴진다. 반면에 그렇지 않은 사장님들은 날카롭게 날이 서 있다. 그렇게 되지 않기 위해서라도, 손님의 반응을 항상 적극적으로 살펴라.

월급쟁이 마인드를 버려라

늦게 시작해도 역전 가능한 것이 창업이다

3배의 월급을 받으려면 9배 더 일하라

첫 창업, 호랑이 굴로 찾아가라

넘버원이 아닌 온리원으로 창업하라

음식점 관리노트를 반드시 작성하라

가슴 속 거인을 깨워 함께 일하라

창업으로 추월차선에 올라타라

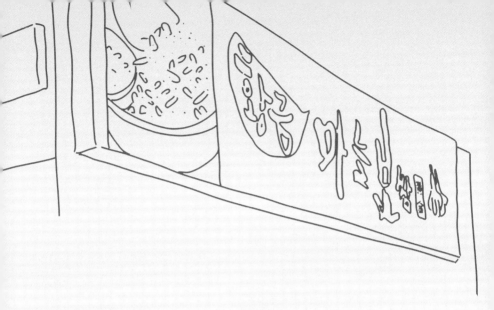

5장

창업 고수가
알려주는
식당으로 대박 내는 법

월급쟁이 마인드를
버려라

월급쟁이. 보통 급여를 받는 회사원을 말한다. 사회 초년기에는 급여만으로도 기본적인 생활비를 충당할 수 있다. 그러다가 결혼을 하고 자녀가 생기면 지출이 급격히 늘어난다. 수입보다 지출이 더 많아지는 상황이 되어서 타 직장을 알아보기도 하지만, 큰 차이는 없다. 당장 남의 떡이 좀더 커 보일 뿐이다. 회사에 다녀서 위축이 되는지, 위축이 되어서 창업을 못 하고 회사에 다니는지는 모르겠지만 회사원들을 보면 움츠려져 있는 경우가 많다. 경력이 쌓이면 관련 지식은 늘어난다. 하지만 행동으로 옮기는 실천력까지 늘어나는 것은 아니다. 안정적인 생활을 추구하다 보니 익숙한 생활에 젖어 있고 창조적

식당으로 대박 내는 법

인 일을 하는 데 두려움을 느낀다.

회사원들은 급여일을 기다린다. 하지만 급여일이 되면 각종 비용이 통장에서 빠져나간다. 오죽하면 '3일의 행복'이라는 씁쓸한 유행어가 생겨났겠는가. 회사원은 급여를 기다리고, 오너는 급여를 준다. 기다리는 것은 어떤 물리적인 행위가 발생하지 않고 시간만 지나면 된다는 개념으로 볼 때, 수동적인 느낌이다. 그리고 준다는 것은 어떤 방법을 통해서라도 제공해야 한다는 개념으로 볼 때, 능동적인 느낌이다.

월급쟁이의 수동적인 마인드로는 창업하기가 어렵다. 창업해서 잘 안되면 "회사 다닐 때가 좋았다"는 말도 하곤 한다. 그렇지만 능동적인 마인드를 가진다면 창업은 물론이거니와 회사를 계속 다니더라도 훨씬 더 도움이 될 것이다.

군대 마지막 휴가를 나왔을 때 현금수송회사에 이력서를 냈다. 소장님은 그 자세가 마음에 들었는지 곧바로 합격시켜주셨고, 제대 바로 다음 날부터 일을 시작했다. 현금수송 중에서 가장 힘들다는 새벽 지하철조로 배정되었다. 지하철의 하루 수익금을 전부 모아 은행에 갖다 주는 작업이다. 새벽 지하철조를 하려면, 근무복을 입고 가스총과 철제 삼단봉을 차고 늦어도 새벽 5시 10분에 사무실에서 나가야 한다. 70명의 직원 중 단 4명만 일했던 악명 높은 코스다. 그중에서도 나 혼자만 고정이었고, 나머지 3명은 매주 바뀌었다. 오전에만 19개의 지하철역 사무실에서 수익금을 받아 올라온다. 예상했겠지만 동전도 있다. 동전자루 4개가 나오면 거의 50킬로그램에 육박한다. 그걸 어깨에 메고 오르내리는데, 계단에서 하나가 터지기라도 하면 지하철 역사가 아수라장이 된다.

몹시 힘겨운 일이었지만, 나로서는 찬밥 더운밥 가릴 처지가 아니었다. 새벽 4시에 기상해서, 버스 타러 가는 길에 새벽 공기의 상쾌함을 느끼고자 했고, 공장에 출근하는 사람들을 보면서 '이렇게 새벽부터 열심히 사는 사람들이 왜 못살까?'라는 생각도 많이 하게 된 계기가 되었다. 밤 10시에 출근하여 다음 날 오전 10시에 퇴근하는 대형마트 야간 수송조도 있었다. 하루는 소장님한테서 밤 9시에 갑자기 전화가 왔다. 야간조 한 명이 급한 일이 생기는 바람에 연락을 한 것이라고 했다. 당일 새벽 5시에 나와서 오후 5시까지 12시간을 일한 지 몇 시간 지나지 않은 참이었다. 용돈 번다는 생각에 수락하고 다시 8시간 동안 근무를 했다. 그다음 퇴근하지 않고 곧바로 새벽 5시의 지하철조로 들어갔다. 이틀 동안 32시간을 일한 것이다. 그 이후에 소장님은 근무가 빌 때마다 항상 불러주었다. 달력에 체크한 것을 보니 365일 중에서 8일을 제외한 모든 날에 일을 했다. 이때의 경험으로 음식점을 운영하는 데 꼭 필요한 인내심이 길러졌다.

휴학을 했기에, 그곳에서 거의 1년 동안 일을 했다. 일을 마칠 무렵 소장님이 엄청난 선물을 주셨다. 바로, 본사에 이야기해서 방학 때마다 아르바이트로 일할 수 있게 해주신 것이다. 당시까지 그런 경우는 한 번도 없었다고 한다. 2학년 복학을 하고 나서 4학년 때까지 방학

식당으로 대박 내는 법

만 되면 곧바로 일을 했다. 매달 아버지께 100만 원씩 드렸으니, 대학 등록금을 전부 내 힘으로 마련했다고 볼 수 있다. 그렇게 하고도 통장에 평균 잔액이 600만 원 정도 있었으니 마음이 평온했다. 돈의 위력도 느끼게 된 셈이다. 회사 형님들은 당시 20대 후반에서 30대 후반까지 다양했다. 70명의 직원이 있었기에 세상살이가 그 속에 다 들어 있었다. 햇수로 4년에 걸쳐 현금수송을 한 터인지라 형님들도 꾸준함을 인정해주었고, 여기저기 데리고 다니면서 맛있는 것도 많이 사줬다. 그때 많은 음식점을 섭렵하게 되었다. 70명이 사는 동네가 전부 다르니 알고 있는 밥집, 술집이 엄청났다. '이 경험도 언젠가는 음식점 하는 데 큰 도움이 될 것이다'라고 생각했던 기억이 생생하다.

아버지께서 한 회사에서 25년 동안 근무하셨기에 회사원의 생활을 가장 가까이에서 보았다. 당시 어린 내가 보기에도 회사원인 아버지 혼자만의 봉급으로는 생활이 버거울 거라고 느껴졌다. 앞서 말했듯이 일곱 식구가 계속 같이 살았기 때문이기도 하다. 이 단순한 논리로 나는, 앞으로 회사원 생활로는 사는 게 힘들 거라고 판단했다. 그때부터 일상생활에서 답을 찾고자 노력했다. 더 정확하게는 '영업'이라는 것을 해봐야 세상을 뚫고 나갈 수 있다는 생각을 했다.

그러던 고1 겨울방학 때였다. 골목 어귀에 있는 용달차에서 찹쌀떡을 내리더니, 나이 드신 몇 분에게 찹쌀떡을 주는 것이었다. 호기심이 워낙 많아서 계속 지켜보면서 들어보니, 구매와는 상관없는 이야기들을 주고받는 것이었다. 할아버지들이 가고 나서 슬금슬금 다가가 용달차 주인에게 물었다.

"아저씨, 이 찹쌀떡, 뭐예요?"

"이거 여기서 파는 건 아니고, 다른 데서 팔아야 하는 찹쌀떡이지. 왜? 팔아볼래?"

어쩌면 내가 듣고 싶은 말이었는지도 모른다.

"어떻게 하면 되는데요?"

"한 통 3,000원. 1,600원은 가져가고 1,400원은 나한테 주면 된다."

그렇게 찹쌀떡 판매를 시작했다. 스티로폼 박스를 두 개 붙여 맞붙은 가운데는 뚫고 노란 테이프로 떨어지지 않게 칭칭 감았다. 양쪽에 끈을 연결하고 찹쌀떡 20통을 싣고 버스를 탔다. 사람들이 전부 이상하다는 눈으로 쳐다봤지만 3만 2,000원의 용돈을 만들 수 있다는 생각에 그런 건 신경 쓸 틈이 없었다. 부산 사상에 시외버스 터미널이 있는데, 사람이 많으니까 그쪽으로 가야겠다고 계획을 세웠던 참이다.

그런데 막상 도착하니 어디서부터 누구한테 팔아야 할지 막막했다. 들어가기 전 간단한 멘트를 두세 개 만들어서 일단 옷가게로 들어갔다. 대략 10초쯤 이야기했나. 나가달라고 했다. 죄를 지은 건 아니었기에, 나오면서도 죄송하다는 말은 하지 않았다. 아니, 그 자존심이라도 있어야 의지가 무너지지 않을 것 같았다.

3시간 정도 부지런히 돌았다. 딱 2개 팔았다. 3,200원. 인건비로 계

식당으로 대박 내는 법

산하면 시간당 1,000원이다. 허무하기도 했지만, 오기가 생겼다. 다음 날 다시 나갔다. 조금 더 멘트가 정리되는 느낌이 들었다. 하지만 결과는 비슷했다. 4개, 6,400원. 그것도 학생의 용돈벌이로는 괜찮은 수준이었겠지만, 만족스럽지 않았다. 방법을 바꾸어 유동인구가 많은 동네에서 무작정 돌지 말고, 일반 동네 골목을 하나씩 점령해보기로 했다. TV에서 보듯이 외치기로 했다. 도심지에서 들어본 적이 별로 없을 테니 특별할 것 같다는 생각부터 들었다. 하지만 "찹쌀떡 사려!"라고 우렁차게 외치려 했으나, 입 밖으로는 소리가 안 나고 머릿속에서만 맴돌 뿐이었다.

왔다 갔다 서성이다 보니 30분이 흘러갔다. 이대로 멈출 수는 없었다. '이것도 못 팔면 나는 앞으로 아무것도 못 한다. 컴컴한데 뭐가 부끄럽냐. 한번 해보자.'

"찹쌀떡 사려."

몇 번을 해도 반응이 없어서 더 크게 외쳤다.

잠시 후 2층에서 아주머니가 창문을 열더니 "요새도 찹쌀떡 장수가 있나? 하나 주이소"라고 하더니 내려와서 한 개를 사 갔다. 고맙다는 인사를 몇 번은 했다. 그때부터 자신감이 조금 붙어서 계속 외치고 다녔다. 몇 시간 동안 골목을 누비면서 팔았다. 12개. 자신감이 생겼더니 그렇게 방법을 계속해서 바꾸고 나름대로 연구했다.

결국 한 달 정도 했을 때 1시간 반 만에 43개를 팔아서 거의 8만 원을 번 적이 있다. 떡은 안 사더라도 수고한다고 1,000원, 2,000원을 주시는 아주머니도 굉장히 많았다.

집 멀쩡한 열일곱 살의 고등학생이 스티로폼 떡통을 메고 찹쌀떡을 팔다니. 그때의 모습을 지금 생각해보면 약간 울컥하기도 하지만, 당시는 인생이 뭔지는 몰라도 이런 경험을 꼭 해봐야 할 것 같았다. 인생이 마냥 쉽게 펼쳐질 것 같지 않다는 생각도 한몫했다. 찹쌀떡 판매 경험이 대학 졸업 후에 했던 영업에도 엄청나게 큰 도움이 되었다.

가끔 지인들에게 이런 질문을 받는다. "길에서 찹쌀떡 파는 것이 어렵냐? 음식점 운영하는 것이 어렵냐?" 첫 시작으로 보면 찹쌀떡 파는 것이 어렵고, 중장기적으로 보면 음식점 운영이 훨씬 더 어렵다. 그러니 월급쟁이 마인드는 될 수 있는 대로 버리고, 사업가 마인드를 장착해야 한다. 그래야 음식점 홍수 속에서도 살아남을 수 있다. 덧붙이자면, 사회생활을 해보니 길에서 돌아다니면서 찹쌀떡 파는 것보다 어려운 일은 그렇게 많지 않았다. 그 시절 나의 결정에 감사한다.

식당으로 대박 내는 법

늦게 시작해도
역전 가능한 것이 창업이다

답답해서 울고 싶은 날이 있다면, 한국 최고의 소리꾼인 장사익의 〈꽃구경〉이라는 노래를 들어보라. 열이면 열, 자신도 모르게 눈가가 촉촉해질 것이다.

"만약 아흔 살까지 산다고 가정하면, 앞의 절반은 캄캄한 밤이었고 나머지 반은 대낮"이라고 말하는 장사익은 충남 홍성에서 돼지 장수의 아들로 태어났다. 무역회사 직원, 딸기 판매원, 가구 외판원, 전자상사 직원, 카센터 직원 등 열다섯 개의 직업을 전전하다가 열여섯 번째로 택한 직업이 가수다. 서태지와 아이들의 히트곡 〈하여가〉에서는 태평소 부는 소리가 나오는데, 그 소리의 주인공이 바로 김덕수 사물

놀이패에서 태평소를 담당했던 장사익이다.

음악평론가들에게 "발끝에서 수액처럼 끌어올린 소리를 심장에서 터뜨린다"는 평을 받는 장사익은 마흔다섯 살에 노래를 시작했다. 그는 한국 최고의 소리꾼으로 불리며, 대가수 이미자가 처음으로 후배 가수와 함께 공연한 자리의 주인공이 되었다. 공연 때마다 전석이 매진되고 국내외에서 초청이 쇄도하는 스타가 된 장사익이 '나이'가 무서워서 시도하지 않았다면, 우리는 그의 '숨 막히는 탁성'은 듣지 못했을 것이다.

여기 또 한 남자가 있다. 1890년 9월 미국 인디애나 주 헨리빌이라는 곳에서 3남매 중 장남으로 태어난 그는 스물아홉 살이 되던 해에 한 주유소 운영을 제안받는다. 이후 그 주유소는 경제 대공황이 발생하고 나서 망하게 되었다. 그의 나이 마흔이었다. 다행히 본사인 쉘오일 측의 도움으로 새로운 주유소를 다시 운영할 수 있게 되었고, 여행자 식당까지 만들어 히트를 쳤다. 입소문이 나자 식당은 유명해졌고 그는 모텔과 식당업에 몰두해서 돈을 벌었다. 하지만 1939년 가게에서 화재가 발생하여 2년 동안 가게를 살리는 데 돈을 다 썼다. 게다가 그의 가게가 위치한 25번 국도는 메인 도로였는데 새로 우회도로가 건설되면서 손님의 발길이 끊기고 말았다. 은퇴 후 남은 돈은 연금 105달러밖에 없었다. 결국 1952년에 기존 식당의 인기 메뉴였던 프라이드치킨의 조리법을 닭 1마리당 5센트의 사용료를 받고 판매한

식당으로 대박 내는 법

다는 계획을 세웠다. 트럭에 압력솥을 싣고 다니며 가게마다 방문해 자신의 조리법을 홍보했다. 하지만 백발노인의 조리법을 반기는 이는 아무도 없었다. 그때부터 그는 1,008번의 거절을 맞았다. 하지만 좌절하지 않고 계속 도전했고 결국 1,009번째 가게에서 그의 조리법을 식당 메뉴로 채택하게 되었다. 이를 시작으로 현재는 100여 개국에 1만 3,000여 개의 체인점을 둔 거대 외식 프랜차이즈로 발전하였다.

중반부가 넘어가면서 예상하셨겠지만, 주인공은 바로 KFC의 창업자 커넬 할랜드 샌더스다. 인기 높았던 프라이드치킨 조리법을 1,008개의 가게에서 거절했다는 사실이 믿기지는 않지만, '1마리당 5센트'라는 로열티 때문이었다면 충분히 이해가 간다. 어쨌든 '치느님'의 조상격인 KFC가 생기지 않았더라면, 우리는 그 맛있는 프라이드치킨을 못 먹어보고 살고 있을지도 모른다. 한 할아버지의 의지가 지구촌의 먹거리를 만들어낸 셈이다. 그 늦은 나이에 시작해서 '전 세계 100여 개국에 1만 3,000여 매장'이라는 성공신화를 이루었다. KFC 할아버지를 모르는 지구인은 없을 것이다. 이 모든 일은 그가 예순다섯 살에 도전함으로써 일어났다.

믹서기를 팔러 다니는 평범한 세일즈맨이 있었다. 어느 날 믹서기 8대를 쓰는 레스토랑이 있다고 해서 찾아갔다. 형제가 운영하는 레스토랑이었다. 그때까지는 풀코스 레스토랑만 있었는데 이들 형제는 햄버거, 감자튀김, 청량음료만 제공하는 레스토랑으로 운영했다. 이

믹서기 세일즈맨은 빠른 음식 제조 속도를 보고 깜짝 놀랐다고 한다. 전망 있는 사업이 되겠다는 것을 알아차리고 그 레스토랑을 통째로 사들였다. 그리고 창업주가 되었다.

"나는 당시 쉰세 살이었다. 당뇨병에다 관절염 증상에, 쓸개도 갑상샘도 모두 성치 못했다. 하지만 나는 항상 내가 언젠가는 성공할 것임을 믿어 의심치 않았다." 이렇게 말하는 그는 전 세계적인 기업 맥도날드의 창업자 레이 크록이다. 평소에 "나의 고용주는 바로 나 자신"이라는 말을 자주 했다고 한다. '내 삶의 주인공은 바로 나'라는 생각이 새로운 도전을 하게 한 것이다.

주위에서도 유사한 사례들을 찾을 수 있을 것이다. 인생평가단이라는 게 있어서, 그들이 채점표를 들고 나의 인생에 점수를 매기러 오지는 않는다. 그 점수에는 아무도 관심이 없다. 가고 싶은 속도나 방향은 자기 자신이 정하는 것이다. 늦은 나이라 해도 역전하는 창업, 충분히 가능하다. 말도 안 되는 욕심만 부리지 않는다면 말이다.

음식점 경력이 부족해도 경력자들을 따라잡을 수 있는 확실한 이유가 있다. 음식점을 운영하면서 '조리법을 바꾼다'는 것은 말도 안되는 이야기이고, 굉장한 위험이 뒤따른다. 그래서 이전에 만들어놓은 방법을 토대로 계속 유지하는 것이다. 20년 된 유명 음식점도 마찬가지다. 20년 동안 계속 조리법을 연구하는 것이 아니다. 음식점의 가장 필수적인 요건은 '맛의 유지'다. '더 나은 맛을 찾는 것'은 옵션이

식당으로 대박 내는 법

다. 시간이 얼마 걸렸을까? 5년? 10년? 미리 겁먹을 필요는 없다. 몇 분 만에 만든 노래가 불멸의 히트곡이 될 때도 있다. 시간과 노력을 6개월만 투자해보자. 6개월이면 해볼 만한 시간 아닌가?

음식은 얼핏 보면, 손맛인 것 같지만 과학이다. 어머니들이 간을 보지 않고도 찌개를 잘 끓이는 이유는 숟가락만 있으면 재료를 얼마나 넣어야 하는지 감각적으로 알기 때문이다. 예를 들어, 100명을 모아놓고 모두가 만들어본 적 없을 것 같은 멘보샤를 만들어보라고 한다면 가장 잘 만든 사람에게 '손맛이 좋다'고 말할 수 있을 것이다. 멘보샤는 식빵 사이에 새우를 넣은 중국 요리다. 그런 경우를 제외하면 '데이터가 쌓인 조리 행위'일 뿐이고, 우리가 평소에 먹는 대부분 음식이 이쪽에 속한다.

캡사이신 농도로 매운맛을 측정하는 스코빌지수라는 게 있다. 이 지수로 라면의 매운맛을 측정한 결과 '틈새라면 빨계떡'이 가장 높았다고 한다. 그 라면은 1981년도에 명동의 5평 라면집에서부터 시작된 전설의 라면이다. 주인장인 김복현 대표가 6개월 동안 라면 맛을 연구했다고 한다.

명동의 건물 틈새에서 분식집을 시작한 김복현 대표는 국물에 고 춧가루를 푼 라면으로 해장라면을 만드는 시도를 했다. 전 국민이 끓여 먹는 대중적인 라면을 가지고 차별화를 한다는 게 쉬운 일이었을까? 아니, 난이도를 떠나서 그 생각을 실천했다는 사실이 놀랍다. 그렇게 해서 나온 라면이 '빨계떡'이다. 결국, 오랫동안 동네 분식집에서 만든 라면 하나만으로 190여 가맹점을 거느린 프랜차이즈회사가 된 것이다.

음식을 아무 곳에서도 배우지 않은 나에게 '희망의 롤모델'이기도 했던 김복현 대표는 라면 프랜차이즈의 신기원을 열었다. 지면을 빌려, 몇 년 전 간암으로 세상을 떠나신 김복현 대표의 명복을 빈다. 음식을 제대로 만들어서 음식점을 하려고 하는 사람들에게 한마디만 해달라고 요청한다면, 대표님 역시 "6개월 동안 미친 듯이 만들어보니까 되더라"라고 말씀해주실 것 같다.

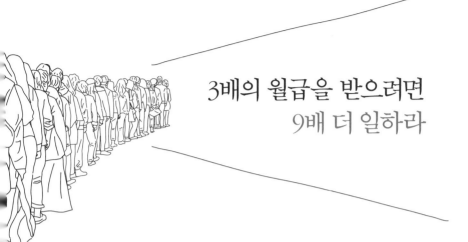

3배의 월급을 받으려면 9배 더 일하라

    취업자의 고용 형태는 임금 근로자와 비임금 근로자로 구분된다. 임금 근로자는 말 그대로 다른 사람이나 회사에 고용되어 임금이나 보수 등을 근로 대가로 받는 사람이다. 비임금 근로자는 본인이 직접 운영하든지 가족이 운영하는 사업체에 정규적인 보수 없이 일하는 사람을 말한다. 그 사실로 볼 때 대부분의 자영업자는 비임금 근로자에 속한다.

    2015년 7월 국민연금연구원이 '중·고령자 경제생활 및 노후준비 실태'라는 연구보고서를 내놓았다. 그에 따르면, 50세 이상 비임금 근로자의 월평균 급여는 100만 원 미만이 44.7%라고 한다. 그 외에 월

100〜200만 원은 21.3%, 월 200〜300만 원은 16.1%, 월 300만 원 이상은 17.9%다. 이 세상 모든 평균에는 최상위 그룹과 최하위 그룹의 수치가 함께 담겨 있다. 하지만 대개 평균은 '평범한 대중'을 대변하므로, 현실적 수치로 바꾸어보자.

10개의 음식점 중에서 5개는 월수입 100만 원 미만, 2개는 월수입 150만 원, 3개는 월수입 200만 원 이상이라고 볼 수 있다. 유사한 키워드로 인터넷에서 검색해보니 '한 달 167만 원도 못 버는 동네사장님들', '인건비 아까워 나 홀로 자영업', '창업자 절반 3년 후 파산'이라는 기사가 뜬다. 167만 원을 연봉으로 환산하면 2,000만 원 정도가 된다. 홀로 생활하는 직장인이라도 생활이 버거울 금액이다. 부양가족이 있다면 삶의 복지는 거의 포기해야 할 것이다. 3년을 버텨 생존한다면 그 자체로도 대단한 일이다. 음식점 관련 경험이 제로인 사람은 첫 창업으로 생존할 확률 역시 제로에 가깝다.

여기서 독자들이 나에게 이런 질문을 할 수도 있겠다. "당신도 경험이 없지만, 음식점으로 성공하지 않았는가?"라고 말이다. 누구나 할 수 있다. 대신, 자신과의 약속을 꼭 지켜야 한다. 그래서 포부를 가지고 열심히 하실 단 한 분의 독자를 위해서라도 이제는 공개하려 한다.

대학 동기들은 첫해 회사에 입사하여 실수령액 170〜190만 원 정도 받았다. 회사에서 일하는 시간은 보통 10~12시간일 것이다. 주변 직장인들에게 물어봤다. "진정으로 회사를 위해서 열심히 일하는 시간이 얼마 정도 되겠냐?" 그랬더니 대부분 '30분'이라고 답했다. 물론 이게 절대적인 수치가 될 수는 없다. 기관에서 조사하는 것과는 비교할 수 없을 정도로 신뢰도가 엄청나게 떨어질 것이니, 큰 의미는 두지 마시길 부탁드린다.

직장인 월급(170~190만 원)의 3배면 500만 원이 넘는다. 그리고 정말 열심히 일하는 시간(30분)을 10배로 하면 300분이 된다. 그래서 나는 300분, 즉 5시간을 정말 집중할 수 있도록 영업 계획을 세웠다. 그런데 잘 되지 않았다. 10시간으로 목표를 수정했다. 그랬더니 너무 힘들었다. 하지만 10시간을 목표로 삼으니 5시간은 어떻게든 달성할 수 있었다. 입에서 단내가 풀풀 날 정도로 일하면서 하루에 '5분'만 쉬었다. 정말 숨도 안 쉬고 일해보았다. 그 경험을 해본 나로서는 '3개월만 미쳐보면 어느 정도의 답이 나온다'는 이야기를 가장 강조해서 들려주고 싶다. 물론 좀더 계획을 잡으려면 6개월이 필요하다. 어쨌든 '3개월 동안 매일 미친 5시간'을 보냈다. 3개월을 미치니, 3배가 만들어졌다.

부산에서 영업 1위를 했을 때, 팀장님이 영업소 데이터를 보여주셨다. 당시 영업사원은 약 80명. 80명의 총실적을 100%로 칠 때 나의 개인 실적이 16%를 차지했다. 약 13명의 실적을 홀로 만들어낸 것이다. 10명 정도의 몫을 혼자 해내야, 직장인의 3배 이상 되는 수입을 가져갈 수 있다. 과장도 없고, 덜함도 없다. 영업직 중에서 월 100만 원도 못 가져가는 사람들이 꽤 많다. 현실이다.

일반인과 비교하자면, 영업직종에 있는 사람들은 열정도 많고 기운도 더 좋은 편이다. 그런데 그런 사람들만 모아둔 영업조직조차 그렇게 잘 흘러가지 않는다. 영업을 하면서 얻은 가장 큰 수확은 상위권에 들어가려면 얼마만큼의 노력을 해야 하는지 수치상으로 감을 잡았다는 것이다. 이런 감이 생기니 남과 비교할 필요가 없었다. 스스로 세운 원칙과 시간만 철저히 지키면 되는 것이다. 에너지가 여기저기 분산되지 않기에 꽤 괜찮은 방법이었다.

음식점을 운영하면서도 마찬가지였다. 음식점 매출 기준으로 최상위, 상위, 보통, 하위권을 나누어서 지켜보았다. 음식점 운영도 영업과 같다고 생각하면서 분석했다. 위치, 구조, 아이템, 아이템과 그 나머지와의 어울림, 인테리어, 속도, 서비스, 클레임 처리 방법, 사장님의 마인드, 인사성 등을 살펴보았더니 놀라울 정도로 영업조직과 비슷했다. 아니, 똑같았다.

언제부터인가 무슨 일을 할 때마다 떠올리는 문장이 있다. "얼마나 짧은 시간에 얼마나 임팩트 있게 일하는가?"라는 질문이다. 적재적소에서 이 질문을 던지고 그 해답을 찾아나가다 보면 대부분의 일은 해결되었다. 영업과 음식점은 스킬을 위주로 하여 배우면 안 된다. 그렇게 익힌 스킬은 수명이 길어봤자 1년이다. 멀쩡하게 장사 잘되던 음식점이 폐업한다면 보통 이런 경우다. 음식점 운영을 음식에서만 답을 찾으려 했지, 다른 부분을 생각하지 못했기 때문이다.

SBS 〈생활의 달인〉과 KBS1 〈강연 100℃〉에 출연한 노태권이라는 분이 있다. '아무리 열정이 있다 해도 이렇게까지 할 수 있을까'라는 생각을 갖게 해준 사람이다. 막노동으로 생계를 이으며 살았다고 한다. 난독증이 있어서 학력은 중졸이고 두 아들도 중졸로, 부자가 모두 중졸이었다. 그는 마흔다섯의 나이에 공부를 시작했다. 야간 주유소와 세차장에서 아르바이트를 하면서 공부를 계속했다. 주유소에서 일할 때는 영어 교육방송을 듣기 위해 30미터짜리 이어폰을 직접 만들기까지 했다. 그렇게 7년을 공부하던 어느 날, 컴퓨터 게임중독에 빠진 아들이 성적표를 위조했다는 사실을 알게 되었다고 한다. 성적은 350등. 그때부터 45세의 중졸 아저씨가 혼자서 7년 동안 스스로 공부한 노하우로 아이들을 6년 동안 가르쳤다. 이건 놀라울 일 정도가 아니라, 세상에 있을 수 없는 일 아닌가? 결론부터 말씀드리면 두 아들을 각각 서울대 경영학과 4년 장학생, 한양대 연극영화과 수석으로 만들었다.

그 비결을 물어보니 이렇게 답했다. "비결은 없습니다." 그 대답은 방법적인 측면에서의 답변이었을 것이다. 이를 시간 측면에서 볼 때는 13년 동안 하루 5시간만 계산해도 2만 3,725시간이 된다. 성공의 척도가 된다는 1만 시간을 가뿐하게 뛰어넘어 전무후무한 일을 만들어낸 것이다.

음식점에서도 불로소득을 꿈꾸지 마라. 그런 일이 일어나기를 바라는 것은 망상이다. 세상의 법칙은 그렇게 단순하고 허술하게 만들어져 있지 않다.

부끄럽지만, 나도 사회생활을 하면서 힘들이지 않고 돈 버는 방법을 찾아 다니던 시절이 있었다. 다단계회사에도 가보았고, 힘겹게 번 돈을 주식투자로 2개월 만에 다 날린 경험도 있다. 소중함과 간절함이 없는 돈은 부질없는 것임을 알았다. 오히려 그런 종류의 고민을 했던 시간이 정신적인 손실을 가져온다는 것도 오롯이 느꼈다. 현실 세계에서 가능한 방법은 보통 사람의 3~5배를 집중해서 하는 것이다. 충분히 가능하다.

초보 창업자에게 '열심히 하면 돈을 벌 수 있다'는 이야기 역시 하면 안 되는 것이다. 음식점은 돈 보고 운영하면 100% 안되게 되어 있다. 아닌 것 같은가? 장사가 안되어 고민인 가게 사장님에게 특별히 한 가지 조언을 드리겠다. 욕심부리지 말고 마진을 5% 줄이고 그 줄인 5%를 손님에게 돌려줘 보라. 그렇게 했는데도 장사가 안된다면 매장에 찾아가서 종일 무료로 일해드리겠다. 자기 식당도 바쁘면서 그 약속을 어떻게 지키겠느냐고? 걱정하지 않으셔도 된다. 실제로 그렇게 했는데도 손님이 안 올 리는 없으니 말이다.

식당으로 대박 내는 법

만약 월 300만 원 버는 분이 5%인 15만 원어치를 손님에게 돌려드리면 하루 5,000원꼴이다. 5,000원이면 제철 포도 반 상자 또는 귤 반 상자 값이다. 매일 손님에게 석 달만 드려보라. 포도 300상자 값이 되돌아올 것이다. 음식점은 아끼면 아낄수록 돈이 달아나는 요상망측한 직종이다. 그 돈이 아까우면 음식과 음식점에 미리미리 시간과 노력을 투자하라. 그리고 음식의 가치를 만드는 데 주력하라. 할 수 있다. 아니, 해내야 한다. 방금 말씀드린 과일 제공은 내가 실제로 했던 방법이다. 이 책의 독자분들에게만 알려드리는 것이니 "쉿!"

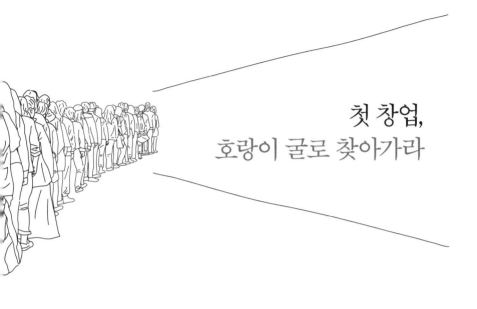

첫 창업,
호랑이 굴로 찾아가라

창업 이전의 경험을 살려서 창업하는 것이 가장 이상적인 형태이지만, 꼭 그렇게 하지 않아도 문제없다. 겪어본 일을 해야만 성공한다면, 세상 살아가기가 너무 힘들 것이다. 자신이 경험한 일로 창업을 해야 성공 확률이 높고 경험이 없는 일로 창업을 하면 성공 확률이 낮고, 그런 건 없다. 다만, 보편적인 관점으로 봤을 때 그게 수월하다는 것뿐이다.

주위에서도 잘 살펴보면 전혀 관계없는 분야에 종사하다가 인생역전을 하신 분들도 볼 수 있다. 창업을 떠나서 마인드만 제대로 장착되어 있으면 무엇이든지 이룰 수 있다. 열정이라는 단어도 마인드에서

식당으로 대박 내는 법

파생되는 긍정적인 기운일 뿐이다. 마인드만 잘 갖추고 있으면 무슨 일이든 해낼 수 있다. 잘하는 것을 좋아하든지 좋아하는 것을 잘하든지, 적어도 둘 중 하나와는 친해져야 한다. 잘하는 것을 싫어하는 것은 안타까운 일이고, 좋아하는 것을 못 하면 자괴감에 빠진다. 첫 창업, 10년 뒤를 봤을 때는 좋은 거름이 될 수도 있고 실패의 첫 단추가 될 수도 있다.

부산 주례동에 '이병용 구이'라는 고깃집이 있다. 내가 부산에서 제일 좋아하는 고깃집이다. 그 음식점은 상권이라고 말할 수도 없는 동네에서 고군분투하고 있다. 이병용 대표는 자영업 출신이 아니다. 기계 제작이 본업이었다. 어느 날 자전거 동호회에서 주최하는 여행을 갔는데, 거기서 흔히 말하는 바비큐를 먹고 깜짝 놀랐다고 한다. 고기에 눈을 뜨게 된 것이다.

그때부터 고기 굽는 기계를 손수 제작하기 시작했다. 사모님은 '아직도 꿈만 좇는 남편'이라며 눈을 흘길 때가 많단다. 이렇게 해보고, 저렇게 해보고, 새로 만들고, 자르고, 붙이고 별의별 방법을 해보면서 개선하는 중이다. 이 정도까지는 '손재주 좋은 사람은 그럴 수 있겠다' 생각하지만, 취미로 하는 수준이 아니다. 이미 특허를 6개나 받았다. 첫 창업인 고깃집에서 이런 일을 해냈다는 것 자체가 말로 설명하기도 어렵다.

지금도 인근에 작업 공간을 만들어서 연구를 더 하고 계신다. 대표님 말씀으로는 1년 안에 최소 5개, 최대 12개의 특허가 더 나올 거란다. 늦은 시간에 방문했을 때는 인생 이야기를 많이 한다.

한번은 연구를 계속하는 이유를 물어봤더니 잠시의 망설임도 없이 말씀하셨다.

"해봤냐고. 그냥 해본 것도 아니고, 진심으로 해봤냐고. 미치도록 해보고 싶어서 해봤냐고. 돈을 쫓아서 가면 미칠 수가 없다. 죽으면 재로 날아가든지 땅속에 파묻힌다. 최소한 그전에, 대한민국의 고기 굽는 판도는 바꾸어보고 죽겠다. 잘 하면 돈 될 거고, 못 하면 못 벌 거고, 정 안 되면 먹고살기만 해도 될 거고."

누군가는 '조그만 고깃집 하나 하면서 사장님 꿈이 너무 크시네'라고 할 수도 있겠지만, 난 믿는다. 마인드의 힘이 얼마나 무서운지 알기 때문이다. 흰머리가 성성하지만, 뜨거운 마음만큼은 20대 저리 가라다.

대한민국에 얼마나 많은 고깃집이 있을 것이며, 경력 많은 사장님들도 얼마나 많겠나. 그렇다면 어지간한 아이디어는 이미 다 나왔을 것이고, 새로운 거라고 해봤자 뭐가 있겠나. 고깃집 떠올려보면 획기적이라 할 만한 게 나올 리 없지 않은가. 그런데 이병용 대표는 난생처음 해본 음식점 창업에서 꿈을 제대로 펼치고 있다. 부디 입지조건 때문에 매출이 저하되어 그 꿈이 시들어버리지 않기를 팬으로서 바랄 뿐이다.

이렇듯, 쫄지 마라. 한 달에 몇십만 원 더 벌겠다고 마인드를 버리지 마라. 이 세상에 존재하는 상품 중에서 투자수익률이 가장 높은 상품이 마인드라고 생각한다.

나 또한 음식점이 첫 창업이었다. 사실, 특이한 경우이긴 하다. 20년을 알고 지내던 지인의 부모님께서는 식품회사의 대표였다. "지금까지 살아왔던 방식, 영업 능력, 눈빛 이 세 가지를 보고 허락한다. 아이템과 장소는 알아서 구해라. 전혀 터치하지 않겠다"고 하시면서 3억 5,000만 원을 투자하셨다. 사실, 몇 년 뒤에 잠깐 운영했던 다른 가게에서는 매출로 인한 손해를 끼치기도 했고, 앞으로의 방향에 차이가 있어서 그만두게 되긴 했다. 그렇지만 내게 큰 도움을 주신 분임은 분명하기에 지면을 빌려 감사드린다.

간 큰 걸로는 누구 못지않았지만, 음식점 구상 때문에 몇 달간 거의 잠을 이루지 못했다. 약 5개월 동안 상권과 아이템을 분석한 후, 관공서 근처의 한 청국장 매장을 인수했다. 어릴 때도 용돈을 모아 시장에서 청국장을 한 덩이 사 와서는 어머니께 끓여달라고 하기도 했었다. 청국장은 내가 그 정도로 좋아하는 음식이었기에 자신감을 가졌다. 상권 분석을 할 때는 약 100미터 떨어진 곳에서 종일 손님 수를 체크했다.

인수 당시 월매출은 4,000만 원이었다. 투자금액이 2억 미만이었으면 몰라도 3억 5,000만 원이나 되니 월매출을 5,000만 원은 넘겨야 존재 가치가 있다는 계산이 나왔다. 그러니 현 상태를 유지해서는 안 될 일이었다.

이후 1년 동안은 '음식점 안에서 귀신이 되겠다'는 마음으로 일을 했다. 24시간 운영이 아닌데도 새벽 1시 이전에 집에 간 적이 없다. 그렇게 6개월 정도를 미친 듯이 운영한 결과 월매출이 1억 원이 되었다. 한 매장에서 청국장과 보쌈만으로 연매출 10억을 넘겼던 때다. 이렇게 단 두 줄로 6개월의 시간을 표현하니 그다지 느낌이 오지 않을 듯하다.

그 6개월간의 증상 몇 가지를 이야기해보겠다. 수면 부족 탓에 길에서 전봇대를 들이받은 적도 있고, 청국장 끓이는 동안 홀에서 잠시 눈을 붙였다가 잠이 깊이 들어 100인분의 청국장을 홀라당 태워버리기도 했다. 보쌈고기의 맛을 연구하느라 계속 테스트했는데 그때 소비한 고기가 1톤 가까이 된다. 적어도 보쌈과 청국장만큼은 유명 요리사가 와도 이길 수 있도록 만들어야겠다고 다짐했다. 6개월 동안 그 좋아하는 술을 단 한 모금도 마시지 않았다.

지금 다시 똑같은 생활을 해야 할 상황이 온다면 어떨까? 해내기야 하겠지만, 사실 엄두가 안 난다. 그러니 처음 창업할 때 제대로 하시라고 말씀드리고 싶다.

앞에서도 얘기했지만, 나는 3수 공대생이다. 요리를 전문적으로 배운 적이 한 번도 없다. 음식을 만드는 방식을 한 달에 걸쳐서 하나씩 하나씩 전부 바꿨다. 주방 이모에게 기존 조리법을 아예 묻지도 않았다. 그만큼 자신감을 가졌다. 핵심은 마인드이기 때문이다.

지금 내가 전혀 '겸손하지 않게' 이야기하고 있다는 것을 스스로도 알고 있다. 잘난 체라고 여기기보다 이렇게 생각해보시라. "그냥 하면 돼"라는 주변 성공자의 모호한 조언에 의지가 꺾인 분들이 얼마나 많은가. 초보 창업자에게는 자영업의 현실에 대한 이해가 필요하고, 그 많은 난관을 이겨내고 말겠다는 도전의식도 필요하다. 그런 점에서 하는 얘기이니 너그러이 이해해주시길 부탁드린다.

3수 공대생이 지금까지 음식점을 문제없이 유지해온 이유는 찹쌀떡 판매, 현금수송, 카드영업, 보험 설계 등으로 쌓은 경험과 대학교에서 배운 메커니즘 말고는 없다. 전공인 산업공학과에서 배운 핵심은 '최고'가 아니었다. '최적'의 솔루션을 찾아서 경영에 접목하는 것이었다. 나는 이 개념을 음식점에 접목하려고 했고, 앞으로도 그럴 것이다. 대한민국에는 내가 운영하는 음식점보다 매출 높은 음식점이 많다. 그리고 경력이 더 화려한 사장님들도 어마어마하게 많다.

하지만 군대에서도 병장이 이등병에게 설명하는 건 이해도가 떨어진다. 지금 일병 말호봉 정도 되는 내가 초보 창업자들에게 힘을 실어주고 도전할 수 있는 이야기를 해주는 것이 더 잘 받아들여질 거라고 본다.

대학 때 우리 과에는 김병남 교수님께서 만드신 실험실(CIM)이 있었다. 쉰 살이 다 돼가는 선배들부터 새내기까지 지금도 매년 모인다. 그런 한결같은 문화를 보면서 신기하기도 하고 뿌듯하기도 했다. 믿길지 모르겠지만, 그 교수님이 가르치시던 경제성공학은 시험 시간만 6시간이나 됐다. 당시에는 몰랐지만, 그렇게 인생 마인드를 장착해주신 그 시험의 기억 덕분에 졸업생들이 그렇게 모이는 것이다. 졸업생들은 재학생들이 시험 볼 때 학교에 와서 감독하고 점수를 매긴다. 이것도 교수님이 착안하셨다.

매출만 이야기해서 오해의 소지가 있을 것 같다. 음식점에 뛰어들기 5년 전부터 음식점 운영이 목표였기에 음식 관련 책을 400권가량 읽었고, 음식점도 1,000여 곳을 탐방했다. 요리를 배우지 않고도 그나마 운영하는 것은 그렇게 책과 음식점 탐방에 집중해서였을 것이다. 그 정도의 노력도 없었으면, 나 또한 여기까지 오지 못했을 것이다. 그만큼 어렵다. 어려워도 너무 어렵다. 음식점 운영은 의지와의 싸움이다. 간도 커야 하고, 작은 손실 같은 건 신경 꺼야 한다. 특히 영업 마인드가 필요하다.

인생은 영업이다. 끊임없이 연구하고 상품력을 만들어야 한다. 맛있게 만드는 것은 부차적인 문제다. 손님에게 세일즈를 하라는 것이 아니다. 몸짓, 표정, 말투를 보고 손님이 어떤 평가를 하는지 철저하게 분석하라. 그리고 그 분석을 토대로 변화를 실행하라. 실행했으면 계속 반복하라. 그리고 뒤를 돌아보라. 이만큼 와 있는 자신을 보고 더 큰 용기가 날 것이다.

　유수의 회사 대표님들이 이 글을 읽으실까 봐 부끄럽기도 하다. 겨우 음식점 하나에 이렇게 거창한 의미를 담아 이야기하는 것이 민망하다. 하지만 초보 창업자들을 위해 실전 사례를 알려주는 책이 거의 없다는 것을 알기에, 눈 한 번 질끈 감고 말씀드린다. "호랑이 굴로 찾아가라."

넘버원이 아닌
온리원으로 창업하라

    학교에서도 사회에서도 일등주의, 넘버원만 외친다. 위낙 경쟁구도 속에 있다 보니 일등이 아니면 관심도 없고 기억하지도 않는다. 하나의 경쟁을 벗어나면 또 다른 경쟁이 기다리고 있다. 그렇게 경쟁을 내세워왔지만 실상은 어떤가.

    경쟁을 통해서 성장해왔지만, 수시로 변화하는 환경 때문에 경쟁력이 지속성을 갖지 못한다. 모든 환경이 정지 상태라면 일등을 추구하는 것도 큰 문제는 없다. 하지만 하루가 무섭게 트렌드가 바뀐다. 몇 년 전 1년 동안의 변화가 요즘에는 한두 달 만에 이뤄진다. 빠르게 변화하는 세상 속에서 경쟁력을 갖추는 방법은 무엇일까? '차별화'를 무기로 삼는 것이다.

　온리원은 오직 하나라는 말이다. 온리원의 뜻과 중요성을 이해해야 차별화가 이루어진다. 오로지 수요자의 입장으로 이해하고 갈구해야 한다. 내가 원하는 것을 강요하는 것은 요즘 시대의 흐름과 맞지 않는 다. 그렇다고 수요자가 원하는 것만 만들어낸다면, 이 또한 그 의미를 잘못 해석한 것이다. 남의 것을 그대로 답습하여 추종하는 것이 아니라 자신만의 무기, 자신만의 시스템을 만들어야 한다. '더 나은 것'을 연구하는 것도 좋지만, '다름'을 찾아가는 것이 훨씬 더 큰 가치를 만들어낸다.

　내가 운영하는 보쌈집에는 벽에 캘리그라피 하나가 걸려 있다. "머리에 뿔 난 송아지는 기껏해야 5만 원, 엉덩이에 뿔 난 송아지가 거래된다면 부르는 게 값, 다름이 가치다"라고 적혀 있는데, 내가 만든 작품이다. 전국서예대회에서 다섯 차례나 상을 받은 개인 취미활동이다. 음식점 사장 중에서 캘리그라피를 직접 그려서 매장에 붙여놓는 사람이 전국에 몇 명이나 될까? 복잡하게 생각하지 않았다. 이런 것부터 차별성이라고 생각했다. 차별성이 무조건 '매출을 높이는 요소'라고 생각할 필요는 없다. '최고의 다름'이 필요한 것이 아니라 '다름'이 필요할 뿐이다. 그리고 그렇게 시작해야 일상생활에서도 온리원을 쉽게 찾을 수 있다.

　보쌈집에는 쟁반냉면이나 막국수가 매출 효자상품이다. 그래서 이

품목을 사이드로 넣지 않는 보쌈집이 없다. 하지만 나의 보쌈집에는 면 자체가 없다. "쟁반냉면 하나 주세요"라고 이야기하는 손님이 많긴 하지만, 메뉴가 아니라고 말씀드린다. 대신 청국장이 있고, 된장찌개 는 없다. 청국장의 가치를 끌어올리는 방법이다. 식사 메뉴가 단순하 게 구색용이라면 된장찌개를 같이 판매할 것이다. 하지만 80만 명의 손님이 드셨던, 청국장이라는 온리원의 무기가 있기 때문에 그렇게 하지 않는다. 그리고 "마늘보쌈과 청국장의 조합은 국내 최초입니다" 라는 문구를 적어놓았다. 각각의 단품은 국내 최초가 아니다. 하지만 조합으로 보면 최초다. 조합은 아무나 따라 할 수 없다.

정리를 해보면 영업 챔피언 출신 음식점 사장, 직접 쓴 캘리그라피 를 걸어놓은 음식점, 국내 최초 마늘보쌈과 청국장의 조합, 이 세 가 지가 나만의 온리원이라고 생각한다.

몇 달 전, 브랜드 가치평가회사인 브랜드스탁에서 1분기 대한민국 100대 브랜드에 BBQ가 36위로 뽑혔다. 먹거리 체인점으로 대한민 국 100대 브랜드 안에 들어간다는 자체가 놀랍다. 여기에는 분명 어 떠한 형태든 온리원이 있었을 것이다.

몇 달 전, 경주에서 한국프랜차이즈산업협회의 컨벤션 행사가 열 렸다. 나는 행사를 마치고 뛰어가서 BBQ의 윤홍근 회장님께 사인 을 받기도 했다. 그는 치킨대학을 설립한 주인공이다. 치킨대학은 경 기도 이천에 있는데, 기억으로는 3개의 매장이 있었을 때 설립했다고 한다. 그곳에서는 새로운 메뉴를 개발하고 품질관리를 한다. 석박사급 전문 연구진 40여 명이 있으며, 업계 최고의 연구시설을 자랑하는 10만 평 규모의 대형 대학이다. 실제로 몇 년 후에 4년제 정규대학으로 만들 생각이라고 하니 입이 쩍 벌어진다. 온리원은 누군가가 따라 시도해보려 하다가도 "그만두자"라는 생각이 들 정도로 고난도와 가치가 있어야 가능해진다.

권혁남 대표는 SBS 〈생활의 달인〉에서 '짬뽕 우승'과 '탕수육 우승'을 했다. 생활의 달인 역사상 2회 우승자는 처음이다. 권 대표는 '이비가 짬뽕'이라는 짬뽕 음식점을 운영하고 있는데, 이름부터 예술이다. '입이 가'를 소리 나는 대로 옮겨 적은 것으로 '맛있는 음식에 자꾸 입이 간다'는 의미다.

이렇게 쉽고 간단한 이름을 찾아낸 것만으로도 온리원으로서 가치가 있다. 대한민국 사람 중에서 짬뽕을 싫어하는 사람이 있을까. 온 국민의 사랑을 받아온 음식 중에 짬뽕만 한 아이템도 없다고 판단하고 짬뽕을 선택했다고 한다. '발견했다'고도 할 수 있겠다. 또 사골국물에 한약재, 토종닭을 넣어 24시간 이상 고아 만든 육수로 한국 최초로 짬뽕국물 제조 특허를 받았다. 여기에 대해서는 '가치를 씌웠다'고 할 수 있겠다.

이렇게 되면 게임 끝이다. 온리원의 완벽한 완성이다. 건국 이래 중국 음식점 주방장들이 얼마나 많았을까? 그런데 권혁남 대표 한 사람만이 그 짬뽕국물의 온리원을 찾은 것이다. 대전의 작은 짬뽕집에서 시작한 그 브랜드는 짬뽕 대표 브랜드가 되어 전국으로 퍼져나갔다. 국내 프랜차이즈 음식점 중에서 내가 가장 자주 사 먹는 음식이다.

실제로는 이런 종류의 온리원을 찾아내기 어렵다. '맛있는 짬뽕을 만들어내는 것'만 생각하다 보면 답을 못 찾기 때문이다. 만드는 과정과 최종 결과물이 나오기까지의 어려움이 더해진 가치를 찾아내야 한다. 관심을 가지고 보면 보인다. 샤오미의 출현으로 삼성은 타격을 받았지만, 애플은 매출 변화가 없다고 한다. 브랜드 이데올로기, 즉 브랜드 이념 자체가 혁신이기 때문에 확고한 팬층은 떠나지 않는 것이다.

리콴유 전 싱가포르 총리는 일본군의 만행을 그린 책을 썼는데 그러면서도 싱가포르 국민에게 "일본인의 근면은 배우라"고 말했다. 그는 '내가 만난 특별한 일본인'으로 긴짱을 꼽았다. 긴짱은 도쿄 데이코쿠 호텔 아케이드 맨 구석에 있는 슈샤인 코너, 즉 구두닦이 코너의 주인이다. 리콴유가 그를 꼽은 이유가 뭘까.

그가 별세한 이튿날 〈아사히신문〉에 추모 글이 실렸다. '고인은 단골 숙소 데이코쿠 호텔의 구두닦이에게서 일본의 장점을 봤다'는 대목이 있었다. 일본에 올 때마다 리콴유는 긴짱을 만났다고 한다. 긴짱은 당시 "처음엔 총리인 줄 몰랐어요. 유명한 사람은 구두만 내려보내는데, 그분은 보디가드도 없이 혼자 오셨거든요"라고 했다. 슈샤인 코너의 요금은 1,000엔, 시간은 8~20분 정도가 소요된다. 구두를 닦던 긴짱이 "손님, 영국제 처치 구두군요"라고 하자 리 총리가 메이커까지 알아보느냐며 놀라더라고 했다. 긴짱은 "메이커만 알아보는 게 아니라 메이커에 따라 구두약도 달리 쓴다"고 말했다.

리 전 총리는 생전에 〈닛케이신문〉에 기고한 칼럼에서 이렇게 썼다. "일본 문화는 자기 일을 제대로 하는 사람을 존경한다. 지금껏 본 적이 없을 만큼 구두를 말끔히 닦았다. 일본인은 자기 일에 자부심을 갖고 있다. 뭔가 할 때 자기 능력의 최대한까지 한다. 그것이 일본의 성공을 이끌었다."

음식점은 맛, 서비스, 청결, 가격이 기본으로 꼽힌다. 그렇다면 이 네 가지는 경쟁력 요소는 아니다. 가치는 시대에 따라 변할 수밖에 없다. 어쩌면 절대가치라는 건 없다고 봐도 무방하다. 음식점 운영해본 사람들조차 맛만 좋으면 될 거라고 생각하는 분들이 적지 않다. '지금 이 순간' 잘되기 때문에 드는 생각이 아닐까? 평소에 미리미리 온리원이 될 수 있는 요소를 분석하여 하나하나씩 더해놓자. '발명'보다는 '발견'하는 데 시간을 보내는 것이 훨씬 괜찮은 방법일 것이다. 그렇게 발견해낸 것에 가치를 더하면, 분명히 나만의 온리원이 된다.

너무 어렵게 생각하지 마라. '하고 싶은 음식'을 '발견'하여, '나만의 방식'이라는 '가치'를 더하면 그 음식점만의 '온리원'이 된다는 애기다.

그러다 보면 써먹을 시간이 분명히 온다. 맹목적으로 일만 하는 개미보다 맨날 노래 부르고 놀던 베짱이가 뛰어난 노래 실력으로 가수가 된다. '맨날 노래 부르고 놀던' 것이 가치로 가치로 바뀌는 것이다.

음식점 관리노트를
반드시 작성하라

부드럽게 이야기하면서 자신감을 드릴지 강한 어조로 긴장감을 드릴지 고민했지만, 전자는 거의 도움이 되지 않는다고 판단했다. 음식점 하시는 분들이 가장 많이 하는 말이 이것이다. "장사 열심히 한 것 같은데 남는 게 없다." 괜히 이 앓는 소리 하는 것은 아니다. 맞는 말이다. 정확하게 보면 "남는 게 없다가 아니라 남은 게 없다"가 맞는 말이다. 둘의 차이는 크다. '남는 것'은 업 자체의 마진을 말하고 '남은 것'은 이달의 순이익을 말한다. 통장에 돈이 없는 이유를 못 찾은 것은 아닐까?

일반인들의 시간과 생각을 스마트폰이 빼앗는다면, 음식점에서는 포스가 그렇다. 분석이랍시고 줄줄 튀어나오는 데이터는 숫자놀음에서 빠져나오지 못하게 한다. 끔찍한 이야기를 한 번 하자면, 하루에 포스 매출 다섯 번 이상 확인하는 사람은 필패할 것이다. 매장의 흐름보다 '내 호주머니에 들어올 돈'이 우선인 사장이기 때문이다.

나는 8년 전 장부를 아직도 가지고 있다. 언제든지 볼 수 있도록 차 트렁크에 실어놓았다. 그때도 포스는 있었지만, 나는 일일이 영수증을 금전출납부에 붙이고 지출 내역을 적었다. '매일 적는다'는 행동의 힘을 느껴보지 못한 분은 반드시 실행하시길 바란다. 얼마가 들어오는지, 얼마가 나가는지 눈으로 확인하고 또 해야 한다. 하나는 오늘 포스상의 매출이고, 또 다른 하나는 실제 통장에 들어온 카드값이다. 이 카드값을 지배할 수 있어야 음식점 운영이 된다. 운영에서 가장 혼동을 주는 요소는 '전체 매출의 80% 이상 되는 카드값'이다. 토요일, 일요일은 아예 돈이 들어오지 않는다. 공휴일이라도 같이 끼어버리면 모든 자금 계획이 엉망이 된다.

음식점 카드값이 정확하게 얼마 들어오는지 맞출 수 있는 사람은 아무도 없다. 상식적으로 생각하면 가능할 것 같은데, 오차 5% 내에서만 맞춰도 귀신 소리 듣는다. 음식점 매출이 어느 정도 궤도에 올라 자리를 잡은 음식점에서는 '주 평균'도 비슷할 것이다. 다음 주에 들어오는 카드값은 '지난주 평균'으로 계산한다. 끝 단위는 차이가 나지만 계산하기 쉽도록 정리하면 '월요일 15%, 화요일 10%, 수요일

식당으로 대박 내는 법

30%, 목요일 30%, 금요일 15%, 토·일요일 0%가 됨을 알려드린다. 간단하게 지난주 주간매출이 1,000만 원이었다면 월요일부터 금요일까지 요일별로 각각 150, 100, 300, 300, 150만 원 정도가 카드값으로 들어온다는 얘기다.

계산하는 방식에 따라 의견이 다를 수는 있다. 하지만 그게 중요한 것이 아니다. 오늘 '대략' 얼마가 카드값으로 들어올지를 알아야 인건비와 각종 지출 및 공과금 계획을 세울 수 있다.

주변에 있는 대부분 자영업자의 일과 중 일부를 보여드리겠다.

오늘은 목요일. '금요일에 식자재값을 보내야지' 생각하고 있는데 갑자기 쌀집 사장님한테 전화가 와서 정산을 부탁한다고 강한 어조로 말한다. "사장님, 저번에도 송금 안 하더니 이번에도 안 합니까? 우리도 돈을 받아야 물건을 들여놓지요"라고. 사실 갑작스러운 전화는 아니다. 몇 번 송금 부탁 문자가 왔었다. "아니, 보내기 싫어서 안 보냅니까? 알아서 보냅니다"라고 말하고 끊어버린다. 요즘 결제 몇 번 안 했다고 식자재 사장이 얕보는 것 같다. 콧구멍만 한 음식점에서 써봤자 얼마나 쓴다고. 하기야 결제를 안 해줬으니 객관적으로는 내 길곳이다.

결국 이튿날인 금요일, 쌀집에 송금을 다 해버렸다. 이제 4일 동안은 버텨야 한다. 4일 동안은 어디에도 송금해줄 수 없다.

월요일이 되었다. 비가 온다. 손님이 최소 20%는 줄어든다. 오후

1시쯤이 되자 카드 입금액이 거의 다 들어왔다. 심호흡을 한 번 하고 확인하니 정수기와 보안회사, 보험료가 빠져나갔다. 아뿔싸! 그렇지 않아도 15%밖에 안 들어오는 날인데. 한 주의 시작부터 괴롭다. 손님을 봐도 별 의욕이 없다. 엎친 데 덮친 격으로 음식에서 머리카락도 나오고, 다 먹고 나가는 손님한테 인사를 해도 영 반응이 없다.

이런 식으로 일이 꼬인다. 직원들 급여라도 끼어 있는 날이면 머리가 더 복잡해진다. 식자재 납품상들에게 원성을 들을 이야기일지도 모르겠지만, 효과적인 자금 운용법을 알려드리겠다. 이번 주까지 영업을 하고 폐업한다고 치자. 이번 주 카드매출은 다음 주에 통장으로 입금된다. 그것으로 미수금을 정산할 수 있다. 고로, 1주일 치 미수금은 안고 가도 된다.

지금까지 해본 비율로는 월매출의 15~20% 정도의 미수금을 유지하는 것이 문제가 없었다. 월매출이 3,000만 원이라고 한다면 식자재의 총미수금을 '매주 450~600만 원' 정도로 유지하라는 말이다. 며칠 장사가 더 잘되었다고 몰아서 송금해서도 안 되고, 장사 안된다고 무조건 끌고 가서도 안 된다. 매주 비율을 유지해서 송금하는 것이 관건이다. 그렇게 해야 순이익도 계산할 수 있다. 음식점 운영자는 빚쟁이가 아니다. 대신, 납품에 문제가 없게끔 자주 송금을 해주어야 한다. 보름 단위나 월 단위 등 여러 가지로 해보았지만, 내 경험으로는 1주일 단위나 10일 단위로 정산하는 것이 가장 효과적이었다.

식당으로 대박 내는 법

그러기 위해서는 관리노트가 필수다. 심지어 채권회사에서조차 '갚아나가려는 의지'만 보여도 전화하지 않는다. 하물며, 음식점은 거래처가 아닌가. '무한정 시간을 끌어라'라는 의미가 아니다. 자주 정산하려면 데이터가 정확해야 한다. 모든 매출과 비용을 월 단위로 처리하면 흐름을 파악하기 어렵다. 주 단위로 송금액을 정리하고 거기에 맞춰서 정산하라. 순수익도 매주 정산할 수 있다.

이 이야기를 처음 들을 때는 안 될 것 같이 보이지만, 계속하다 보면 참신한 응용 방법도 나온다. 월세 전후 3일은 급여일로 정하지 않는 것도 작은 팁이다. 월세는 한 번에 나가는 금액이 크다 보니 2일 내로 급여까지 정산하려면 버거울 때가 있다. 쫓기기 시작하면 끝이 없다. 이런 방법을 주위 자영업자 몇 분께 알려주니, 어렵겠다는 반응이었다. 하지만 실제 해보았더니 몇 달 만에 돈을 모았다고 이야기하는 경우를 많이 보았다.

장부를 기준으로 이야기했지만 관리노트의 필요성은 음식점의 흐름을 파악하는 데 더 큰 의미가 있다. 각자 스타일에 따라서 노트가 필요한 경우도 있고, 필요 없는 경우도 있을 것이다. 음식점의 하루를 전부 글로 풀어보면 굉장히 많은 일이 있다. 별것 아니라고 생각하고 넘기는 일들이 부지기수다. 장부에 적든지, 노트에 적든지 그건 중요치 않다. 중요한 것은 '적는다'는 것이다. 하루의 관리가 쌓여서 일주일의 관리가 되고, 그게 쌓이면 한 달의 관리가 되는 것이다. 한 달의 관리가 되면, 계절별 분석도 된다.

1년만 노트 작성을 해보자. 굉장한 변화가 일어난다. "땅을 보지 말라고 지적을 했다. 땅을 보면 난 축구에서 살아남지 못하므로 땅을 보지 말아야겠다. 전술을 할 때는 뒤 공간을 보라고 지적받았다." 대한민국 최고의 축구 레전드 박지성 선수가 쓴 초등학교 때의 일기장이다. 축구 연습을 할 때 실수했던 것부터 개선해야 할 점들을 그림까지 그려가며 설명해두었다. 그렇게 작성한 선수가 많았다면 그가 오늘날 레전드로 불리는 것이 우연이라고 할 수도 있겠지만, 그런 방법을 누구나 한 것이 아니라는 점에서 의미를 찾아야 한다.

여러 가지 경우로 살펴보았겠지만, 음식점 운영은 호락호락하지 않다. '먹고 맛보는 것'이 전부라면, 삼척동자도 할 수 있을 것이다. 우리는 대부분 큰 고민 없이 그냥 영화를 본다. 지금 음식점을 준비해야 하는 당신이 목표로 삼아야 하는 직업은 영화업계로 비유하자면 '감독'이다. 관객의 반응을 예상해야 하고, 주인공의 활약을 최대치로 끌어올려야 하고, 작업 진행 중의 애로사항들을 처리하면서 끌고 나가야 한다. 때로는 활력을 불러일으키고, 때로는 중지시키기도 하는 모든 업무를 총괄해야 한다. 그러면서도 자신의 색깔을 확실히 입혀야 한다.

아마 누구든지 이름만 보고도 그의 영화를 보고 싶어지는 감독 한두 명은 있을 것이다. 그 감독들의 첫 개봉작을 살펴보라. 허술한 느

식당으로 대박 내는 법

낌도 있지만 감독이 이야기하고자 하는 바를 알 수 있을 것이다. 누구에게나 시작은 두려운 법이니 걱정 말라. 이제 모든 준비가 되었으면, 역동적으로 움직여보자. "레디, 액션!"

가슴 속 거인을 깨워
함께 일하라

소는 네 개의 위를 가지고 있다. 오른쪽에서 왼쪽 순서대로 혹위, 벌집위, 겹주름위, 주름위라고 한다. 이는 사전적 명칭이고 보통은 양, 벌집 양, 천엽, 막창이라고 부른다.

양곱창집에서 파는 것이 바로 1번 위인 양이다. 원래 양은 1번 위와 2번 위를 통틀어서 말하는 것이지만 구이 재료인 양은 1번 위다. 즉 벌집 양은 대체로 구워 먹지 않는다. 2번 벌집 양은 표면이 육각형의 벌집구조로 되어 있다. 양곰탕에 들어가는 재료다. 탕 말고는 그렇게 어울리지 않는다. 삶아서 서비스로 준다면 손님들 호응도가 높은 식재료이기도 하다. 3번 위는 천엽이라고 부른다. 굵직한 재료를 소화시키던 벌집 구조의 2번 위를 지난 다음 위다. 시장에 가보면 빨간 고무 대야에 담겨 있는 걸레처럼 생긴 것이 바로 천엽이다. 마지막으로 4번 위는 막창이다. 네 개의 위 중에서 가장 헷갈리는 이름이다. 왜냐하면 소의 네 번째 위 막창과 돼지 창자의 끝 부분도 막창이라고 부르기 때문이다. 소 막창은 위이고 돼지 막창은 창자다. 전혀 다른 종류다.

앞에 정리한 것처럼, 나는 음식 이야기를 좋아한다. 읽는 것도 좋아하고 쓰는 것도 좋아한다. 음식점을 운영하다 보니 온라인 활동이 상업적으로 느껴져서 그만두었지만, 같이 활동하던 분들은 지금 TV에도 나오고 칼럼니스트로도 활동하고 있다. 어릴 때부터 할머니, 할아버지와 계속 함께 살다 보니 자연스럽게 음식에 대해 많은 이야기를 들었다. 음식 자체에 관심이 많이 가다 보니 어려서부터 '음식 관련업을 해야겠다'라는 생각이 있었다.

물론 생각만 있었을 뿐, 무엇을 어떻게 해야 할지는 떠오르지도 않았고 막연하기만 했다. 집에 일본 음식과 관련된 만화책만 200권 정도 있다. 요리를 배우지 않았기 때문에 어떤 식으로든지 관심을 가져야 했다. 어렵게 접근하면 금방 싫증을 느낄 수 있기 때문에 만화책부터 봤는데, 나로서는 엄청난 자산이 되었다. 만화책도 보다 보면 '쿵' 하고 다가오는 것이 있다. 그렇지만 그 느낌만으로는 부족하다. 수없이 반복하여 내 것으로 만들어야 한다. 만화책으로 편하게 마음을 열고, 모르는 것은 음식 책을 찾아보고, 그래도 모르는 것은 음식점 탐방을 통해서 익혔다.

조리법을 구하려 하지 마라. '조리법을 구했다'는, 문장으로만 봐도 과거형이다. 몇 년 뒤에는 통하지 않을 수도 있다는 말이다. 조리법은 답지가 아니다. 답을 내기 위한 도구에 불과하다. 도구는 핵심이 되지 못한다. 내 가슴 속의 거인은 '음식 이야기를 좋아하는 나'였다. 그 거인을 깨워보니 하고 싶은 음식이 생겼다.

서울 노량진에 가면 '미스420'이라는 쌀국숫집이 있다. 6년 전 한국인 남편에게 시집와 생계를 이어나가기 위해 포장마차 소시지 장사를 시작한 여성이 주인공이다. 바로, 베트남 여성 전티마이 대표다. 쌀국수는 대한민국에서는 외식으로 들어가지만, 베트남에서는 주식 중의 주식이다. 한국인 입맛에 맞춰 조리법을 살짝 바꾼 그녀의 쌀국수는 노량진 컵밥 일인자로 등극했다. 베트남 여성이 직접 만들어주는 쌀국수다 보니 더욱 소문이 났다고 한다. 외국 사람이 한국 사람들을 상대로 장사가 쉬울까 하는 생각도 들었지만, 전티마이 대표는 자신이 제일 잘하는 음식으로 결국 성공을 거두었다.

전쟁터 중의 전쟁터, 포장마차계의 고수들만 몰려 있는 최전선에서 월매출 9,000만 원을 올린다고 한다. 월매출 9,000만 원이 어느 정도의 느낌이냐면, 시내 핵심상권의 50~70평대 삼겹살집 중에서 가장 잘되는 곳이라고 봐도 무방하다. 이 정도면 대한민국 음식점 상위 매출 0.1%에 들어간다. 그 정도 음식점이면 일도 무척 고되기 때문에 돈 받고 일하는 파출부조차 몰래 도망가는 수준이다. 이 집은 3,500원 쌀국수만 하루에 700그릇 정도 팔린다 보면 된다. 다른 메뉴도 있기 때문이다. 바 형태의 테이블까지 포함하면 35개 정도 되니까 하루 20회전이다. 테이블이 적어서 그런 느낌도 있지만 700명은 어마어마하다. 타국에서 포장마차부터 시작한 쌀국수 장사. 겨울철에는 동상까지 걸려가면서 일했다고 한다. 그렇지만 찾아오는 손님에게 너무 감사한 마음이 들어서 좌절한 적이 없다고. 긍정적으로 사는 베트남 여성이라고 소문나서 손님들이 더 몰려들었을 것이다.

성공의 단서는 가까운 곳에 있다. 자신만의 장점을 특화시켜라. 발상의 전환을 이뤄 위기를 기회로 받아들이면 성공이 보인다. 자신만이 할 수 있는 것이 무엇인지 찾아보라. 먼 훗날 성공으로 가는 '신의 한 수'가 될지도 모른다. 이 모든 일은 가슴 속 거인을 깨우지 않으면 불가능하다.

3년 전쯤 청주의 한 지인에게 들은 이야기다. 한 족발집에서는 관광 가이드한테 주문을 받아 차에 족발을 싣고 갖다 주는데 새벽부터 전쟁이라고 했다. 알고 보니 청주 육거리 시장에 있는 족발집이었다. 주인은 최선자 대표다. 족발집 칠판에는 각종 여사의 이름이 적혀 있는데, 청주 관광 가이드들만 수십 명을 알고 있는 대표님이 적어놓은 것이다. 양도 푸짐하게 주는 것을 잊지 않으니 입소문이 꼬리에 꼬리를 문다고 한다. 그러다 보니 관광 가이드는 물론 많은 사람이 알게 되었다. 전국에 단골손님이 퍼져 있고, 외국에서 온 단골이 있는가 하면, 해외여행 가서 먹을 족발을 사 가기도 한단다.

놀라운 것은 단골을 기억하는 고객관리 능력이다. 10년 전에 배달 갔던 손님까지 잊지 않고 기억한다고 한다. 또 하나는 약속을 칼같이 지킨다는 점이다. 관광 가이드가 주문하는 족발이기 때문에 먼 길을 떠나는 손님들이 대부분이다. 늦으면 손님들이 족발 없이 빈손으로 가야 한다. 이런 일이 발생하면 신뢰는 다 무너진다. 그래서 시간을 철저히 지키고, 만약 늦으면 차로 끝까지 쫓아가서 배달을 한다고 한다. 족발 하나 때문에 2시간 거리까지 가본 적도 있다고 한다.

나도 음식점을 하지만 이런 분들의 스토리를 알게 되면 '대단하다'는 생각밖에 들지 않는다. 사람들은 '성공을 이룬 시점'을 본다. 하지만 정말 핵심을 찾으려면 '성공을 이룬 과정'을 보아야 한다. 의심할 필요도 없다. 그 과정에서 힌트를 얻지 못하면 '잘못된 성공'에만 눈이 돌아간다. 이 책을 쓰려고 마음먹은 이유도 여기에 있다. '음식점을 만드는 방법'에 관련된 책들은 많다. 시점으로 보면 '오픈 이전 과정'에 대해 기술한 책들이다. 소위 말하는 '대박집'을 운영하는 음식점의 대표로서 볼 때 오픈 전 과정의 중요도는 그리 크지 않다. 마인드를 깨우는 일이 훨씬 중요하다. 가슴 속 거인을 깨우면, 그 거인이 분명 많은 일을 해낼 것이다.

"초관리 운동. 담배 한 개비 피우는 시간 5분에 2,100원, 불필요한 전화 한 통 하는 3분은 1,260원, 커피 한 잔 10분은 4,200원."

서울 성수동에 있는 용수철 생산업체 삼원정공에 적혀 있는 글이다. 근무시간을 최대한 활용하는 회사 분위기를 만들었다는 양용식 대표. 작업 중에 생기는 쓰레기는 모두 재활용할 수 있다는 생각에 쓰레기통 이름도 '현금통'으로 바꾸었다. 이런 혁신 덕분에 스프링 시장에서 25%의 점유율을 차지하게 되었다고 한다. 양용식 대표는 "사회나 국가의 정책을 비난하면서 내가 어려운 것이 마치 남의 탓인 양 떠넘기는 기업주들은 '기본'이 되어 있지 않다"고 이야기한다.

의식 없이 행할 때와 의식을 갖고 일을 행할 때의 결과는 천지 차이다. 사람의 모든 행동을 규명하고 결정짓는 것은 의지다. '무형의 다짐'만이 행동과 생각을 끌어낼 수 있다. 그 무형의 결정체가 바로 가슴 속의 거인이다. 머리로 아무리 좋은 생각을 해도, 가슴이 시켜야 실행되는 법이다.

《네 안에 잠든 거인을 깨워라》의 저자 앤서니 라빈스는 "능력을 바꾸려면 감정 상태를 바꾸고, 자신의 내부에 숨어 있는 다양한 능력을 계발하라. 감정은 행동에 의해 좌우된다. 두려운 방향에 초점을 맞추지 마라. 가고 싶은 방향에 초점을 맞추어라"고 말한다.

음식점 하는 데 이런 책까지 봐야 하느냐는 분들도 있을 것이다. 이런 것들이 음식점에 꼭 필요하다는 것이 아니라, 음식점을 운영하려면 '음식'만 보고 있어서는 안 된다는 사실을 알려드린 것이다. 심지어 유명한 요리사들이 운영하던, '음식'으로 만든 '음식점'은 망한 곳도 굉장히 많다는 것을 명심하길 바란다. 요리사의 음식을 기술로 보고, 그 기술로만 돈을 벌어보려는 투자자가 달라붙었기 때문이다. 앞으로는 이런 현상을 보면 이렇게 생각하자. '거인을 깨우지 못해서 그렇다.'

창업으로
추월차선에 올라타라

　약 4년 전의 일로 기억된다. 평소에 음식 이야기를 자주 주고받던 지인이 부산 남천동 골목길에 있는 떡까페에 같이 가보자고 했다. 당시는 내가 운영하던 음식점 연매출이 10억을 넘던 때라 내 의견이 궁금했던 것 같다. 나 역시 보쌈과 청국장이라는 전통음식을 팔고 있으니 떡에 대한 생각이 어떤지도 알고 싶었던 것 같다. 한때는 부촌으로 알려졌던 남천동이 약간 힘을 잃어가던 그즈음이지만, 어지간한 음식으로는 폐업이 속출하는 그 골목길에서 조그만 떡까페가 사랑을 받고 있다 하니 나 역시 궁금하기도 했다.

　먼저 메뉴와 가격을 살펴보았다. 메뉴로는 퓨전 떡과 전통 떡이 있고, 가격은 무난했다. 가게 자체는 큰 특징이 없었다. 여사장은 식품영양학을 전공한 후 제과, 제빵, 푸드코디네이터 과정을 다 밟았다고 했다. 한국의 떡에 지금까지 배운 과정을 접목하고 싶었다고 이야기를 들었다. 하나하나씩 다부지게 만들어가는 것처럼 보였다. 언뜻 봐도 '진정한 퍼플오션을 만들려 하는구나'라는 생각이 들었다. 옛날 떡 자체가 가진 뭔가 세련되지 않은 느낌을 없애는 데 초점을 맞춘 것 같았다. 그래서 그 퍼플오션을 표방한 메뉴가 있는지 살펴보았더니 인절미 토스트라는 메뉴가 있었다. 분명 메인 메뉴는 아니었다. 메뉴판에 순서대로 적혀 있던 것이 아닌 걸 보면 영업을 하다가 만든 추가 메뉴인 듯했다. 먹어보지도 않았지만, 사진을 보면서 히트의 예감이 온몸을 감쌌다.

유자빙수와 인절미토스트, 찹쌀구이떡을 먹었다. 먹으면서 전율이 돋았다. 기가 막히게 맛있다는 느낌이라기보다는 건강, 맛, 비주얼 모든 것을 잡은 느낌이었다. 같은 음식은 아니지만 평소에 나도 추구하는 것이 바로 이 세 가지였는데 그것을 완벽하게 다 잡은 것이다. 다음 날 직장 잘 다니고 있는 누나한테 전화해서 앞으로 1~2년 안에 떡하고 제과를 배우라고 20분간이나 이야기했을 정도다. 뭔가를 더 접목하면 작품(?)이 만들어질 것 같은 큰 힌트를 얻었기 때문이다.

하지만 그 힌트를 접을 수밖에 없는 일이 곧 벌어졌다. 남천동 떡까페의 주인인 정선희 대표가 눈꽃빙수와 인절미토스트를 주력 상품으로 하는 매장을 낸 것이다. 그 매장이 바로 전국을 강타한 '설빙'이다. 3년 만에 체인점이 500개가량 생긴 것으로 알고 있다. 2층 점포는 구하기가 쉽기 때문에 더더욱 도화선이 되었을 것이다. 부산 최고의 프랜차이즈가 한 골목길에서 떡까페를 운영하던 여사장의 손에서 탄생한 것이다. 이 모든 것이 5년 동안에 일어난 일이다.

처음부터 너무 강력한 한 방의 사례를 알려드려서 어지럼증을 느끼는 분들이 많을 것 같다. 《부의 추월차선》 저자 엠제이 드마코는 부를 이루는 사람들의 유형에는 세 가지가 있다고 했다. 첫째, 인도를 이용해서 다니는 가난한 보통 사람들, 둘째, 서행차선의 저축과 펀드로 50년 뒤를 목표로 열심히 일하면서 사는 사람들, 셋째, 추월차선을 타고 '돈 나무'를 심는 사람들이다. 과연 나는 어디에 속해 있는지 생각해보자. 그리고 더는 남을 위해 사느라 시간에 쫓기지 않을 방법을 찾아보자. 때로는 멈춰서 생각도 해보고, 바른 방향의 사업도 꿈꿔야 한다. 그런 시간을 보내면서 노력해보지도 않고, 소위 잘나가는 사업가들만 부러워해서는 나아질 게 없다. 대부분의 사업가는 추월차선을 타기 위해서 사전 작업을 엄청나게 한 사람들이다. 자신의 욕구를 충족하거나 제어하는 문제에서 절제를 습관화했을 것이다. 그리고 일정 궤도로 진입할 수 있도록 자신을 영향력 있는 상태로 만드는 데 총력을 다했을 것이다.

김태광 비전연구소와 한국 책쓰기·성공학 코칭협회를 운영하는 김태광 대표는 중학교 때부터 신문배달, 주유소 아르바이트, 막노동, 전단 돌리기, 피자가게 아르바이트, 공장 생활을 전전했던 사람이다. 대학을 졸업한 뒤 수백 군데의 회사에 지원했다가 탈락한 뒤 심한 좌절에 빠져 있던 어느 날, 문득 마음속에 온통 '나는 안 돼'라는 부정적인 생각으로 가득 차 있다는 것을 깨달았다고 한다. 그때부터 대가들의 저서들을 닥치는 대로 읽으며 긍정적인 사고로 전환했다. 그때 읽었던 수천 권이 넘는 책이 그를 작가로 거듭나게 해주었다.

글을 쓴 지 3년 만에 작가의 꿈을 이루었고, 9년 만에 중국·대만·태국 등에 저작권이 수출되었으며, 10년 만에 초등학교 4학년 도덕 교과서에 그의 글이 수록되었다. '청소년에게 영향력 있는 작가'에 선정되었으며, 서른다섯 살에 저서 100권을 집필한 공적을 인정받아 제1회 대한민국 기록 문화 개인 부문 상을 받았음은 물론 한국기록원으로부터 인증서를 받아 기네스에 등재되었다. 현재는 200권이 넘는 저서가 있는 대한민국 최고의 글쓰기 명장이다. 《서른여덟 작가, 코치, 강연가로 50억 자산가가 되다》라는 김태광 대표의 저서를 보고, 3년 전부터 제대로 된 추월차선에 올라탔다는 사실을 알게 되었다.

내가 살고 있는 동네에서 가장 유명한 음식점을 하나 꼽자면 '개금 밀면'이다. 나의 음식점 꿈을 키워준 가게이기도 하다. 어릴 적 시장에 가다 보면 항상 보이던 한 식당이 있었다. 이름이 '해육식당'으로,

매일 지나가던 길이었기에 아직도 기억한다. 밀면도 팔았지만, 이름에서 알 수 있듯이 일반 식당이었다. 당시 유명한 식당으로 'K밀면'이라는 곳이 있었는데, 거기 비하면 명성과 규모 면에서 명함도 못 내밀던 곳이었다. 이인자라 부르기도 뭐한, 단순히 밀면을 만드는 집일 뿐이었다. 하지만 수십만 그릇의 밀면을 만들면서 노하우가 쌓였을 것이다.

그러다가 그 유명한 일인자 밀면집에서 식중독 사건이 터졌다. 아직도 정확하게 기억이 나는데 그 사건 이후 동네 사람들 사이에 "해육식당 밀면도 맛있던데"라는 이야기가 회자되기 시작했다. 이후부터 해육식당은 개금밀면이라는 이름으로 거듭나게 되었다. 드디어 기회가 온 것이다.

한약재가 들어간 육수는 많다. 하지만 개금밀면처럼 깔끔한 한약재 육수 맛의 밀면집은 없다. 프로축구 선수들은 간결한 패스를 한다. 축구동호회에서 활동해보신 분들이라면 그 별것 아닌 패스가 얼마나 어려운지 알 것이다. 육수, 면, 양념장만으로 이뤄지는 밀면은 참 어려운 음식이다. 그런데도 개금밀면의 밀면은 누구라도 반할 만큼 맛이 깔끔하다. 오랜 세월을 뚝심 있게 버텼더니 부산 최고의 밀면으로 인정받게 되었다. 이어마이크를 쓰고 손님들의 주문을 받는 개금밀면집의 내부 풍경을 구경하다 보면 적어도 대한민국 여름철 음식 중에서는 '최고의 추월차선'을 타고 있는 게 아닐까 싶다.

추월차선은 새치기가 아니다. '속도를 높이는 구간'에 들어왔다는 것이다. 사실 추월차선을 만들기 이전의 과정이 훨씬 중요하다. 사전 작업 없이는 성공의 궤도에 올려놓아도 움직이질 않는다. '우물 안의 개구리'에서 벗어나야 한다. '나만의 방식'에 대한 자부심은 좋지만, 자만심에 빠져서는 추월차선을 탈 수 없으니 겸손이 필수다. 겸손하다는 것이 무조건 고개 숙이고 "네, 네" 하는 것을 말하는 것은 아니다. 자세가 겸손해야 한다기보다는 '자신의 수준에 대한 냉정한 평가'가 필요하다는 뜻이다. 그러기 위해서는 객관적으로 우위를 점할 각종 요소를 만들어야 한다.

음식점으로 추월차선에 올라타는 방법은 무엇일까? 현재의 나도 항상 고민하는 부분이다. 음식점 하나를 운영하면 직원들의 가족까지 포함하여 보통 20명의 사람이 먹고살 수 있다. 만약 매장이 50개라면 1,000명이다. 열심히 만든 나의 음식이 알려지고 알려져서 원하는 사람이 많아지면 매장이 지금보다 더 늘어날 것이다. 혼자서 고민했던 노력으로 1,000명의 먹거리를 책임질 수 있다는 점으로 볼 때는 뿌듯하다는 생각이 많이 든다.

마지막으로, 책에는 적지 못할 '이야기하기엔 부끄럽지만 해내고 싶은 꿈'이 있다. 훗날 다른 책에 그 꿈을 밝힐 수 있는 날이 오도록 더 열심히 노력하려 한다. 그런 과정을 겪다 보면 추월차선에서 여유 있게 운전할 수 있는 날들이 올 것이라 믿는다.

추월차선이 내가 이 세상에서 창조해야 하는 것이라면 정말 어려운 일이 되겠지만, 성공한 선배들이 얼마든지 있다. 그러니 따라 해보는 것부터 시작하자. 열심히 따라 해보다가 지속적인 동력이 갖추어질 때, 누구든지 추월차선에 올라설 수 있을 것이다. 고속도로를 이용할 생각이라면 톨게이트 요금 정도는 준비해야 한다. 현실에서 톨게이트 요금은 바로 '멈추지 않는 도전'이다. 건투를 빈다.